ein Ullstein Buch

Ullstein Buch Nr. 3507
im Verlag Ullstein GmbH,
Frankfurt/M – Berlin – Wien
Amerikanischer Originaltitel:
Man For Himself
Übersetzt von Paul Stapf
Überarbeitet von Ignaz Mühsam

Ungekürzte Ausgabe

Umschlagentwurf:
Kurt Weidemann
Alle Rechte vorbehalten
Mit freundlicher Genehmigung
des Diana Verlag Zürich
Copyright 1954 by
Diana Verlag Zürich
Printed in Germany 1978
Gesamtherstellung:
Ebner, Ulm
ISBN 3 548 03507 8

CIP-Kurztitelaufnahme
der Deutschen Bibliothek

Fromm, Erich:

Psychoanalyse und Ethik. –
Ungekürzte Ausg. –
Frankfurt/M, Berlin, Wien:
Ullstein, 1978. –
  ([Ullstein-Bücher] Ullstein-Buch;
  Nr. 3507)
  Einheitssacht.: Man for himself <dt.>
  ISBN 3-548-03507-8

Erich Fromm

Psychoanalyse und Ethik

ein Ullstein Buch

Seid euer eignes Licht.
Seid eure eigne Zuversicht.
Haltet euch an die Wahrheit in euch selbst
als das einzige Licht.

BUDDHA

Wahre Worte erscheinen immer widersinnig, doch sind sie durch
keine andere Lehrweise zu ersetzen.

LAOTSE

Wer sind die wahren Philosophen?
Die das Bild der Wahrheit lieben.

PLATON

Mein Volk ist dahin, darum daß es nicht lernen will.
Denn du verwirfest Gottes Wort,
darum will ich dich auch verwerfen.

HOSEA

Wenn nun auch der Weg, der, wie ich gezeigt habe, hierhin führt,
äußerst schwierig zu sein scheint, läßt er sich doch finden. Schwierig freilich muß sein, was so selten erreicht wird. Denn wie wäre es
möglich, wenn das Heil so zur Hand wäre und ohne große Anstrengung gefunden werden könnte, daß fast alle es unbeachtet lassen?
Nein, alles Erhabene ist ebenso schwer wie selten.

SPINOZA

Das vorliegende Buch ist in mancher Hinsicht eine Fortsetzung meines Werkes *Furcht vor der Freiheit*. Wollte ich dort die Furcht des modernen Menschen vor sich selbst und vor der Freiheit analysieren, so erörtere ich hier das Problem der Ethik, der Normen und jener Werte, die dem Menschen zur Verwirklichung seines Wesens und der in ihm schlummernden Möglichkeiten verhelfen sollen. Es ist unvermeidbar, daß einige Gedankengänge wiederkehren, die ich bereits in *Furcht vor der Freiheit* entwickelt habe. Wiederholungen suchte ich soweit wie möglich abzukürzen, ganz umgehen ließen sie sich nicht. In dem Kapitel *Die Natur des Menschen und sein Charakter* behandle ich charakterologische Fragen allgemeiner Art, die in dem vorhergehenden Buche noch nicht berührt wurden, und beziehe mich nur kurz auf die dort erörterten Probleme. Der Leser, der von meiner Charakterologie einen umfassenden Eindruck gewinnen will, müßte zweckmäßigerweise beide Bücher kennen. Unbedingt notwendig ist es zum Verständnis der vorliegenden Arbeit nicht.

Daß ein Psychoanalytiker sich mit Problemen der Ethik beschäftigt, wird manchen überraschen. Noch überraschender ist sein Standpunkt, die Psychologie habe nicht nur die Pflicht, falsche ethische Urteile zu demaskieren, sondern sie könne auch bei der Aufstellung objektiver, gültiger Normen der Lebensführung als Grundlage dienen. Eine solche Auffassung steht im Widerspruch zur derzeitig maßgeblichen Psychologie, die den Akzent stärker auf «Anpassung» als auf «Tugend» legt. Die moderne Psychologie neigt daher zum ethischen Relativismus. Die Erfahrungen meiner psychoanalytischen Praxis haben mich darin bestärkt, daß moralische Probleme beim Studium der Persönlichkeit nicht ausgeschlossen werden dürfen. Das ist weder theoretisch noch bei der therapeutischen Behandlung möglich. Denn Werturteile, die wir fällen, bestimmen unsere Handlungen. Von ihrer Gültigkeit hängen Glück und geistige Gesundheit ab. Betrachten wir dagegen Werturteile nur als das Bewußtwerden unbewußter, irrationaler Wünsche – wenngleich sie auch das sein können –, dann würde eine solche Betrachtungsweise den Begriff einengen und verzerren, den wir hinsichtlich der menschlichen Totalität voraussetzen. Letzten Endes ist die Neurose als solche Symptom eines moralischen Versagens («Anpassung» aber ist keinesfalls ein Symptom moralischer Vollkommenheit). In vielen Fällen ist ein neurotisches Symptom die spezifische Erscheinungsform eines moralischen Konfliktes. Der Erfolg der therapeutischen Bemühung hängt davon ab, ob das moralische Problem erkannt und dadurch auch eine Lösung gefunden wird.

Die Trennung von Psychologie und Ethik stammt erst aus verhältnismäßig neuerer Zeit. Die großen humanistischen ethischen Denker, auf die wir uns berufen, waren Philosophen und Psychologen in einem. Nach ihrer Auffassung ist ein Begreifen der menschlichen Natur und der für den Menschen gültigen Werte und Normen unlösbar miteinander verbunden. Obwohl anderseits Freud und seine Schule durch Entlarvung irrationaler Werturteile einen gewaltigen Beitrag zum Fortschritt des ethischen Denkens leisteten, blieb seine Einstellung den Werten gegenüber relativistisch. Die Entwicklung der Ethik und den Fortschritt der Psychologie beeinflußten sie damit im negativen Sinne.

Die bemerkenswerteste Ausnahme dieser psychoanalytischen Richtung ist C. G. Jung. Er erkannte die enge Verwandtschaft von Psychologie und Psychotherapie mit den philosophischen und moralischen Problemen des Menschen. Aber so wichtig Jungs Erkenntnis auch ist, so führte seine philosophische Orientierung doch nur zu einer Reaktion gegen Freud, nicht zu einer philosophisch orientierten Psychologie, die über Freud hinausgeht. Für Jung sind «Unbewußtes» und Mythos Erkenntnismöglichkeiten, die angeblich dem rationalen Denken ihres irrationalen Ursprungs wegen überlegen sein sollen. Die Stärke der monotheistischen westlichen Religionen, ebenso die der großen Religionen Indiens und Chinas, beruhte darauf, daß sie die Wahrheit suchten und gleichzeitig den Anspruch erhoben, im Besitz des wahren Glaubens zu sein. Zeitigte diese Überzeugung häufig fanatische Unduldsamkeit den anderen Religionen gegenüber, so hat sie doch gleichermaßen Anhängern wie Gegnern Ehrfurcht vor der Wahrheit eingeflößt. In seiner eklektischen Bewunderung für das Religiöse schlechthin hat Jung diesen Erkenntnisweg aufgegeben. Für ihn hat jedes System – wenn es nur nicht rational ist –, jeder Mythos oder jedes Symbol den gleichen Wert. Im Bereich des Religiösen endigt er im Relativismus, den er so leidenschaftlich bekämpft. Dieser Irrationalismus, gleichgültig ob er sich in psychologische, philosophische, rassische oder politische Begriffe kleidet, ist kein Fortschritt, sondern Reaktion. Der Rationalismus des achtzehnten und neunzehnten Jahrhunderts versagte ja nicht wegen seines Glaubens an die Vernunft, sondern wegen der Enge seiner Konzeption. Nicht weniger, sondern mehr Vernunft und ein unermüdliches Suchen nach der Wahrheit kann die Irrtümer eines einseitigen Rationalismus korrigieren. Auf keinen Fall aber ein pseudoreligiöser Obskurantismus.

Psychologie kann nicht von Philosophie und Ethik getrennt werden, ebensowenig von Soziologie und Wirtschaftswissenschaft. Daß ich in diesem Buch den Nachdruck auf die philosophischen Probleme der Psychologie gelegt habe, will nicht besagen, daß ich zu der Überzeugung gekommen bin, die soziologischen oder ökonomischen Faktoren seien weniger wichtig. Diese einseitige Akzentuierung erklärt sich ausschließlich aus Überlegungen darstellerischer Art. Ich hoffe, noch ein weiteres Buch zum Thema Sozial-Psychologie zu veröffentlichen, dessen Inhalt sich auf die

Wechselwirkung von psychischen und soziologisch-ökonomischen Faktoren konzentrieren wird.

Es könnte den Anschein haben, als ob der Psychoanalytiker, der die Zähigkeit und Hartnäckigkeit irrationaler Kräfte beobachtet, pessimistisch sein müßte hinsichtlich der Fähigkeit des Menschen, sein eigener Herr zu sein, sich aus der Knechtschaft irrationaler Leidenschaften zu befreien. Ich muß gestehen, daß ich im Verlauf meiner Tätigkeit als Analytiker in immer stärkerem Maße von dem gegenteiligen Phänomen beeindruckt wurde. Und zwar von dem kraftvollen Streben nach Glück und Gesundheit, die beide zum natürlichen Rüstzeug des Menschen gehören. «Heilen» bedeutet, die Widerstände aus dem Wege zu räumen, die es verhindern, daß die gesunden Kräfte sich auswirken können. In Wirklichkeit sollte man sich weniger darüber wundern, daß es so viele neurotische Menschen gibt, als über die Tatsache, daß die meisten Menschen trotz ungünstiger Einflüsse relativ gesund sind.

Eine Warnung scheint angebracht, denn heutzutage glauben viele in einem Buch über Psychologie Rezepte zu finden, wie man «Glück» oder «Seelenfrieden» erlangen könnte. Dieses Buch gibt keine derartige Anweisung. Es ist ein theoretischer Versuch, der das Problem Ethik und Psychologie klären will. Sein Ziel ist, den Leser zur Selbstbesinnung zu veranlassen, nicht aber ihn zu beruhigen.

Wie sehr ich mich allen Freunden, Kollegen und Studenten verpflichtet fühle, die dieses Buch durch ihre Ermunterungen und Anregungen förderten, kann ich nur unvollkommen ausdrücken. Gleichzeitig möchte ich denen meinen besonderen Dank aussprechen, die zur Fertigstellung des Buches unmittelbar beitrugen. Von unschätzbarem Wert war Patrick Mullahys Mitwirkung. Im Zusammenhang mit den hier erörterten philosophischen Fragen steuerten er und Dr. Alfred Seidemann wertvolle Anregungen und kritische Einwände bei. Professor David Riesmann fühle ich mich für manche konstruktive Anregung zutiefst verpflichtet, ebenso Donald Slesinger, der die Lesbarkeit des Manuskriptes wesentlich erleichterte. Den größten Dank schulde ich meiner Frau. Sie half bei der Durchsicht und gab wichtige Hinweise für die Gliederung des Buches. Die Konzeption der positiven und negativen Aspekte der nichtproduktiven Orientierung verdankt viel ihren Anregungen.

Den Herausgebern von *Psychiatry* und der *American Sociological Review* möchte ich danken, daß sie mir für den vorliegenden Band die Benutzung meiner Artikel *Selbstsucht und Selbst-Liebe, Glaube als Charakterzug* und *Die individuellen und sozialen Ursachen von Neurosen* erlaubten.

E. F.

INHALTSVERZEICHNIS

ERSTES KAPITEL

DIE FRAGESTELLUNG

Denn die Seele nährt sich doch wohl von Kenntnissen, sprach ich. Daß also nur nicht der Sophist uns betrüge, was er verkauft uns anpreisend, wie Kaufleute und Krämer mit den Nahrungsmitteln für den Körper tun. Denn auch diese verstehen selbst nicht, was wohl von den Waren, welche sie führen, dem Körper heilsam oder schädlich ist, loben aber alles, wenn sie es feil haben; noch auch verstehen es die, welche von ihnen kaufen, wenn nicht einer etwa ein Arzt ist oder ein Vorsteher der Leibesübungen. Ebenso auch die, welche mit Kenntnissen in den Städten umherziehen und jedem, der Lust hat, davon verkaufen und verhökern, loben freilich alles, was sie feil haben; vielleicht aber, mein Bester, mag auch unter ihnen so mancher nicht wissen, was wohl von seinen Waren heilsam oder schädlich ist für die Seele, und ebensowenig wissen es die, welche von ihnen kaufen, wenn nicht etwa einer darunter in Beziehung auf die Seele ein Heilkundiger ist. Verstehst du dich nun darauf, was hievon heilsam oder schädlich ist, so kannst du unbedenklich Kenntnisse kaufen vom Protagoras sowohl als von jedem andern; wo aber nicht, so sieh wohl zu, du Guter, daß du nicht um dein Teuerstes würfelnd ein gefährliches Spiel machst. Denn überdies ist noch weit größere Gefahr beim Einkauf der Kenntnisse als bei dem der Speisen.

Platon, *Protagoras*[1]

Stolz und Zuversicht kennzeichnen den Geist der westlichen Zivilisation in den letzten Jahrhunderten. Es ist der Stolz auf die Vernunft als dasjenige Instrument, mit dessen Hilfe der Mensch die Natur erfaßt und meistert; es ist die Zuversicht, das größtmögliche Glück für die größtmögliche Zahl

---

[1] Die deutsche Übersetzung des Zitates stammt von Friedrich Schleiermacher.

zu finden und damit die kühnsten Hoffnungen der Menschheit zu erfüllen.

Dieser Stolz des Menschen ist berechtigt. Kraft seiner Vernunft hat er eine materielle Welt aufgebaut, deren Wirklichkeit sogar die Träume und Phantasien von Märchen und Utopien übersteigt. Er weiß Kräfte der Natur zu nutzen, welche es dem Menschengeschlecht ermöglichen, die für ein würdiges und produktives Dasein unerläßlichen materiellen Voraussetzungen zu schaffen. Wenn von seinen Zielen auch viele noch nicht erreicht sind, so kann doch kaum ein Zweifel darüber bestehen, daß sie realisierbar sind und daß das Problem der Produktion – das Problem der jüngsten Vergangenheit – im Prinzip gelöst ist. Zum ersten Mal in seiner Geschichte vermag der Mensch jetzt wahrzunehmen, daß die Idee von der Einheit des Menschengeschlechts und der Eroberung der Natur im Dienste des Menschen kein Traum, sondern eine reale Möglichkeit ist. Hat er nicht allen Grund, darauf stolz zu sein und zu sich selbst und zur Zukunft der Menschheit Vertrauen zu haben?

Und doch fühlt sich der heutige Mensch unsicher und wird immer verstörter. Er arbeitet und müht sich ab und ist sich trotzdem der Unzulänglichkeit seiner Aktivität bewußt. Während seine Macht über die Materie immer größer wird, fühlt er sich in seinem individuellen Leben und in gesellschaftlicher Beziehung hilflos. Während er sich neue und bessere Mittel schafft, um die Natur zu beherrschen, hat er sich in das Netz dieser Mittel verstrickt. Er hat den Blick auf das Ziel verloren, das allein alldem einen Sinn zu geben vermag. Das ist der Mensch selbst! Indem er zum Herrn der Natur wurde, wurde er zum Sklaven der von ihm selbst geschaffenen Maschine. Wenn es sich um die wichtigsten und fundamentalsten Fragen des menschlichen Daseins handelt, ist er trotz allen Wissens um die Materie unwissend. Er weiß nicht, was der Mensch ist, wie er zu leben hat und wie er die in ihm schlummernden gewaltigen Kräfte freilegen könnte.

Ebensowenig weiß er, wie diese Kräfte produktiv eingesetzt werden könnten.

Die heutige Menschheitsgeschichte hat dazu geführt, daß man von den Hoffnungen und Ideen der Aufklärung abrückt, unter deren Auspizien unser philosophischer und ökonomischer Fortschritt eingesetzt hat. Man bezeichnet den Fortschrittsgedanken sogar als kindische Illusion. Statt dessen predigt man «Realismus», und das ist nur ein anderer Ausdruck für das Fehlen jeglichen Glaubens an den Menschen. Der Gedanke von der Würde und der Macht des Menschen, der dem Menschen die Kraft und den Mut zur Erreichung der gewaltigen Errungenschaften der letzten Jahrhunderte gab, ist durch jene Annahme in Frage gestellt worden, derzufolge wir uns letztlich mit der Machtlosigkeit und Bedeutungslosigkeit des Menschen abzufinden hätten. Dieser Gedanke droht sogar die Wurzel zu zerstören, denen unsere Zivilisation entsprossen ist.

Die Ideen der Aufklärung lehrten den Menschen, daß er seiner eigenen Vernunft vertrauen und daß diese ihm bei der Aufstellung gültiger ethischer Normen Führer sein könne. Er konnte sich auf sich selbst verlassen. Um zu wissen, was gut und böse ist, bedurfte er keiner Offenbarung und keiner kirchlichen Autorität. Der Leitsatz der Aufklärung, «wage zu wissen», was soviel hieß wie «vertraue deinem Wissen», wurde zur Triebkraft für alle Anstrengungen und Errungenschaften des modernen Menschen. Der wachsende Zweifel an der menschlichen Vernunft und Autonomie schuf jedoch einen Zustand moralischer Verworrenheit. Der Mensch sieht sich sowohl der Führung durch die Offenbarung wie auch der Führung durch die Vernunft beraubt. Das Ergebnis ist die Annahme eines relativistischen Standpunktes. Man behauptet, Werturteile und ethische Normen seien ausschließlich Angelegenheiten des Geschmacks oder willkürliche Neigungen, und daß keine objektiv gültigen Aussagen gemacht werden können. Doch ohne Werte und Normen vermag der

Mensch nicht zu leben und wird daher durch einen solchen Relativismus zur leichten Beute für Systeme, die sich auf irrationale Werte gründen. Er wird auf einen Ausgangspunkt zurückgeworfen, den die griechische Aufklärung, das Christentum, die Renaissance und die Aufklärung des achtzehnten Jahrhunderts bereits überwunden hatten. Die Forderungen des Staates, die Begeisterung für magische Eigenschaften mächtiger Führer, gewaltiger Maschinen und materieller Erfolge sind die Quellen, aus denen der Mensch seine Normen und Werturteile schöpft.

Sollen wir es dabei bewenden lassen? Sollen wir anerkennen, daß es nur diese eine Alternative zwischen Religion und Relativismus gibt? Sollen wir uns in Fragen der Ethik mit der Bankrotterklärung der Vernunft abfinden? Sollen wir tatsächlich annehmen, die Entscheidung zwischen Freiheit und Sklaverei, Liebe und Haß, Wahrheit und Lüge, Integrität und Opportunismus, Leben und Tod sei nichts anderes, als ein Ergebnis irgendwelcher subjektiver Neigungen?

Es gibt eine andere Alternative. Gültige ethische Normen können von der menschlichen Vernunft, und zwar von ihr allein, aufgestellt werden. Der Mensch hat die Fähigkeit zu unterscheiden und Werturteile zu bilden, die genau die gleiche Gültigkeit haben wie alle anderen Urteile, die sich von der Vernunft herleiten. Die große Tradition des humanistischen ethischen Denkens hat die Grundlagen für Wertsysteme geschaffen, die auf der menschlichen Autonomie und Vernunft beruhen. Alle diese Systeme gingen von der Voraussetzung aus, man müsse das Wesen des Menschen kennen, um zu wissen, was für ihn gut oder schlecht sei. Letzten Endes waren sie Ergebnisse psychologischer Forschungen.

Wenn also die humanistische Ethik auf der Erkenntnis des menschlichen Wesens beruht, dann hätte die moderne Psychologie, insbesondere die Psychoanalyse, zu einem der stärksten Antriebe für die Entwicklung der humanistischen Ethik werden müssen. Während die Psychoanalyse zwar unser Wissen vom Menschen gewaltig bereicherte, hat sie jedoch unsere Erkenntnisse über die Lebensgesetze des Menschen und über das, was er tun soll, um keinen Schritt weitergebracht. Ihre hauptsächlichste Tätigkeit bestand in der „Zerstörung des Nimbus" und in dem Nachweis, daß Werturteile und ethische Normen rationale Erklärungen für irrationale – und häufig genug unbewußte – Wünsche und Ängste seien und daher keinen Anspruch auf objektive Gültigkeit erheben könnten. War diese Desillusionierung an sich recht wertvoll, so wurde sie doch immer unfruchtbarer, je weniger es gelang, über die Kritik hinauszugehen.

Durch den Versuch, Psychologie in eine Naturwissenschaft umzuwandeln, beging die Psychoanalyse den Fehler, die Psychologie von den Problemen der Philosophie und Ethik loszulösen. Sie übersah, daß die menschliche Individualität so lange unerkannt bleibt, wie sie nicht in ihrer Ganzheit betrachtet wird. Zu dieser aber gehört das Bedürfnis des Menschen, eine Antwort auf die Frage nach dem Sinn seines Daseins zu erhalten und Normen zu finden, nach denen er sein Leben einrichten kann. Freuds „homo psychologicus" ist eine ebenso wirklichkeitsfremde Konstruktion wie der „homo oeconomicus" der klassischen Volkswirtschaftslehre. Es ist unmöglich, den Menschen mit all seinen emotionalen und geistigen Störungen zu verstehen, wenn man sich nicht über die Eigenart der Wertkonflikte und der moralischen Konflikte im klaren ist. Der Fortschritt der Psychologie ist nicht in der Trennung eines vermeintlichen Naturbereichs von einem vermeintlichen Geistesbereich zu suchen, auch nicht in der Konzentrierung der Aufmerksamkeit auf den ersteren, sondern in der Rückkehr zu der großen Tradition der humanistischen Ethik. Diese betrachtete den Menschen in seiner psychisch-geistigen Totalität und vertrat die Auffassung, daß es die Bestimmung des Menschen sei, *er selbst zu werden*. Die Voraussetzung dafür ist, daß der Mensch *Selbstzweck* sein kann.

Ich will mit diesem Buch die Gültigkeit der humanistischen Ethik erneut unter Beweis stellen, indem ich zeige, daß unsere Kenntnis vom Wesen des Menschen nicht zum ethischen Relativismus führt, sondern ganz im Gegenteil zu der Überzeugung, daß die Normen einer sittlichen Lebensführung in der menschlichen Natur selbst begründet sind. Ethische Normen beruhen auf Eigenschaften, die dem Menschen inhärent sind. Ihre Übertretung endet mit Störungen des geistigen und emotionalen Lebens. Ferner werde ich zu zeigen versuchen, daß die charakterliche Struktur der wieder zu sich selbst gelangten Persönlichkeit, der produktive Charakter also, Ursprung und Grundlage der *Tugend* ist. Im Gegensatz hierzu ist *Laster* nichts anderes als Gleichgültigkeit gegenüber dem eigenen Ich, also Selbstverstümmelung. Die höchsten Werte der humanistischen Ethik sind weder Preisgabe des eigenen Ich noch Selbstsucht, sondern Selbstliebe, nicht Verzicht auf Eigenexistenz, sondern Bejahung des eigentlich Menschlichen. Soll der Mensch Vertrauen in Werte haben, dann muß er sich selbst und seine guten und schöpferischen Eigenschaften kennen.

ZWEITES KAPITEL

HUMANISTISCHE ETHIK ALS ANGEWANDTE WISSEN-
SCHAFT VON DER KUNST DES LEBENS

> Sussja betete einst zu Gott: «Herr, ich liebe dich so sehr,
> und ich fürchte dich nicht genug! Herr, ich liebe dich so
> sehr, und ich fürchte dich nicht genug! Mache, daß ich
> dich fürchte wie einer deiner Engel, die dein furchtbarer
> Name durchfährt!»
> Alsbald erhörte Gott das Gebet, und der Name durchfuhr
> dem Sussja das verborgene Herz, wie es den Engeln ge-
> schieht. Da kroch Sussja unter das Bett wie ein Hündchen,
> und die Angst des Tieres erschütterte ihn, bis er aufheulte:
> «Herr, laß mich dich wieder lieben wie Sussja!»
> Und Gott erhörte ihn zum andernmal.[2]

I. Humanistische Ethik im Gegensatz
zur autoritären Ethik

Wenn wir das Suchen nach objektiv gültigen Normen der
Lebensführung nicht aufgeben wollen, wie es der ethische
Relativismus tut, welche Kriterien können wir dann für derartige Normen finden? Die Art der Kriterien wird von dem
Typus des ethischen Systems abhängen, dessen Normen wir
untersuchen. So gesehen, werden sich auch die Kriterien der
autoritären Ethik wesentlich von den Kriterien der humanistischen Ethik unterscheiden.

In der autoritären Ethik bestimmt eine Autorität, was für
den Menschen gut ist. Sie stellt die Gebote und Normen der
Lebensführung auf. In der humanistischen Ethik dagegen

---

[2] In *Sendung und Schicksal,* aus dem Schrifttum des nachbiblischen Juden-
tums, mitgeteilt von Nahum Norbert Glatzer und Ludwig Strauss, Berlin 1931.

21

ist der Mensch zugleich Normgeber und Gegenstand der Normen, deren formale Quelle oder regulative Kraft und der ihnen Unterworfene.

Die Verwendung des Ausdrucks «autoritär» fordert zunächst eine Bestimmung des Begriffs Autorität. Es herrscht in bezug auf diese Frage eine derartige Verwirrung, daß weithin die Auffassung gilt, als seien wir vor die Alternative gestellt zwischen diktatorischer, irrationaler Autorität und dem völligen Fehlen jeglicher Autorität. Diese Alternative aber ist falsch. Das eigentliche Problem besteht darin, von welcher *Art* die Autorität ist. Wenn wir also von Autorität sprechen, denken wir dann an rationale oder irrationale Autorität? *Rationale Autorität* hat ihren Ursprung in der *Kompetenz.* Die Person, deren Autorität respektiert wird, übt ihre Funktionen zweckentsprechend kraft des Auftrags aus, der ihr von denen erteilt wurde, die ihr die Autorität zuerkennen. Sie braucht weder einzuschüchtern, noch durch magische Eigenschaften Bewunderung zu erregen. Solange und insofern sie die ihr gestellten Aufgaben erfüllt und diejenigen nicht ausbeutet, die ihr vertrauen, beruht ihre Autorität auf rationalen Grundlagen und erweckt keinerlei irrationale Furcht. Rationale Autorität läßt nicht nur eine ständige Kontrolle und Kritik seitens derer zu, die ihr unterworfen sind, sondern fordert eine solche geradezu heraus. Sie ist immer zeitlich begrenzt. Ihre Anerkennung ist davon abhängig, wie sie ihre Aufgabe erfüllt. *Irrationale Autorität* dagegen hat ihren Ursprung stets in der Macht, die sie über die Menschen besitzt. Diese Macht kann sich physisch oder geistig äußern, tatsächlich oder nur indirekt in Ausdrücken der Angst und Hilflosigkeit jener Person, die sich dieser Autorität unterwirft. Macht auf der einen, Furcht auf der andern Seite, das sind stets und immer die Stützen, auf die sich irrationale Autorität gründet. Kritik an der Autorität wird nicht nur nicht gefordert, sie ist sogar verboten. Rationale Autorität beruht auf der Gleichheit beider, der Autorität und des Objektes. Sie unterscheiden sich lediglich im Grad des Wissens oder in der Geschicklichkeit auf einem besonderen Gebiet. Irrationale Autorität beruht ihrer Natur nach auf der Ungleichheit und dem Wertunterschied. Wo der Begriff „autoritäre Ethik" gebraucht wird, ist immer an irrationale Autorität gedacht, wobei man dem herkömmlichen Sprachgebrauch des Wortes „autoritär" als einem Synonym zum totalitären und antidemokratischen System folgt. Der Leser wird bald erkennen, daß humanistische Ethik und rationale Autorität durchaus nicht unvereinbar sind.

Autoritäre Ethik unterscheidet sich von humanistischer Ethik durch zwei Kriterien, ein formales und ein materiales. Formal streitet die autoritäre Ethik dem Menschen die Fähigkeit ab, zu wissen, was gut und was böse ist. Der Normgeber ist stets eine Autorität, die das Individuum transzendiert. Ein solches System gründet sich nicht auf Vernunft und Wissen, sondern auf der Furcht vor der Autorität und auf Schwäche- und Abhängigkeitsgefühl. Die magische Kraft der Autorität bewirkt, daß man es ihr überläßt, Entscheidungen zu treffen. Ihre Entscheidungen können und dürfen nicht in Frage gestellt werden. *Materialiter* (oder inhaltlich) beantwortet die autoritäre Ethik die Frage nach Gut und Böse primär vom Standpunkt des Nutzens für die Autorität und nicht des Nutzens für das Individuum. Sie beutet immer aus, auch dann, wenn der Einzelne beträchtlichen psychischen oder materiellen Gewinn aus ihr zu ziehen vermag.

Sowohl die formalen wie die materialen Aspekte der autoritären Ethik treten bei der Genese ethischer Werturteile beim Kinde und bei unreflektierten Werturteilen des Durchschnittserwachsenen in Erscheinung. Die Grundlagen unserer Fähigkeit, zwischen Gut und Böse zu unterscheiden, werden im Kindesalter gelegt; zunächst hinsichtlich der physiologischen Funktionen, dann aber auch in bezug auf komplexere Fragen unseres Verhaltens. Das Kind erwirbt bereits ein Unterscheidungsvermögen zwischen Gut und

Böse, ehe es auf dem Vernunftwege zu unterscheiden lernt. Seine Werturteile sind das Ergebnis freundlicher oder unfreundlicher Reaktionen jener Menschen, auf die es angewiesen ist. Bei seiner völligen Abhängigkeit von der Fürsorge und Liebe des Erwachsenen kann es nicht überraschen, daß schon ein Ausdruck der Billigung oder Mißbilligung im Gesicht der Mutter genügt, um das Kind den Unterschied zwischen Gut und Böse zu „lehren". In der Schule und in der Gesellschaft wirken ähnliche Faktoren ein. „Gut" ist das, wofür man gelobt wird, „böse", wofür man von einer sozialen Autorität oder von der Mehrzahl der Mitmenschen scheel angesehen oder auch getadelt wird. In der Tat scheint es so zu sein, daß die Furcht zu mißfallen und der Wunsch nach Beifall die mächtigste und beinahe ausschließliche Motivierung für ethisches Urteilen ist. Diese starke, das Gefühl ansprechende Beeinflussung hindert das Kind, später auch den Erwachsenen, kritisch zu fragen, ob das Urteil «gut» für ihn selbst oder für die Autorität etwas Gutes meint. Die hieraus sich ergebenden Alternativen werden augenfällig, sobald wir Werturteile über irgendwelche Sachwerte in unsere Betrachtung einbeziehen. Sage ich, ein Auto sei „besser" als ein anderes, dann ist selbstverständlich, daß ich das eine Auto darum als „besser" bezeichne, weil es mir mehr nützt als das andere. Gut oder schlecht bezieht sich auf den *Gebrauchswert,* den ein Gegenstand für *mich* hat. Hält der Besitzer eines Hundes seinen Hund für „gut", dann weist er auf bestimmte Eigenschaften des Hundes hin, die für ihn nützlich sind; zum Beispiel, daß er den Anspruch des Besitzers auf einen Wachhund, Jagdhund oder auf ein anhängliches Schoßhündchen erfüllt. *Ein Gegenstand wird als gut bezeichnet, sofern er für die Person gut ist, die ihn gebraucht.* Das gleiche Wertkriterium läßt sich auch auf den Menschen anwenden. Der Arbeitgeber bezeichnet einen Arbeitnehmer als gut, wenn er von ihm Nutzen hat. Der Lehrer wird einen Schüler vermutlich dann «gut» nennen, wenn er gehorsam ist, den Unterricht nicht stört und ihm Ehre macht. Ein Kind wird man gleichfalls „gut" nennen, wenn es lernfreudig und gehorsam ist. Das „gute" Kind, vielleicht eingeschüchtert und unsicher, hat nur das Bestreben, seinen Eltern damit zu gefallen, daß es sich ihrem Willen unterwirft, während das „böse" Kind möglicherweise seinen eigenen Willen und seine eigenen Wünsche hat, die jedoch den Eltern mißfallen.

Die formalen und materialen Aspekte der autoritären Ethik sind augenscheinlich nicht voneinander zu trennen. Wenn die Autorität den ihr Unterworfenen nicht ausbeuten wollte, hätte sie keine Veranlassung, ihn durch Furcht und emotionale Unterwürfigkeit zu beherrschen. Sie könnte jedes vernunftgemäße Urteil und jede Kritik fördern, müßte dann aber das Risiko eingehen, als nicht kompetent befunden zu werden. Da jedoch ihre eigenen Interessen auf dem Spiele stehen, gilt für die Autorität das Gesetz, daß *Gehorsam die höchste Tugend* und *Ungehorsam die Kardinalsünde* ist. Rebellion ist gemäß autoritärer Ethik eine unverzeihliche Sünde. Sie stellt das Recht der Autorität in Frage, Normen aufzustellen. Gleichermaßen in Frage gestellt würde auch ihr Axiom, daß die von ihr aufgestellten Normen den Interessen der ihr Unterworfenen am besten dienen. Ein Sünder wird dadurch, daß er die Strafe hinnimmt und sich schuldig fühlt, wieder ein „guter Mensch", denn er beweist, daß er die Überlegenheit der Autorität anerkennt.

Im Bericht über den Ursprung der Menschheitsgeschichte erläutert das Alte Testament, was autoritäre Ethik ist. Die Sünde Adams und Evas wird nicht durch die Tat als solche erklärt. Denn vom Baum der Erkenntnis zu essen, war nicht böse an sich, und tatsächlich stimmen auch beide Religionen, die jüdische und die christliche, darin überein, daß die Fähigkeit, zwischen Gut und Böse zu unterscheiden, eine Grundtugend ist. Die Sünde bestand im Ungehorsam, in der Herausforderung der göttlichen Autorität. Gott fürchtete, der Mensch könnte, wenn er schon «zu seinem Ebenbild geworden ist und weiß, was gut und böse ist, seine Hand ausstrecken und auch von dem Baum des Lebens pflücken und essen und ewiglich leben».

Die *humanistische Ethik* kann in ihrem Gegensatz zur autoritären Ethik ebenfalls mittels formaler und materialer Kriterien erfaßt werden. *Formal* beruht sie auf dem Prinzip, daß nur der Mensch das Kriterium der Tugend und Sünde bestimmen kann, niemals aber eine Autorität, die ihn transzendiert. *Materialiter* basiert sie auf dem Prinzip: «gut» ist das, was für den Menschen gut ist, und «böse», was ihm schadet. *Das Wohl des Menschen ist das einzige Kriterium für ethische Werte.*

Der Unterschied zwischen humanistischer und autoritärer Ethik zeigt sich in der grundsätzlich anderen Bedeutung, die dem Begriff «Tugend» beigemessen wird. Aristoteles gebraucht diesen Begriff, um durch ihn eine «ausgezeichnete Leistung» zu bezeichnen. Die Leistung nämlich, durch welche die dem Menschen eigenen Kräfte verwirklicht werden. Paracelsus spricht von «Tugend» als Synonym der individuellen Eigenschaften jedes Dinges –, das heißt seiner Besonderheit. Ein Stein oder eine Blume, jedes hat seine «Tugend», seine ihm spezifischen Eigenschaften. So besteht auch die «Tugend» des Menschen in jenen Eigenschaften, die für die Spezies Mensch charakteristisch sind, während die Tugend jeder einzelnen Person in ihrer einmaligen Individualität beruht. Der Mensch ist «tugendhaft», wenn er seine «Tugend» verwirklicht. Im Gegensatz hierzu ist «Tugend» im heutigen Sinne eine Konzeption der autoritären Ethik. Tugendhaft sein, bedeutet hier Selbstverleugnung und Gehorsam, Unterdrückung der Individualität und nicht deren vollste Verwirklichung.

Humanistische Ethik ist anthropozentrisch; natürlich nicht in dem Sinne, daß der Mensch Mittelpunkt des Universums ist, sondern so verstanden, daß seine Werturteile, wie alle seine Urteile und auch sein Wahrnehmungsvermögen, in der Besonderheit seiner Existenz ihren Ursprung haben. Sinnvoll sind sie nur mit Bezug auf diese. Der Mensch ist tatsächlich «das Maß aller Dinge». Vom humanistischen Standpunkt aus gibt es nichts Höheres und nichts Erhabeneres als die menschliche Existenz. Dieser Behauptung wurde entgegengehalten, daß es in der Eigenart des moralischen Handelns liege, den Menschen zu transzendieren. Ein System, das allein vom Menschen und seinen Interessen ausgeht, kann daher nicht eigentlich moralisch sein. Es könne lediglich das isolierte, egoistische Individuum zum Gegenstand haben.

Dieses Argument beruht auf einem Trugschluß. Gemeinhin wird es vorgebracht, um die Fähigkeit des Menschen – und seinen berechtigten Anspruch – zu widerlegen, die für sein Leben gültigen Normen selbst zu postulieren und zu beurteilen. Denn der Grundsatz, gut ist, was für den Menschen gut ist, bedeutet nicht, der Mensch sei so organisiert, daß Egoismus und Isolierung für ihn gut seien. Folglich kann es auch nicht heißen, daß der Sinn des menschlichen Daseins in der Beziehungslosigkeit zur Welt außerhalb des eigenen Ich erfüllt werden kann. Wie schon viele Verfechter der humanistischen Ethik dargelegt haben, besteht in der Tat eines der Charakteristika des Menschseins darin, daß der Mensch Erfüllung und Glück nur in bezug auf seine Mitmenschen und in der Solidarität mit ihnen findet. Seinen Nächsten zu lieben, ist jedoch kein Phänomen, das den Menschen *transzendiert*. Es ist vielmehr etwas ihm Angeborenes und *von ihm Ausstrahlendes*. Liebe ist keine höhere Macht, die den Menschen erfüllt. Sie ist auch keine Pflicht, die ihm auferlegt wird; sie ist eine ihm eigene Kraft, durch die er sich zur Welt in Beziehung setzt, und durch die er erst wirklich er selbst wird.

II. Subjektivistische Ethik im Gegensatz
zur objektivistischen Ethik

Gehen wir vom Prinzip der humanistischen Ethik aus, was sollen wir dann jenen antworten, die dem Menschen die Fähigkeit abstreiten, normative Grundsätze zu finden, die *objektiv* gültig sind?

Eine Richtung der humanistischen Ethik läßt diesen Einwand tatsächlich gelten. Sie anerkennt, daß Werturteile keinerlei objektive Gültigkeit beanspruchen können, da sich in ihnen nur willkürliche Neigungen und Abneigungen des Einzelwesens bekunden. So gesehen, umschreibt beispielsweise die These «Freiheit ist besser als Sklaverei» nur einen graduellen Unterschied der persönlichen Neigung. Objektive Gültigkeit aber kommt ihm nicht zu. In diesem Sinne wird der Wert als «irgendein begehrtes Gut» definiert. Der Wunsch ist dann Prüfstein für diesen Wert, nicht aber der Wert Prüfstein für den Wunsch. Ein so radikaler Subjektivismus ist seinem Wesen nach absolut unvereinbar mit dem Gedanken, daß ethische Normen allgemein gültig und auf jeden anwendbar sein müßten. Wäre dieser Subjektivismus die einzige Möglichkeit humanistischer Ethik, dann bliebe uns tatsächlich nur die Wahl zwischen autoritärem Denken und dem Verzicht auf jeglichen Anspruch auf allgemein gültige Normen.

Ethischer Hedonismus ist die erste Konzession, die dem Prinzip der Objektivität gemacht wird. Geht man von der Annahme aus, daß Lust für den Menschen gut und Unlust böse ist, dann setzt dies ein Prinzip voraus, demzufolge Wünsche meßbar sind. Und zwar sind solche Wünsche wertvoll, deren Erfüllung Lust verursacht, andere nicht. Aber trotz Herbert Spencers Behauptung, die Lust übe im biologischen Entwicklungsprozeß eine objektive Funktion aus, kann die Lust kein Wertkriterium sein. Denn es gibt Menschen, die an der Unterwerfung und nicht an der Freiheit, am Hassen und nicht am Lieben, am Ausbeuten und nicht am produktiven Schaffen Lust empfinden. Ein solches Lustgefühl an dem, was objektiv schädlich ist, kennzeichnet den neurotischen Charakter. Es ist von der Psychoanalyse gründlich erforscht worden. Auf dieses Problem werden wir bei unserer Erörterung der Struktur des Charakters noch zurückkommen, desgleichen in dem Kapitel, das von Glück und Freude handelt.

Den entscheidenden Schritt zu einem objektiveren Wertkriterium hin bedeutete die von Epikur gemachte Einschränkung des hedonistischen Prinzips. Er versuchte die Schwierigkeit dadurch zu meistern, daß er zwischen «höheren» und «niederen» Freuden unterschied. Wenn damit die eigentliche Schwäche des Hedonismus auch erkannt wurde, so blieb der Versuch in seinem Ergebnis doch abstrakt und dogmatisch. Nichtsdestoweniger kann der Hedonismus ein großes Verdienst für sich beanspruchen. Da er nämlich das eigene Lust- und Glücksempfinden des Menschen zum einzigen Wertkriterium machte, schloß er von vornherein alle Versuche aus, eine Autorität anzunehmen, die ihrerseits bestimmt, was das Beste für den Menschen ist, ohne dem Menschen die Möglichkeit eigener Entscheidung zu belassen, ob er das als Bestes empfindet, was ihm als angeblich Bestes vorgestellt wird. Daher kann die Tatsache nicht überraschen, daß eine hedonistische Ethik von fortschrittlichen Denkern, die ehrlich und leidenschaftlich für das Glück des Menschen eintraten, sowohl in Griechenland und Rom wie auch in den modernen europäischen und amerikanischen Kulturen vertreten wurde.

Ungeachtet seiner Verdienste konnte der Hedonismus jedoch keine Grundlage für objektiv gültige ethische Urteile schaffen. Müssen wir deshalb auf Objektivität verzichten, wenn wir uns für den Humanismus entscheiden? Oder ist es trotzdem möglich, Verhaltungsweisen und Werturteile zu bestimmen, die für jeden Einzelnen objektive Gültigkeit besitzen, obwohl sie von dem Einzelnen selbst postuliert wurden und nicht von einer ihn transzendierenden Autorität? Ich glaube, daß dies möglich ist, und will nun versuchen, eine solche Möglichkeit darzulegen.

Zunächst dürfen wir nicht vergessen, daß «objektiv gültig» nicht etwa identisch ist mit «absolut». Eine Behauptung über Wahrscheinlichkeit, annähernde Gültigkeit oder eine andere beliebige Hypothese kann beispielsweise gültig und zugleich «relativ» sein. Und zwar in dem Sinne, daß sie auf Grund begrenzt gültiger Evidenz aufgestellt wurde und späteren Berichtigungen unterworfen ist, sofern Tatsachen oder Verfahrensweisen dies erforderlich machen. Die Gesamtkonzeption des Gegensatzes relativ und absolut wurzelt im theologischen Denken, wo ein göttlicher Bereich als das «Absolute» von dem unvollkommenen Bereich des Menschen geschieden wird. Von diesem theologischen Zusammenhang abgesehen, ist die Konzeption des Absoluten bedeutungslos. In der Ethik wie im wissenschaftlichen Denken im allgemeinen ist für sie kein Raum.

Aber selbst dann, wenn wir in diesem Punkte einig sind, muß der Haupteinwand gegen die Möglichkeit objektiv gültiger Urteile in der Ethik noch geklärt werden: Der Einwand, daß «Tatsachen» deutlich von «Werten» unterschieden werden müßten. Seit Kant ist es eine weitverbreitete Auffassung, daß objektiv gültige Urteile nur über Tatsachen und nicht über Werte selbst gefällt werden können. Ein Prüfstein für die Wissenschaftlichkeit bestehe darin, daß jegliches Werturteil ausgeschlossen wird.

Im Bereich der Künste[3] haben wir uns daran gewöhnt, objektiv gültige Normen aufzustellen, die vermittels wissenschaftlicher Prinzipien abgeleitet wurden, welche ihrerseits aus der Beobachtung der Wirklichkeit und – oder – umfas-

---

[3] Verstanden wird ‚Kunst‘ hier im alten Wortsinne, wie etwa Heilkunst, Schmiedekunst usw.

sender mathematisch-deduktiver Verfahren entstanden. Die reinen oder «theoretischen» Wissenschaften befassen sich mit der Entdeckung von Tatsachen und Prinzipien; folglich tritt sogar in die physikalischen und biologischen Wissenschaften ein normatives Element ein, das deren Objektivität nicht beeinträchtigt. Die angewandten Wissenschaften, die Künste, befassen sich primär mit praktischen Normen, auf Grund derer etwas *getan* werden soll –, wobei das «Sollen» durch wissenschaftliche Erkenntnis von Tatsachen und Prinzipien bestimmt wird. Sich in einer der Künste zu betätigen, setzt bestimmte Kenntnisse und Fertigkeiten voraus. Während einige Künste nur «Kenntnisse» erfordern, über die ein gesunder Menschenverstand verfügt, erfordern andere, wie etwa die Ingenieur-Kunst oder die Heil-Kunst, ein umfassendes Wissen an theoretischen Kenntnissen. Will ich zum Beispiel eine Eisenbahnlinie bauen, dann muß ich sie so anlegen, daß die Bauweise mit bestimmten physikalischen Grundgesetzen übereinstimmt. *In allen «Künsten» bildet ein System objektiv gültiger Normen die theoretische Grundlage der Praxis (angewandte Wissenschaft), das sich seinerseits wiederum auf die theoretische Wissenschaft gründet.* Mag es auch verschiedene Wege geben, um in irgendeiner Kunst Hervorragendes zu leisten, so sind doch die Normen keineswegs willkürlich. Ihre Mißachtung zeitigt schlechte Resultate oder sogar einen absoluten Mißerfolg auf dem Wege zum angestrebten Ziel.

Aber nicht nur Medizin, Technik und Malerei sind Künste; *das Leben selbst ist eine Kunst* [4] – sogar die wichtigste und zugleich schwierigste und vielfältigste, die der Mensch je auszuüben vermag. Ihr Zweck besteht nicht in dieser oder jener besonderen Leistung, vielmehr darin, sein Leben zu gestalten und das zu verwirklichen, was der Mensch potentiell

---

[4] Allerdings steht die Verwendung des Wortes ,Kunst' im Widerspruch zur Terminologie des Aristoteles, der zwischen ,Herstellung' und ,Tat' unterscheidet.

ist. *In der Kunst des Lebens ist der Mensch beides; er ist der Künstler und ist gleichzeitig der Gegenstand seiner Kunst.* Er ist der Bildhauer *und* der Marmor, der Arzt *und* der Patient.

Für die humanistische Ethik ist «gut» gleichbedeutend mit gut für den Menschen und «böse» mit schlecht für den Menschen. Sie verlangt, daß wir die Natur des Menschen kennen müssen, um zu wissen, *was* für den Menschen gut ist. *Humanistische Ethik ist also die angewandte Wissenschaft von der* «Kunst des Lebens». *Sie beruht auf der theoretischen «Wissenschaft vom Menschen».* Hier wie in anderen Künsten steht die bestmögliche Leistung des Einzelnen (Tugend) im gleichen Verhältnis zur Kenntnis, die er von der Wissenschaft vom Menschen besitzt, seiner Geschicklichkeit und seiner praktischen Erfahrung. Normen aber lassen sich von Theorien nur unter der Voraussetzung ableiten, daß man sich für eine bestimmte Tätigkeit entschieden hat und ein bestimmter Zweck erfüllt werden soll. Voraussetzung für die medizinische Wissenschaft ist der Wille, Krankheiten zu heilen und das Leben zu verlängern. Wäre das nicht der Fall, dann wären alle Erfahrungstatsachen der medizinischen Wissenschaft irrelevant. Jede Erfahrungswissenschaft gründet sich auf ein Axiom, das bereits eine Entscheidung vorwegnimmt. Nämlich die, daß der Endzweck des Tuns erwünscht ist. Ein Unterschied besteht allerdings zwischen dem Axiom der Ethik und jenem der anderen Künste. Hypothetisch können wir uns eine Kultur vorstellen, wo die Menschen keine Gemälde oder Brücken haben wollen; wir können uns aber keine vorstellen, wo die Menschen nicht leben wollen. Der Wille zum Leben ist jedem Organismus eigen. Der Mensch kann sich daher nicht anders entscheiden, als leben zu wollen, unabhängig davon, was für Gedanken er sich über das Leben selbst macht.[5] Die Wahl zwischen Leben und Tod

[5] Der Selbstmord, der ein pathologisches Phänomen ist, widerspricht diesem allgemeinen Prinzip nicht.

ist nur scheinbar, doch nicht wirklich gegeben, da der Mensch in Wirklichkeit nur zwischen einem guten Leben und einem schlechten Leben wählen kann.

Es ist interessant, hier die Frage zu stellen, warum unsere Zeit den Sinn dafür verloren hat, daß das *Leben eine Kunst* ist. Der moderne Mensch scheint zu glauben, Lesen und Schreiben seien Künste, die man erlernen müsse, und daß es zwar umfassender Studien bedürfe, um Architekt, Ingenieur oder gelernter Arbeiter zu werden, aber das Leben selbst sei etwas so Einfaches, daß keine besondere Anstrengung nötig sei, um es zu erlernen. Weil jeder auf irgendeine Weise «lebt», sieht man das Leben als etwas an, das jeden berechtigt, sich als Lebenskünstler zu bezeichnen. Doch nicht deswegen, weil der Mensch die Kunst des Lebens in hohem Grade beherrscht, ging ihm das Gefühl für ihre Schwierigkeit verloren. Der offensichtliche Mangel an echter Freude und echtem Glück ist augenscheinlich und schließt eine solche Erklärung aus. Die moderne Gesellschaft hat den Menschen trotz aller Betonung von Glück, Individualität und Eigennutz gelehrt, sich bewußt zu werden, daß nicht sein Glück (oder um den theologischen Terminus zu gebrauchen, sein Heil) das Ziel des Lebens sei, sondern die Erfüllung seiner Pflicht zur Arbeit; mit anderen Worten, sein Erfolg. Geld, Prestige und Macht sind Triebfedern und Daseinszweck geworden. Der Mensch handelt in der Illusion, seine Handlungen lägen in seinem eigenen Interesse, obgleich er in Wirklichkeit allem andern dient, nur nicht dem Interesse seines eigenen Ich. Alles ist ihm wichtig, nicht aber das eigene Leben und die Kunst zu leben. Für alles ist er zu haben, nur nicht für sich selbst.

Wenn die Ethik den Inhalt der Normen ausmacht, die uns befähigen, in Vollzug der Lebenskunst etwas Ausgezeichnetes zu erreichen, dann müssen sich ihre allgemeinsten Grundsätze aus der Natur des Lebens im allgemeinen und aus der menschlichen Existenz im besonderen herleiten lassen. Allgemein gesprochen: Sinn des Lebens ist die Erhaltung und Behauptung der eigenen Existenz. Allen Organismen wohnt die Tendenz inne, ihre Existenz zu erhalten. Von dieser Tatsache ausgehend, haben die Psychologen einen Selbsterhaltungstrieb als vorhanden vorausgesetzt. Danach besteht die erste «Aufgabe» eines Organismus darin, lebendig zu sein.

Das «Lebendigsein» ist eine dynamische, keine statische Konzeption. *Existenz und Entfaltung spezifischer Kräfte eines Organismus ist ein und dasselbe.* Allen Organismen wohnt die Tendenz inne, die ihnen eigentümlichen spezifischen Möglichkeiten zu verwirklichen. Demzufolge muß als *Ziel des menschlichen Lebens die Entfaltung der menschlichen Kräfte entsprechend der dem Menschen eigentümlichen Wesensgesetze* verstanden werden.

Allerdings existiert der Mensch nicht als «Allgemeinbegriff». Wenn er auch das Wesentliche der menschlichen Eigenschaften mit allen Exemplaren seiner Spezies teilt, so ist er doch stets ein Individuum, ein einmalig Seiendes, das sich von jedem anderen Individuum unterscheidet. Er unterscheidet sich ebenso durch die besondere Mischung von Charakter, Temperament, Talenten, Veranlagungen, wie durch die Form seiner Finger. Die ihm eigentümlichen menschlichen Möglichkeiten kann er nur damit unter Beweis stellen, daß er seine Individualität verwirklicht. Die Aufgabe, lebendig zu sein, ist identisch mit der Aufgabe, er selbst zu werden, sich zu dem Individuum zu entwickeln, das er potentiell ist.

Fassen wir zusammen: *Gut bedeutet im Sinne der humanistischen Ethik Bejahung des Lebens, Entfaltung der menschlichen Möglichkeiten. Tugend heißt, sich der eigenen Existenz gegenüber verantwortlich zu fühlen.* Das Böse führt zur Lähmung der menschlichen Kräfte; *Laster ist Verantwortungslosigkeit sich selbst gegenüber.*

Das sind die ersten Grundsätze einer objektiven humanistischen Ethik. Wir können sie hier nicht näher erläutern und werden daher im vierten Kapitel nochmals darauf zurückkommen. Vorerst müssen wir allerdings die Frage aufwerfen, ob eine «Wissenschaft vom Menschen», und zwar als theoretische Grundlage einer angewandten Wissenschaft von der Ethik, überhaupt möglich ist.

III. Die Wissenschaft vom Menschen[6]

Der Begriff einer Wissenschaft vom Menschen setzt voraus, daß ihr Gegenstand, der Mensch, existiert und daß es ein für die Spezies Mensch charakteristisches Menschsein gibt. Schon über diese Aussage enthüllt die Ideengeschichte eine eigenartige Ironie und ebenso eigenartige Widersprüche.

Alle autoritären Denker haben es sich leicht gemacht, indem sie die Existenz einer nach ihrer Meinung starren und unveränderlichen menschlichen Natur voraussetzten. Dies sollte beweisen, daß die auf dieser vorausgesetzten Natur des Menschen beruhenden ethischen Systeme und sozialen Einrichtungen notwendig und unwandelbar seien. Ihre Ansicht über die menschliche Natur war jedoch nur die Widerspiegelung ihrer Normen und Interessen, nicht das Ergebnis objektiver Forschung. So ist es denn auch begreiflich, daß fortschrittliche Denker jene Forschungsergebnisse der Anthropologie und Psychologie begrüßten, welche im Gegensatz hierzu die unbegrenzte Wandelbarkeit der menschlichen Natur nachzuweisen schienen. Denn Wandelbarkeit sollte bedeuten, daß Normen und Institutionen, die eher eine voraus-

---

[6] Unter ‚Wissenschaft vom Menschen‘, über die ich im nachfolgenden spreche, verstehe ich eine umfassendere Konzeption als die in der Anthropologie allgemein übliche. Linton hat den Begriff ‚Wissenschaft vom Menschen‘ in ähnlich umfassendem Sinne gebraucht. Siehe: *The Science of Man in the World Crisis*, herausgegeben von Ralph Linton, Columbia University Press, New York 1945.

gesetzte Ursache der menschlichen Natur als deren Wirkung sind, ebenfalls wandlungsfähig sein können. Aber die Verfechter dieser Theorie der unbegrenzten Wandelbarkeit kamen zu einem ebenfalls anfechtbaren Standpunkt. Erstens führt die Konzeption einer unbegrenzten Wandelbarkeit der menschlichen Natur leicht zu Folgerungen, die genau so wenig befriedigen wie jene Konzeption, die eine starre und unveränderliche Natur des Menschen voraussetzt. Wäre der Mensch nämlich unbegrenzt wandlungsfähig, dann könnte er tatsächlich durch Normen und Institutionen, die seinem Wohlergehen entgegengerichtet sind, für immer umgewandelt werden, ohne daß es eine Möglichkeit gäbe, die der menschlichen Natur innewohnenden Kräfte zu mobilisieren, um eine Veränderung der Typen zu erreichen. In diesem Falle wäre der Mensch nur eine Marionette irgendwelcher sozialer Übereinkommen, aber niemals ein aktives Wesen, das im Verlauf seiner Geschichte den Beweis erbracht hat, daß es immer wieder gegen den übermächtigen Druck sozialer und kultureller Verhältnisse ankämpfen will, die seiner Veranlagung nicht entsprechen. Wäre der Mensch also nur ein Reflex kultureller Typen, dann könnte faktisch keine Sozialordnung vom Standpunkt des menschlichen Wohlergehens kritisiert oder beurteilt werden, weil es keine Konzeption des «Menschen» geben würde.

Ebenso wichtig wie die politischen und moralischen Rückwirkungen der Theorie der Wandelbarkeit sind deren theoretische Folgerungen. Nähmen wir an, es gäbe keine andere menschliche Natur (als die in Begriffen fundamentaler physiologischer Bedürfnisse definierte), dann wäre als einzige Psychologie nur ein radikaler Behaviorismus möglich, der sich lediglich auf die Beschreibung unzähliger Verhaltensweisen oder also auf die Messung quantitativer Aspekte menschlichen Verhaltens beschränken würde. Psychologie und Anthropologie hätten keine andere Aufgabe, als die verschiedenen Arten zu beschreiben, durch welche soziale Institutionen und kulturelle Verhältnisse den Menschen wandeln. Die besonderen menschlichen Manifestationen wären nichts anderes als ein Ausdruck dessen, was die sozialen Verhältnisse dem Menschen aufgeprägt hätten. In diesem Falle könnte es nur noch eine einzige Wissenschaft vom Menschen geben, nämlich die vergleichende Soziologie. Sollen jedoch Psychologie und Anthropologie gültige Behauptungen über solche Gesetze aufstellen können, die das menschliche Verhalten bestimmen, dann müssen sie auch von der Voraussetzung ausgehen, daß etwas, sagen wir X, *auf Einflüsse seiner Umgebung in einer feststellbaren Weise reagiert, die sich wiederum aus seiner Eigenart herleitet.* Da die Natur des Menschen nicht starr ist, kann infolgedessen auch die Kultur nicht als Ergebnis unwandelbarer menschlicher Instinkte erklärt werden. Ebensowenig ist Kultur etwas Feststehendes, dem sich die menschliche Natur passiv und im vollen Umfange anpaßt. Zwar kann sich der Mensch unzulänglichen Verhältnissen anpassen, aber in diesem Prozeß entwickelt er bestimmte geistige und emotionale Reaktionen, die sich aus den besonderen Eigenheiten seiner Natur ergeben.

Der Mensch kann sich der Sklaverei anpassen, doch reagiert er darauf durch Nachlassen seiner intellektuellen und moralischen Fähigkeiten. Ebenso kann er sich einer Kultur anpassen, die von gegenseitigem Mißtrauen und Feindseligkeit erfüllt ist, aber seine Reaktion besteht darin, daß er schwach und steril wird. Der Mensch kann sich auch kulturellen Verhältnissen anpassen, die von ihm eine Unterdrückung seiner sexuellen Triebe verlangen, aber seine Anpassung hat die Entwicklung der von Freud aufgewiesenen neurotischen Symptome zur Folge. Der Mensch kann sich fast allen kulturellen Typen anpassen; stehen diese aber im Widerspruch zu seiner Natur, dann stellen sich geistige und emotionale Störungen ein, die ihn allmählich zwingen, diese Verhältnisse zu ändern, da er seine Natur nicht ändern kann.

Der Mensch ist kein unbeschriebenes Blatt, auf das die Kultur ihren Text schreiben kann. Er ist ein reales Wesen, das mit Energien geladen ist und besondere Eigenarten besitzt. Er paßt sich an und reagiert dabei in besonderer und feststellbarer Weise auf äußere Bedingungen. Hätte sich der Mensch, wie es das Tier tut, durch Veränderung seiner eigenen Natur, sich selbst gestaltend, äußeren Bedingungen angepaßt, und könnte er nur unter solchen Bedingungen leben, für die er eine besondere Anpassungsfähigkeit entwickelt hat, dann hätte er damit jede geschichtliche Entwicklung unmöglich gemacht und wäre in die Sackgasse der Sonderentwicklung geraten, die das Schicksal jeder Tiergattung ist. Wenn sich der Mensch anderseits allen Bedingungen anpassen könnte, ohne daß er gegen solche ankämpfen müßte, die seiner Natur nicht entsprechen, dann hätte er ebenfalls keine Geschichte. Die Evolution des Menschen setzt seine Anpassungsfähigkeit, gleichzeitig aber bestimmte unzerstörbare Eigenschaften seiner Natur voraus, die ihn zwingen, unablässig solche Bedingungen zu suchen, die seinen wesentlichen Bedürfnissen besser entsprechen.

Der Gegenstand der Wissenschaft vom Menschen ist die menschliche Natur. Diese Wissenschaft aber geht nicht von einer erschöpfenden und adäquaten Vorstellung dessen aus, was die menschliche Natur ist. Eine vollständige Definition ihres Gegenstandes ist ihr Ziel, nicht ihr Ausgangspunkt. Ihre Methode besteht in der Beobachtung menschlicher Reaktionen auf verschiedene individuelle und soziale Bedingungen, um dann aus der Beobachtung eben dieser Reaktionen zu Schlußfolgerungen über die Natur des Menschen zu kommen. Geschichte und Anthropologie erforschen die menschlichen Reaktionen auf kulturelle und soziale Bedingungen, die sich von den unseren unterscheiden. Sozialpsychologie hingegen erforscht die Reaktionen der Menschen in verschiedenen sozialen Richtungen innerhalb der eigenen Kultur. Die Psychologie des Kindes analysiert die Reaktionen des heranwachsenden Kindes in bezug auf die verschiedensten Situationen; Psychopathologie sucht Aufschluß über die menschliche Natur zu finden, indem sie deren Entartung unter pathogenen Gesichtspunkten studiert. Die menschliche Natur selbst kann niemals beobachtet werden, sondern nur ihre besonderen Äußerungen in besonderen Situationen. Das ist eine aus dem empirischen Studium der menschlichen Verhaltensweisen gefolgerte theoretische Konstruktion. In ihrem Bemühen, ein «Modell der menschlichen Natur» zu konstruieren, unterscheidet sich die Wissenschaft vom Menschen in nichts von anderen Wissenschaften, die durchweg mit Begriffen von Wesenheiten operieren oder von solchen beherrscht werden, die sich aus beobachteten Tatsachen folgern lassen, jedoch selbst nicht unmittelbar beobachtet werden können.

Trotz des umfangreichen Tatsachenmaterials, das Psychologie und Anthropologie liefern, haben wir nur eine höchst unvollständige und dürftige Vorstellung von der menschlichen Natur. Hinsichtlich der empirischen und objektiven Feststellung, woraus eigentlich die menschliche Natur besteht, können wir uns noch immer von Shylock belehren lassen, wenn wir das im erweiterten Sinne für die ganze Menschheit gelten lassen, was er über Juden und Christen sagt.

«Ich bin ein Jude. Hat nicht ein Jude Augen? Hat nicht ein Jude Hände, Gliedmaßen, Werkzeuge, Sinne, Neigungen, Leidenschaften? mit derselben Speise genährt, mit denselben Waffen verletzt, denselben Krankheiten unterworfen, mit denselben Mitteln geheilt, gewärmt und gekältet von eben dem Winter und Sommer, als ein Christ? Wenn ihr uns stecht, bluten wir nicht? Wenn ihr uns kitzelt, lachen wir nicht? Wenn ihr uns vergiftet, sterben wir nicht? Und wenn ihr uns beleidigt, sollen wir uns nicht rächen? Sind wir euch in allen Dingen ähnlich, so wollen wir's euch auch darin gleich tun.»

IV. Die Tradition der humanistischen Ethik

In der Tradition der humanistischen Ethik gilt die Auffassung, die Kenntnis des Menschen sei die Voraussetzung, um überhaupt Normen und Werte aufstellen zu können. Die ethischen Werke von Aristoteles, Spinoza und Dewey – Denker, deren Standpunkte wir in diesem Kapitel darstellen wollen – sind daher gleichzeitig Abhandlungen über Psychologie. Ich will im Nachfolgenden keinen Überblick über die Geschichte der humanistischen Ethik geben, sondern lediglich eine Veranschaulichung ihrer Grundsätze, wie sie von einigen ihrer größten Vertreter aufgestellt wurden.

Für *Aristoteles* ist die Ethik auf der Wissenschaft vom Menschen aufgebaut. Seine Psychologie untersucht die Natur des Menschen, und seine Ethik ist demzufolge angewandte Psychologie. Gleich dem politischen Forscher muß auch der Ethiker «Tatsachen über die Seele kennen, genau so wie einer, der Augen und Körper heilen will, auch Augen und Körper kennen muß ... Sogar die besten Ärzte verwenden noch immer viel Mühe auf die Erforschung des Körpers.» [7] Aus der Natur des Menschen leitet Aristoteles die Norm ab, «Tugend» (Vollkommenheit) sei eine «Tätigkeit». Unter einer solchen Tätigkeit versteht er die Ausübung der dem Menschen eigentümlichen Funktionen und Fähigkeiten. Das vom Menschen angestrebte Glück ist das Ergebnis von «Tätigkeit» und «Gewohnheit». Dieses Glück ist weder ein dauernder Besitz, noch ein Geisteszustand. Um den Begriff der «Tätigkeit» zu erläutern, verwendet Aristoteles die Olympischen Spiele als analoges Beispiel. «Bei den Olympischen Spielen wird nicht der Schönste oder der Stärkste preisgekrönt. Bekränzt werden die Kämpfenden, denn aus ihren Reihen gehen die Sieger hervor. Mit Recht werden daher im

[7] Nikomachische Ethik, I. Buch, 13. Kapitel.

Leben nur die Tätigen des Edlen und Guten teilhaftig.»[8] Nur der freie, vernünftige und tätige (besonnene) Mensch ist der gute und demzufolge auch der glückliche Mensch. Das sind objektive Wertsetzungen, die auf den Menschen als Mittelpunkt bezogen, also humanistisch sind, und die zugleich der Kenntnis der Natur des Menschen und seines Tuns entspringen.

Gleich Aristoteles untersucht auch *Spinoza* die besondere Funktion des Menschen. Er beginnt mit der Betrachtung der besonderen Funktion und des besonderen Zwecks *eines jeglichen Dinges in der Natur.* Er sagt, «jegliches Ding, insofern es in sich selbst ist, strebt danach, in seinem Sein zu verharren.»[9] Der Mensch, seine Funktion und sein Zweck können keine anderen sein als diejenigen eines jeglichen anderen Dinges, nämlich sich selbst und sich in seiner Existenz zu erhalten. «Absolut tugendhaft handeln heißt nichts anderes, als *vernunftgemäß* im Streben nach dem eigenen Nutzen zu handeln, zu leben und unser Sein zu erhalten (alle drei Ausdrücke bedeuten ein und dasselbe).»[10]

Das Sein zu erhalten heißt für Spinoza, *das zu werden, was man potentiell ist.* Dies ist eine Wahrheit, die für alle Dinge gilt. «Ein Pferd», so sagt Spinoza, «wäre gleichermaßen vernichtet, wenn es sich in einen Menschen oder in ein Insekt verwandeln würde.» In Übereinstimmung mit Spinoza dürfen wir hinzufügen, ein Mensch wäre ebenso vernichtet, wenn er zu einem Engel, beziehungsweise zu einem Pferd würde. Tugend ist also die Entfaltung der spezifischen Möglichkeiten eines jeden Organismus. Für den Menschen ist es jener Zustand, in dem er am menschlichsten ist. Unter *gut* versteht Spinoza konsequenterweise alles, «dessen wir gewiß sind, es sei ein Mittel, durch das wir uns mehr und mehr *dem von Gott bestimmten Modell der menschlichen Natur*

8 Ebenda, I. Buch, 9. Kapitel.
9 Benedictus de Spinoza, Ethik, III, Satz 6.
10 Ebenda, IV, Satz 24.

nähern.» Unter *böse* versteht Spinoza «alles, was uns von der Annäherung an dieses Modell abhält.»[11] Demzufolge ist Tugend identisch mit der Verwirklichung der menschlichen Natur, und die Wissenschaft vom Menschen ist jene theoretische Wissenschaft, auf die sich die Ethik gründet.

Die Vernunft zeigt dem Menschen, was er zu tun hat, um wahrhaft er selbst zu sein. Sie belehrt ihn darüber, was gut ist. Die Tugend selbst kann der Mensch nur durch den tätigen Gebrauch seiner Kräfte erlangen. Potenz ist daher gleichbedeutend mit Tugend, Impotenz mit Laster. Glück wiederum ist kein Selbstzweck, sondern die Folgeerscheinung eines Anwachsens der eigenen Potenz, während Impotenz vom Gefühl des Unglücks begleitet ist. Potenz und Impotenz stehen in Beziehung zu allen Kräften, die dem Menschen eigentümlich sind. Werturteile sind deshalb nur anwendbar auf den Menschen und auf seine Interessen. Trotzdem sind solche Werturteile nicht bloße Behauptungen über die Neigungen oder Abneigungen einzelner Individuen, denn die menschlichen Eigentümlichkeiten sind der Gattung und folglich allen Menschen eigen. Der objektive Charakter von Spinozas Ethik beruht auf dem objektiven Charakter des Modells der menschlichen Natur, das in seinem Kern, trotz mannigfaltigen individuellen Abwandlungen, die es zuläßt, für alle Menschen dasselbe ist. Spinoza steht im Gegensatz zur autoritären Ethik. Für ihn ist der Mensch Selbstzweck und nicht Mittel zum Zweck einer ihn transzendierenden Autorität. Ein Wert kann nur durch die realen Interessen des Menschen bestimmt werden, das heißt in bezug auf seine Freiheit und auf den produktiven Gebrauch seiner Kräfte.[12]

[11] Ebenda, IV, Vorrede.
[12] Der Standpunkt von *Marx* ähnelt dem spinozistischen. Er meint: «Um zu wissen, was für einen Hund nützlich ist, muß man die Hunde-Natur erforschen. Diese Natur ist als solche nicht ableitbar aus dem ‚Nützlichkeitsprinzip'. In Anwendung auf den Menschen besagt dies: wollte man alle menschlichen Handlungen, Bewegungen, Verhältnisse usw. nach dem Nützlichkeitsprinzip beurteilen, so müßte man sich zuvor mit der mensch-

Der hervorragendste zeitgenössische Vertreter einer wissenschaftlichen Ethik ist *John Dewey,* dessen Ansichten im Gegensatz zur autoritären Ethik und zum Relativismus stehen. Hinsichtlich der ersteren kommt er zum Ergebnis, das gemeinsame Merkmal jeder Berufung auf Offenbarung, auf gottgewollte Gesetze, auf Anordnungen des Staates, auf Konvention, Tradition usw. sei «die Voraussetzung einer Autorität, die jede Nachprüfung ausschließt.»[13] In bezug auf den Relativismus vertritt Dewey die Auffassung, allein die Tatsache, an etwas Freude zu empfinden, enthalte noch «kein *Urteil* über den Wert dessen, woran man sich erfreut.»[14] Die Freude ist etwas fundamental Gegebenes, das erst «durch evidente Tatsachen verifiziert» werden muß.[15] Gleich Spinoza postuliert er, daß objektiv gültige Wertsetzungen kraft menschlicher Vernunft vollzogen werden können. Auch für ihn ist der Zweck des menschlichen Lebens Wachstum und Entfaltung des Menschen *gemäß seiner Natur* und seiner Konstitution. Die Ablehnung aller vorbestimmten Zwecke führt ihn jedoch zur Preisgabe der von Spinoza vollzogenen wichtigen Setzung eines «Modells der

lichen Natur im allgemeinen und dann mit der in jeder Epoche historisch abgewandelten Menschennatur befassen. Bentham macht es sich in dieser Hinsicht leicht. Mit der größten Naivität erhebt er den zeitgenössischen Krämer, insbesondere den englischen, zum Normaltypus des Menschen.» (Karl Marx, *Das Kapital,* Bd. I)

Spencers Auffassung der Ethik geht trotz bemerkenswerten philosophischen Unterschieden dahin, daß ‚gut' und ‚böse' der besonderen Konstitution des Menschen entsprechen und daß sich die Sittenlehre auf unserer Kenntnis vom Menschen gründet. In einem Briefe an J. S. Mill sagt Spencer: «Die Ansicht, für die ich eintrete, beruht darauf, daß Moral, genauer die Wissenschaft von der echten sittlichen Lebensführung, die Bestimmung zum Gegenstand hat, *wie* und *warum* gewisse Verhaltensweisen schädlich und andere wiederum nützlich sind. Diese guten oder schlechten Ergebnisse können nicht zufällig sein. Sie sind *notwendige Folgen der Konstitution der Dinge.»* (Spencer, *The Principles of Ethics,* Band I, Seite 57, New York 1902)

13 John Dewey und James H. Tufts, *Ethics* (New York 1932, Henry Holt and Company), Seite 364.

14 John Dewey, *Problems of Men* (New York 1946, Philosophical Library), Seite 254.

15 Ebenda, Seite 260.

menschlichen Natur» als wissenschaftliche Konzeption. In Deweys Lehre liegt der Hauptakzent auf der Bezogenheit der Mittel und Zwecke aufeinander (oder der Wirkungen) als Erfahrungsgrundlage für die Gültigkeit von Normen. Nach ihm findet eine Bewertung «nur dann statt, wenn es sich um etwas Bedeutsames handelt; wenn also eine Störung abgestellt, ein Bedürfnis befriedigt, ein Mangel behoben, eine Entbehrung beseitigt oder ein bestimmter Konflikt zwischen Neigungen mittels einer Veränderung der bestehenden Bedingungen gelöst werden muß. Damit wurde bewiesen, daß hier ein in Frage kommender intellektueller Faktor immer gemeint ist, wenn es sich um eine solche Bewertung handelt. Der vorschwebende Zweck wird in Aussicht genommen und gestaltet, sofern man so handelt, daß ein bestehendes Bedürfnis befriedigt oder ein Mangel behoben, beziehungsweise ein vorhandener Konflikt gelöst wird.»[16]

Für Dewey ist der Zweck «nur eine Folge von Handlungen, betrachtet im späteren Stadium; das Mittel nur eine Folge, betrachtet im vorausgegangenen Stadium. Die Unterscheidung von Mittel und Zwecken erfolgt durch Betrachtung des *Verlaufs* einer angenommenen *Tätigkeitskurve* in zusammenhängender Zeitfolge. Der ,Zweck' ist der letzte in Aussicht genommene Akt; die Mittel sind Tätigkeiten, die zeitlich vor diesem auszuführen sind... Mittel und Zwecke sind zwei Benennungen für die gleiche Wirklichkeit. Bezeichnet ist damit keine in der Wirklichkeit vollziehbare Trennung, sondern eine Unterscheidung im Urteil.»[17]

Zweifellos ist Deweys Betonung der Wechselbeziehung zwischen Mitteln und Zwecken ein bedeutsamer Höhepunkt für die Entwicklung der Theorie einer rationalen Ethik. Das gilt insbesondere für seine Warnung vor solchen Theorien,

[16] John Dewey, *Theory of Valuation* (in: *International Encyclopedia of Unified Science*, Chicago 1939, The University of Chicago Press, XI, No. 4, Seite 34.)

[17] John Dewey, *Human Nature and Conduct* (New York 1930), Seite 34 f.

die Zwecke von Mitteln trennen und somit nutzlos werden. Und doch ist es allem Anschein nach unrichtig, daß wir «nicht wissen können, was wir in Wirklichkeit sind, ehe ein *Tätigkeitsverlauf* verstandesmäßig erfaßt ist.»[18] Zwecke können durch empirische Analyse des Gesamtphänomens «Mensch» auch dann ermittelt werden, wenn wir die Mittel noch nicht kennen, um diese zu erreichen. Es gibt Zwecke, über welche gültige Behauptungen aufgestellt werden können, obwohl im betreffenden Augenblick die Anhaltspunkte fehlen. Die Wissenschaft vom Menschen aber ist in der Lage, uns einen Begriff vom «Modell der menschlichen Natur» zu geben, von dem Zwecke abgeleitet werden können, noch ehe die sie zu ermöglichenden Mittel gefunden worden sind.[19]

V. Ethik und Psychoanalyse

Aus dem Vorhergehenden ergibt sich, wie ich glaube, eindeutig genug, daß die Entwicklung einer objektivistisch-humanistischen Ethik als einer angewandten Wissenschaft abhängt von der Entwicklung der Psychologie als einer theoretischen Wissenschaft. Der Fortschritt von der aristotelischen zur spinozistischen Ethik ist weitgehend auf die Überlegenheit der dynamischen Psychologie des letzteren gegenüber der statischen des ersteren zurückzuführen. Spinoza entdeckte die unbewußte Motivation, die Assoziationsgesetze und die Auswirkung von Kindheitserfahrungen auf das ganze Leben. Sein Begriff vom «Trieb» ist ein dynamischer, und als solcher ist er dem aristotelischen Begriff der «Nei-

18 Ebenda, Seite 38.
19 Utopien sind Visionen von Zwecken, deren Mittel noch nicht verwirklicht sind. Trotzdem sind sie nicht ohne Bedeutung; im Gegenteil, einige von ihnen haben wesentlich zum Fortschritt des Denkens beigetragen, zu schweigen von dem, was sie zur Stärkung des Glaubens an die Zukunft der Menschheit leisteten.

gung» überlegen. Wie jede andere Psychologie bis zum neunzehnten Jahrhundert blieb auch Spinozas Psychologie abstrakt. Sie stellte keine Methode auf, um ihre Theorien durch empirische Untersuchungen und Entdeckungen neuer Phänomene aus dem Bereiche des Menschlichen zu überprüfen.

Empirische Forschung ist ein Grundbegriff in Deweys Ethik und Psychologie. Er anerkennt die unbewußte Motivation,- und sein Begriff des «Habitus» unterscheidet sich von dem deskriptiven Habitus-Begriff des traditionellen Behaviorismus. Seine Behauptung[20], die moderne klinische Psychologie sei «wirklichkeitsnah, weil sie die tiefe Bedeutung unbewußter Kräfte betont, die nicht nur das sichtbare Verhalten bestimmen, sondern auch Wünsche und Urteile, den Glauben und die Entstehung von Ideen und Idealen», beweist, welche Bedeutung er allen unbewußten Faktoren beimißt, obwohl er in seiner ethischen Theorie noch längst nicht alle Möglichkeiten dieser neuen Methode erschöpft.

Bisher sind nur wenige Versuche von philosophischer und psychologischer Seite unternommen worden, um die Ergebnisse der Psychoanalyse für die Entwicklung einer ethischen Theorie auszuwerten.[21] Dies überrascht um so mehr, weil gerade die psychoanalytische Theorie Beiträge geliefert hat, die insbesondere für die Ethik auswertbar gewesen wären.

Als Wichtigstes muß wohl die Tatsache betrachtet werden, daß die Psychoanalyse als erstes modernes psycholo-

[20] Dewey, *Human Nature and Conduct,* Seite 86.
[21] Ein zwar kurzer, doch bezeichnender Beitrag zum Wertproblem vom psychoanalytischen Standpunkt ist *Patrick Mullahy's* Aufsatz «Values, Scientific Method and Psychoanalysis» (in *Psychiatry,* Mai 1943). Während der Korrektur meines Buches erschien J. C. Flugel's *Man, Morals and Society* (New York 1945, International Universities Press). Es ist der erste systematische und ernstzunehmende Versuch eines Psychoanalytikers, die Ergebnisse der Psychoanalyse auf die Ethik anzuwenden. Eine äußerst wertvolle Darstellung und gründliche Kritik der psychoanalytischen Auffassung findet sich in Mortimer J. Adler's *What Man Has Made of Man* (New York 1937, Longmans Green & Co.), ein Buch, das weit mehr bietet als nur Kritik.

gisches System keine voneinander isolierte Aspekte des Menschen, sondern seine ganze Persönlichkeit zum Inhalt hat. Im Gegensatz zur Methode der herkömmlichen Psychologie, welche sich nur auf die Untersuchung solcher Phänomene beschränken mußte, die zu Zwecken der experimentellen Beobachtung hinlänglich voneinander isoliert werden konnten, entdeckte *Freud* eine neue Methode. Durch sie wurde es möglich, die Persönlichkeit als Ganzes zu erforschen. Gleichzeitig konnte man verstehen, weshalb ein Mensch so und nicht anders handelt. Diese Methode, nämlich die Analyse freier Assoziationen, Träume, Fehlleistungen und Übertragungserscheinungen, ist eine Beobachtungsweise, durch welche «Privates», das nur der Selbstbeobachtung und Selbsterkenntnis zugänglich ist, in der Kommunikation zwischen Analysiertem und Analytiker sich kundtut und demonstriert werden kann. Die psychoanalytische Methode hat hierdurch den Zugang zu solchen Phänomenen erschlossen, die bisher der Beobachtung unzugänglich waren. Zugleich enthüllte sie eine Fülle emotionaler Erfahrungsinhalte, die nicht einmal durch Selbstbeobachtung erkannt werden konnten, weil sie verdrängt und vom Bewußtsein abgespalten waren.[22]

Während der Anfänge seiner Forschung interessierte sich Freud hauptsächlich für neurotische Symptome. Je tiefer die Psychoanalyse eindrang, desto offensichtlicher wurde es, daß ein neurotisches Symptom nur durch Ergründung derjenigen Charakterstruktur erkannt werden kann, in die es eingebettet ist. Statt des Symptoms wurde der neurotische Charakter zum wichtigsten Anliegen der psychoanalytischen Theorie und Therapeutik. Im Verlauf der Erforschung des neurotischen Charakters schuf Freud eine Grundlegung der Wissenschaft vom Charakter (Charakterologie), die bis dahin

---

[22] Siehe: Dewey, *Problems of Men*, Seite 250–272; ebenso Philip B. Rice, *Objectivity of Value Judgment and Types of Value Judgment*, in *Journal of Philosophy*, XV, 1934, Seite 5–14 und 533–543.

jahrhundertelang von der Psychologie vernachlässigt und den Romanschriftstellern und Bühnenautoren preisgegeben worden war.

Obwohl die psychoanalytische Charakterologie noch in ihren Anfängen steckt, ist sie dennoch für die Entwicklung einer ethischen Theorie unentbehrlich. Die Begriffsbestimmung aller Tugenden und Laster muß in der herkömmlichen Ethik zweideutig bleiben, weil häufig genug mit dem gleichen Ausdruck verschiedene, ja zum Teil sogar gegensätzliche Verhaltensweisen bezeichnet werden. Ihre Zweideutigkeit verlieren diese Begriffe erst dann, wenn sie mit der Charakterstruktur derjenigen Person in Zusammenhang gebracht werden, der eine Tugend oder ein Laster zugeschrieben wird. Eine aus dem Zusammenhang mit dem Charakter gelöste Tugend kann sich in etwas Wertloses umkehren (so zum Beispiel «Demut», verursacht durch Furcht oder durch Kompensierung unterdrückter Arroganz); ebenso kann auch ein Laster in anderem Licht erscheinen, wenn es im Zusammenhang mit dem Charakter als Ganzem verstanden wird (so zum Beispiel «Arroganz» als Ausdruck von Unsicherheit und Selbstunterschätzung). Für die Ethik ist eine solche Betrachtungsweise äußerst aufschlußreich. Es genügt nicht und ist irreführend, wenn man sich mit isolierten Tugenden und Lastern als voneinander getrennten Charakterzügen befaßt. Die Charakterologie ist ein Hauptgegenstand der Ethik, und nur in bezug auf die Charakterstruktur als Ganzes können Wertsetzungen über einzelne Charakterzüge oder Handlungen vollzogen werden. *Weit mehr als einzelne Tugenden oder Laster ist der tugendhafte oder lasterhafte Charakter Hauptgegenstand der ethischen Forschung.*

Nicht weniger aufschlußreich für die Ethik ist der psychoanalytische Begriff einer *unbewußten* Motivation. Während dieser Begriff in seiner allgemeinen Form auf Leibniz und Spinoza zurückgeht, hat Freud als erster die unbewußten Triebe empirisch und bis ins einzelne untersucht. Er schuf damit die Grundlagen für eine Theorie der menschlichen Motivationen. Den Fortschritt des ethischen Denkens kennzeichnet die Tatsache, daß nunmehr Werturteile über menschliche Verhaltensweisen hinsichtlich der Motivationen gefällt werden konnten, die dem Akt zugrunde liegen, und nicht so sehr über den Akt selbst. Das Verständnis für die unbewußte Motivation erschließt einen neuen Bereich der ethischen Forschung. Wie Freud bemerkt, kann nicht nur «das Niedrigste, sondern auch das Höchste im Ich unbewußt sein»[23] und zum ausschlaggebenden Motiv einer Handlung werden. Die ethische Forschung kann es sich nicht leisten, diese Tatsache zu übersehen.

Trotz vielen Möglichkeiten, welche die Psychoanalyse für die wissenschaftliche Untersuchung der Werte bietet, haben Freud und seine Schule diese Methode in bezug auf die Erforschung ethischer Probleme nicht ausgenützt; vielmehr trugen sie noch wesentlich zur Verwirrung der bisherigen ethischen Forschungsergebnisse bei. Diese Verwirrung hat ihren Ursprung in Freuds relativistischer Einstellung, die voraussetzt, Psychologie könne uns helfen, die Motivation für Werturteile zu begreifen, doch sei sie außerstande, die Gültigkeit der Werturteile selbst zu begründen.

Freuds Relativismus zeigt sich am deutlichsten in seiner Lehre vom Über-Ich (Gewissen). Entsprechend seiner Lehre kann alles zum Inhalt des Gewissens werden, sofern es zufällig dem System von Geboten und Verboten angehört, die im Über-Ich des Vaters und in der kulturellen Überlieferung enthalten sind. *In solcher Sicht ist das Gewissen nur eine nach Innen verlagerte Autorität.* Freuds Analyse des Über-Ich ist lediglich eine Analyse des «autoritären Gewissens».[24]

Eine gute Illustration zu einer solchen relativistischen

---

23 Sigmund Freud, Das Ich und das Es (Gesammelte Werke, Bd. XIII), Seite 235.
24 Eine ausführliche Behandlung des Gewissensproblems findet man im vierten Kapitel.

Betrachtungsweise ist T. Schroeders Aufsatz «Haltung eines amoralischen Psychologen».[25] Der Verfasser kommt zu dem Schluß, jede moralische Wertung sei «das Produkt einer emotionalen Morbidität, also starker sich widersprechender Impulse, die auf frühere emotionale Erfahrungen zurückgehen». Zum anderen will der amoralische Psychiater «moralische Maßstäbe, Werte und Urteile durch eine psychiatrische und psycho-evolutionäre Klassifizierung der Impulse und der intellektuellen Methoden des moralisch Wertenden ersetzen». Der Autor stellt schließlich die konfuse Behauptung auf, «amoralisch evolutionäre Psychologen haben keine *absoluten oder ewigen Regeln* für das, was Recht oder Unrecht sei». Es könnte danach den Anschein haben, als ob die Wissenschaft «absolute und ewig gültige» Behauptungen aufstellen wollte.

Seine Auffassung, Moral sei im wesentlichen ein Reaktionsvermögen gegen das dem Menschen angeborene Böse, unterscheidet sich kaum von Freuds Theorie des Über-Ich. Er behauptet, das Sexualstreben des Kindes sei dem Elternteil zugewandt, der dem andern Geschlecht angehört. Demzufolge hasse das Kind den elterlichen Rivalen des gleichen Geschlechtes, und Feindschaft, Angst und Schuldgefühl (Oedipus Komplex) entstünden daher schon in dieser frühen Phase. Diese Theorie ist die verweltlichte Fassung des Begriffs der «Erbsünde». Freud folgerte: da diese blutschänderischen und mörderischen Triebe integrierende Bestandteile der menschlichen Natur sind, mußte der Mensch ethische Normen entwickeln, um überhaupt ein gesellschaftliches Leben zu ermöglichen. Der Mensch stellte Normen für sein gesellschaftliches Verhalten auf, um den Einzelnen und die Gruppe vor den Gefahren solcher Triebe zu schützen. Er tat dies zunächst in einem System von Tabus, später in komplizierteren ethischen Systemen.

[25] *The Psychoanalytic Review*, XXXI, Nr. 3, Juli 1944, Seite 329–335.

Freuds Haltung ist jedoch keineswegs nur relativistisch. Er glaubt inbrünstig an die Wahrheit. Sie sei das Ziel, dem der Mensch zustreben müsse. Der Mensch besitze die geistigen Fähigkeiten hierzu, weil er von Natur aus vernunftbegabt sei. Dieser Anti-Relativismus zeigt sich deutlich in seinen Ausführungen zu einer «Lebensphilosophie».[26] Er tritt hier jener Theorie entgegen, wonach Wahrheit «nur das Produkt unserer eigenen Bedürfnisse und Wünsche ist, wie sie sich unter wechselnden äußeren Bedürfnissen zeigen». Eine solche «anarchistische» Theorie bricht nach seiner Auffassung «in dem Augenblick zusammen, wo sie mit dem wirklichen Leben in Berührung kommt». Sein Glaube an die Kraft der Vernunft und deren Fähigkeit, die Menschheit zu einen und aus den Fesseln des Aberglaubens zu befreien, ist von dem gleichen Pathos getragen, wie es die Philosophie der Aufklärung war. Dieser Glaube beseelt auch seine Konzeption einer psychoanalytischen Heilmethode. Danach ist Psychoanalyse der Versuch, die Wahrheit über sich selbst aufzudecken. So gesehen, setzt Freud jene denkerische Tradition fort, die seit Buddha und Sokrates an die Wahrheit als diejenige Kraft glaubt, die den Menschen tugendhaft und frei oder (um in Freuds Terminologie zu sprechen) «gesund» macht. Der Zweck der analytischen Behandlung ist, das Irrationale (das Es) durch Vernunft (das Ich) zu ersetzen. Unter solcher Voraussetzung kann die analytische Situation als eine Situation bestimmt werden, wo zwei Personen, nämlich der Analytiker und der Patient, die Wahrheit erforschen wollen. Zweck der Behandlung ist die Wiederherstellung der Gesundheit, die Heilmittel sind Wahrheit und Vernunft. Eine Situation, die auf radikaler Ehrlichkeit basiert, gefordert zu haben, ist in einer Kultur, in der solche Offenheit Selten-

---

[26] Sigmund Freud, *New Introductory Lectures on Psychoanalysis* (Neue Vorlesungen zur Einführung in die Psychoanalyse), ins Amerikanische übersetzt von W. J. H. Sprott, New York 1937, W. W. Norton & Company, Seite 240–241.

heitswert hat, vielleicht das bedeutendste Zeugnis für Freuds Genie.

In seiner Charakterologie ist Freuds Position, wenn auch nur mittelbar, ebenfalls nicht relativistisch. Er nimmt an, daß sich die Libido vom oralen über das anale zum genitalen Stadium entwickelt und daß im gesunden Menschen die genitale Orientierung das Übergewicht hat. Freud weist zwar nicht ausdrücklich auf ethische Werte hin, aber er setzt stillschweigend voraus, daß die vorgenitalen Orientierungen (charakteristisch für Hörigkeit, Gier und Geiz) im ethischen Sinne den genitalen untergeordnet sind. Damit ist angedeutet, daß «Tugend» das natürliche Ziel der menschlichen Entwicklung ist. Diese Entwicklung kann durch besondere, meist äußere Umstände blockiert werden, so daß es zur Bildung des neurotischen Charakters kommt. Unter normalen Bedingungen entwickelt sich jedoch der gereifte, unabhängige und produktive Charakter, der liebes- und arbeitsfähig ist: letzten Endes sind Tugend und Gesundheit für Freud ein und dasselbe.

Dieser Zusammenhang zwischen Charakter und Ethik ist jedoch nicht deutlich ausgesprochen. Er mußte unklar bleiben, zum Teil wegen des Widerspruchs zwischen Freuds Relativismus und der stillschweigenden Anerkennung der humanistischen ethischen Werte, zum Teil deshalb, weil Freud sich hauptsächlich mit dem neurotischen Charakter beschäftigte und der Analyse und Beschreibung des genitalen und gereiften Charakters kaum Beachtung schenkte.

Das folgende Kapitel geht nach kritischer Betrachtung der menschlichen Situation und deren Bedeutung für die Charakterbildung auf eine detaillierte Analyse dessen aus, was dem genitalen Charakter äquivalent ist: die «produktive Orientierung».

DRITTES KAPITEL

DIE NATUR DES MENSCHEN UND SEIN CHARAKTER

> Daß ich ein Mensch bin,
> teile ich mit andern Menschen.
> Daß ich sehe und höre,
> daß ich esse und trinke,
> haben alle Tiere mit mir gemein.
> Aber daß ich bin, ist nur mir eigen
> und gehört nur mir
> und niemandem sonst;
> keinem anderen Menschen,
> keinem Engel und auch nicht Gott –
> außer insofern,
> als ich eins bin mit Ihm.
>
> Meister Eckhart, *Fragmente*

I. Die menschliche Situation

Der Einzelne repräsentiert die Menschheit. Er ist ein spezifisches Exemplar der Gattung Mensch. Er ist «er selbst»; er ist aber auch synonym für «alle». Er ist ein Individuum mit seinen Besonderheiten und in diesem Sinne einmalig. Zugleich repräsentiert er alle Eigenarten der Menschheit. Seine individuelle Persönlichkeit wird zwangsläufig durch jene Eigentümlichkeiten der menschlichen Existenz bestimmt, die allen Menschen gemeinsam sind. Aus diesem Grunde muß die Erörterung der menschlichen Situation zunächst der Erörterung seiner Persönlichkeit vorausgehen.

A. Die biologische Schwäche des Menschen

Was das menschliche Dasein vom tierischen unterscheidet, ist zunächst etwas Negatives. Der Mensch ist in seiner Anpassung an die Umwelt relativ instinktlos. Die Art und Weise, in der sich das Tier seiner Umwelt anpaßt, bleibt stets gleich. Reicht das, was es an Instinkt hat, nicht aus, um sich einer wechselnden Umwelt gegenüber zu behaupten, so stirbt die Gattung aus. Das Tier kann sich wechselnden Bedingungen anpassen, indem es sich verändert – autoplastisch. Es kann sich nicht anpassen, indem es seine Umwelt verändert – alloplastisch. Auf diese Weise lebt es harmonisch; nicht in dem Sinn, daß es keinen Kampf kennt, sondern in dem Sinn, daß die ererbten Eigenschaften es zu einem festen, unveränderlichen Teil der Welt machen; es paßt sich an, oder es stirbt aus.

Je weniger der animalische Instinkt ausgebildet ist, desto entwickelter ist das Gehirn und demzufolge auch die Fähigkeit, etwas zu lernen. Der Mensch tritt in dem Augenblick der Entwicklung auf, wo das instinktive Anpassungsvermögen seinen Tiefpunkt erreichte. Aber der Mensch erscheint mit neuen Eigenschaften, die ihn vom Tier unterscheiden. Er wird sich seiner selbst als einer besonderen Wesenheit bewußt, kann sich an Vergangenes erinnern, kann Zukünftiges sich vorstellen und kann Gegenstände und Handlungen durch Symbole bezeichnen. Er hat Vernunft, mit der er die Welt erfaßt und versteht; er hat ein Vorstellungsvermögen, dank dessen er den Bereich des bloß Sinnlichen weit überschreitet. Der Mensch ist das hilfloseste aller Tiere. Diese biologische Schwäche aber ist gleichzeitig die Basis für seine Stärke, denn sie ist primär die Ursache für die Ausbildung aller spezifisch menschlichen Eigenschaften.

B. Die existentiellen und historischen Widersprüche im Menschen

Selbstbewußtsein, Vernunft und Einbildungskraft haben jene «Harmonie» zerrissen, die für das tierische Dasein charakteristisch ist. Der Mensch wurde zu einer Abnormität, zu einer Laune der Natur. Er ist ein Teil der Natur, ist ihren physikalischen Gesetzen unterworfen und kann diese Gesetze nicht ändern, aber er transzendiert sie. Er steht für sich und ist gleichzeitig Teil eines Ganzen; er ist heimatlos und ist trotzdem an die gleiche Welt gebunden, die er mit allen Geschöpfen teilt. An einem zufälligen Ort und in einem zufälligen Zeitpunkt wird er in das Leben geworfen, ebenso zufällig wird er aus ihm vertrieben. Wenn er sich seiner selbst bewußt wird, erkennt er die eigene Machtlosigkeit und die Grenzen seines Daseins. Das eigene Ende, den Tod, sieht er voraus. Nie kann er sich von den Widersprüchen der eigenen Existenz freimachen. Er muß denken, ob er will oder nicht. Solange er lebt, kann er sich nicht vom eigenen Körper lösen, und dieser Körper veranlaßt ihn, am Leben zu bleiben.

Die Vernunft, ein Segen der Menschheit, ist auch sein Fluch. Sie zwingt den Menschen, sich unablässig mit der Lösung seiner an sich unlösbaren Widersprüche zu beschäftigen. Darin unterscheidet sich die menschliche Existenz von der aller übrigen Organismen. Sie befindet sich in einem Zustand ständiger und unausweichlicher Unausgeglichenheit. Das Leben des Menschen kann nicht gelebt werden, indem das Vorbild der Gattung wiederholt wird; er selbst muß es leben. Er ist das einzige Tier, das sich langweilt, unzufrieden ist und sich aus dem Paradies ausgeschlossen glaubt. Die eigene Existenz ist ihm zu einem Problem geworden, das er lösen muß und dem er nicht entfliehen kann. Und da es kein Zurück gibt, muß er seine Vernunft und seinen Verstand so weit entwickeln, bis er selbst zum Herrn über die Natur und zum Herrn über sich selbst geworden ist.

Mit der Vernunft erwuchs im Menschen eine Spaltung, die ihn zwingt, unablässig nach neuen Lösungen zu suchen. Die Dynamik seiner Geschichte ist mit der Existenz der Vernunft unlösbar verknüpft. Sie veranlaßt ihn, sich zu entwikkeln und die ihm eigene Welt zu schaffen, in der er sich mit sich selbst und seinen Mitmenschen wohlfühlen kann. Jede Stufe, die er erreicht, läßt ihn unbefriedigt und verwirrt ihn, und diese Verwirrung zwingt ihn, neue Lösungen anzustreben. Einen angeborenen «Drang nach Fortschritt» gibt es nicht. Es ist der Widerspruch der eigenen Existenz, der den Menschen auf der begonnenen Bahn fortschreiten läßt. Als er das Paradies – die Einheit mit der Natur – verlor, wurde er zum ewigen Wanderer (Odysseus, Oedipus, Abraham, Faust). Er muß weiter und immer weiter und muß unaufhörlich das Unbekannte zu erkennen suchen, indem er die Lükken seines Wissens mit Antworten ausfüllt. Über sich und über den Sinn der eigenen Existenz muß er sich Rechenschaft geben. Um den Zwiespalt zu überwinden, drängt es ihn – getrieben von einem Willen nach «Absolutheit» – eine neue Harmonie zu finden, die den Fluch von ihm nimmt, durch den er der Natur, seinen Mitmenschen und sich selbst entfremdet worden ist.

Diese Spaltung führt zu Widersprüchen, die ich als existentiell [27] bezeichne, weil sie in der eigentlichen Existenz des Menschen wurzeln. Es sind Widersprüche, die der Mensch nicht aufheben, auf die er aber (entsprechend seiner Charakterveranlagung und seinem kulturellen Bewußtsein) verschieden reagieren kann.

Der fundamentalste existentielle Widerspruch ist der von

---

[27] Ich habe diesen Terminus ohne jede Beziehung zur Terminologie des Existentialismus gebraucht. Während der Durchsicht des Manuskriptes wurde ich mit Jean Paul Sartres *Fliegen* und seiner Schrift *Ist Existentialismus ein Humanismus?* bekannt. Ich glaube nicht, daß ich etwas ändern oder ergänzen müßte. Trotz gewissen Übereinstimmungen kann ich nicht beurteilen, wie weit diese reichen, da mir das philosophische Hauptwerk Sartres bisher nicht zugänglich war.

Leben und Tod. Der Tod ist unabwendbar. Der Mensch ist sich dessen bewußt, und dieses Bewußtsein beeinflußt sein Leben auf das entscheidendste. Der Tod ist der absolute Gegensatz zum Leben. Er ist etwas ihm fundamental Fremdes, das sich mit keiner Lebenserfahrung vereinen läßt. Gleichgültig, was wir *über* den Tod wissen, es ändert nichts an der Tatsache, daß der Tod für das Leben selbst bedeutungsleer ist und daß wir ihn nur als ein Gegebenes akzeptieren können. Soweit es sich hierbei um unser eigenes Leben handelt, heißt das «Vernichtung». Was er besitzt, gibt der Mensch für sein Leben hin. «Der Weise aber denkt nicht», wie Spinoza sagt, «an den Tod, sondern an das Leben.» Diesen Widerspruch suchte der Mensch durch Ideologien unwirksam zu machen, zum Beispiel durch die christliche Konzeption der Unsterblichkeit, die eine unsterbliche Seele postuliert und damit jene tragische Gegebenheit leugnet, daß das Leben des Menschen mit dem Tode endet.

Daß der Mensch sterblich ist, schließt einen weiteren Widerspruch ein. Während nämlich jedes menschliche Wesen alle Möglichkeiten besitzt, die dem Menschen überhaupt gegeben sind, erlaubt die kurze Spanne seines Lebens (selbst unter günstigsten Umständen) nicht deren volle Verwirklichung. Erst dann, wenn die Lebensspanne des Einzelnen mit derjenigen der Menschheit identisch wäre, könnte er auch an der – sich im Ablauf der Geschichte vollziehenden – menschlichen Entwicklung teilnehmen. Das Leben des Menschen, das in der Entwicklung seines Geschlechtes an einem zufällig gegebenen Punkte einsetzt und endet, gerät in einen tragischen Konflikt, weil jedes Individuum ein Anrecht auf die Verwirklichung seiner sämtlichen Möglichkeiten hat. Was ein Mensch verwirklichen *könnte,* und was er tatsächlich verwirklicht, diesen Widerspruch ahnt er zumindest. Die Ideologen aber leugnen ihn. Sie setzen voraus, die Erfüllung des Lebens erfolge nach dem Tode, oder die eigene historische Periode sei das letzte Ziel menschlicher Vollendung.

Eine andere Ideologie sieht den Sinn des Lebens nicht in seiner vollsten Entfaltung, sondern im Dienst an der Gesellschaft und in gesellschaftlichen Pflichten. Das heißt: Entfaltung, Freiheit und Glück des Einzelnen sind untergeordneter Natur, wenn nicht gar bedeutungslos, verglichen mit dem Wohl des Staates, der Gemeinschaft oder was auch immer jenes Ewige symbolisieren mag, das über die Grenzen des Individuums hinausgeht.

Der Mensch ist allein und zugleich «verbunden». Er ist insofern allein, als er eine einmalige Einheit ist, die mit keiner anderen identisch und die sich ihrer Einmaligkeit bewußt ist. Er muß allein sein, weil er kraft seiner Vernunft zu urteilen und sich zu entscheiden hat. Und doch kann er nicht allein und ohne Menschen leben, da sein Glück von dem Zusammengehörigkeitsgefühl abhängig ist, das er den Mitlebenden, ebenso aber auch vergangenen und zukünftigen Geschlechtern gegenüber empfindet.

Existentielle Widersprüche unterscheiden sich wesentlich von der Vielzahl geschichtlicher Widersprüche im Leben des Einzelnen oder der Gemeinschaft. Geschichtliche Widersprüche gehören nicht notwendig zur menschlichen Existenz. Der Mensch hat sie hervorgerufen, er kann sie sofort oder zu einem späteren Zeitpunkt der Menschheitsgeschichte lösen. So ist auch der Widerspruch unserer Zeit lösbar. Er besteht einerseits in einem Überfluß technischer Möglichkeiten zur Befriedigung materieller Bedürfnisse und anderseits in der Unfähigkeit, diese Möglichkeiten ausschließlich für friedliche Zwecke und zum Wohle der Völker zu nutzen. Es ist kein notwendiger Widerspruch; er ist auf den Mangel an Entschlossenheit und Einsicht zurückzuführen. Als weiteres Beispiel eines kaum lösbar scheinenden Widerspruchs kann die Einrichtung der Sklaverei im alten Griechenland genannt werden. Ihre Abschaffung wurde erst zu einem späteren geschichtlichen Zeitpunkt möglich: als die materielle Basis für die Gleichberechtigung aller Menschen errungen war.

Die Unterscheidung zwischen existentiellen und geschichtlichen Widersprüchen ist äußerst wichtig, da ihre Verwechslung weitreichende Folgen hat. Diejenigen, die am Fortbestehen historischer Widersprüche interessiert waren, suchten zu beweisen, daß es sich hier um existentielle und demzufolge um unabänderliche Widersprüche handle. Sie wollten die Menschen überzeugen, daß das, «was nicht sein darf, auch nicht sein kann»; folglich müsse sich der Mensch mit der Tragik seines Geschickes abfinden. Aber trotz der Vermischung dieser beiden Arten von Widersprüchen suchte er für beide eine Lösung. Der menschliche Geist kann sich nicht passiv verhalten, sobald er einem Widerspruch gegenübersteht. Er will jeden Widerspruch überwinden. Dieser Verhaltensweise ist der gesamte menschliche Fortschritt zuzuschreiben. Will man den Menschen daran verhindern, auf das Wahrnehmen von Widersprüchen handelnd zu reagieren, so muß überhaupt ihr Vorhandensein bestritten werden. Widersprüche zu harmonisieren und damit zu leugnen, ist die Funktion der Rationalisierungen im Leben des Einzelnen und die Funktion der Ideologien (der Gemeinschafts-Rationalisierungen) im Leben der Gemeinschaft. Wenn allerdings menschlicher Geist nur durch rationale Antworten, nur durch die Wahrheit allein befriedigt werden könnte, so würden diese Ideologien wirkungslos bleiben. Aber es gehört zu seinen Eigentümlichkeiten, als Wahrheit das hinzunehmen, was in seinem Kulturkreis von der Mehrheit gedacht oder von starken Autoritäten bestimmt wird. Sobald die harmonisierenden Ideologien durch die Uebereinstimmung einer Mehrheit oder durch eine Autorität gestützt werden, gibt sich der menschliche Geist zufrieden, obwohl der Mensch selbst nicht vollkommen beruhigt ist.

Der Mensch kann auf historische Widersprüche reagieren, indem er sie durch eigenes Handeln aufhebt; existentielle Widersprüche dagegen kann er nicht aufheben, sondern nur auf verschiedene Arten darauf reagieren. Er kann sie durch beruhigende und beschönigende Ideologien beschwichtigen. Er kann seiner Ruhelosigkeit durch äußerste Aktivität, sei es in Vergnügungen oder in der Arbeit, zu entfliehen suchen. Er kann seine Freiheit aufzuheben suchen, indem er sich zu einem Instrument außer ihm liegender Mächte macht, mit denen er sein Ich identifiziert. Trotzdem bleibt er unzufrieden, angsterfüllt und ruhelos. Es gibt nur eine Lösung: der Wahrheit ins Auge sehen und sich mit dem fundamentalen Alleinsein und der Verlassenheit in einer Welt abfinden, die dem menschlichen Schicksal gegenüber indifferent ist, und anzuerkennen, daß es keine den Menschen transzendierende Macht gibt, die sein Problem für ihn lösen kann.

Der Mensch muß die Verantwortung für sich selbst übernehmen und sich damit abfinden, daß er seinem Leben nur durch die Entfaltung seiner eigenen Kräfte Sinn geben kann. Aber dieser Sinn bedeutet nicht Gewißheit; das Suchen nach einem Sinn wird durch den Wunsch nach Gewißheit sogar erschwert. Ungewißheit ist gerade die Bedingung, die den Menschen zur Entfaltung seiner Kräfte zwingt. Sieht er der Wahrheit furchtlos ins Auge, dann erfaßt er, *daß sein Leben nur den Sinn hat, den er selbst ihm gibt, indem er seine Kräfte entfaltet: indem er produktiv lebt.* Nur ständige Wachsamkeit, Aktivität und unermüdliches Bemühen bewahrt uns davor, in der wesentlichen Aufgabe zu versagen – in der Aufgabe, unsere Kräfte voll zu entwickeln innerhalb der Grenzen, die durch unsere Lebensgesetze gezogen sind. Der Mensch wird nie aufhören, immer wieder verwirrt zu sein und sich neue Fragen zu stellen. Nur wenn er die menschliche Situation, die seiner Existenz innewohnenden Widersprüche und seine Fähigkeit der Entfaltung erfaßt, kann er seine Aufgabe lösen: er selbst und um seiner selbst willen zu sein und glücklich zu werden durch die volle Verwirklichung der ihm eigenen Möglichkeiten – der Vernunft, der Liebe und der produktiven Arbeit.

Nachdem wir die Widersprüche erörtert haben, die der menschlichen Existenz innewohnen, können wir uns der am Anfang dieses Kapitels aufgestellten Behauptung zuwenden, die Erörterung der menschlichen Situation müsse der Erörterung seiner Persönlichkeit vorangehen. Der genauere Sinn dieser Behauptung geht aus dem Hinweis hervor, daß sich die Psychologie auf die anthropologisch-philosophische Konzeption der menschlichen Existenz gründen muß.

Das Auffallendste an der menschlichen Verhaltensweise ist die ungeheure Intensität der Leidenschaften und Triebe. Freud erkannte dies schärfer als andere und versuchte es mit den Begriffen der mechanistisch-naturalistischen Denkweise seiner Zeit zu erklären. Er setzte voraus, daß auch jene Leidenschaften, die nicht sofort als Dokumentationen des Selbsterhaltungswillens und Sexualtriebes (wie er es später formulierte: des Eros und des Todestriebes) zu erkennen wären, sich zumindest indirekt als Manifestation dieser angeborenen Naturtriebe ausweisen. So bestechend seine Thesen auch waren, so wenig überzeugt jedoch sein Abstreiten der Tatsache, daß die menschlichen Triebe sich zum großen Teil nicht vom Instinkt her erklären lassen. Sogar wenn Hunger und Durst und Sexualtrieb vollkommen befriedigt sind, ist der Mensch selbst nicht befriedigt. Im Gegensatz zum Tier sind seine dringendsten Probleme dann noch nicht gelöst, sondern sie beginnen erst. Er strebt nach Macht oder nach Liebe oder nach Zerstörung, er setzt sein Leben für religiöse, politische, humanistische Ideale ein, und diese Bestrebungen charakterisieren das Besondere des menschlichen Lebens. Der Mensch lebt tatsächlich «nicht vom Brote allein».

Im Unterschied zu Freuds mechanistisch-naturalistischer Erklärung wurde diese Tatsache auch in dem Sinn interpretiert, daß beim Menschen ein religiöses Bedürfnis vorliege, das nicht durch seine natürliche Existenz bedingt sei, sondern von übernatürlichen Mächten herrühre. Eine solche Annahme ist jedoch unnötig, da das volle Verständnis für die menschliche Situation genügt, um dieses Phänomen zu erklären.

Die Disharmonie des menschlichen Daseins erzeugt Bedürfnisse, die weit über die Bedürfnisse rein animalischer Herkunft hinausgehen. Sie bewirken den Wunsch im Menschen, die Einheit und das Gleichgewicht zwischen ihm und seiner Umwelt wieder herzustellen. Er sucht diesen Ausgleich zunächst im Denken. Er konstruiert ein umfassendes Weltbild, ein Gerüst, von dem er eine Antwort auf die Fragen nach seiner Lage und seinen Aufgaben ableiten kann. Derartige Gedankensysteme sind jedoch unzureichend. Wenn der Mensch nur körperloser Intellekt wäre, könnte er sein Ziel durch ein umfassendes Gedankensystem erreichen. Da er aber ein Ganzes ist und sowohl einen Körper wie einen Geist besitzt, muß er auf die Widersprüche seiner Existenz nicht nur denkend reagieren, sondern auch überhaupt lebend, fühlend und handelnd. Er muß nach der Einheit seiner sämtlichen Lebenssphären streben, um ein neues Gleichgewicht zu finden. Deshalb erfordert ein befriedigendes Orientierungssystem nicht nur intellektuelle, sondern auch gefühlsmäßige Elemente, die in allen Bereichen menschlichen Strebens aktiv verwirklicht werden können. Die Hingabe an ein Ziel oder an eine Idee oder an eine den Menschen transzendierende göttliche Macht ist der Ausdruck seines Bedürfnisses nach Ganzheit.

Die Antworten auf das menschliche Bedürfnis nach Orientierung und Hingabe unterscheiden sich inhaltlich und formal weitgehend. Es gibt primitive Systeme, wie etwa den Animismus und Totemismus, bei denen Naturgegenstände und Ahnen die Antworten für den nach einem Sinn Suchenden darstellen. Es gibt nicht-theistische Systeme wie den Buddhismus, die zumeist als religiös bezeichnet werden, obwohl ihre ursprüngliche Form keinen Gottesbegriff enthält. Es gibt philosophische Systeme wie den Stoizismus, und es gibt monotheistische Religionen, die sich auf eine Gottesvorstellung berufen. Die Untersuchung dieser verschiedenen Systeme wird durch eine terminologische Schwierigkeit behindert. Man könnte alle diese Systeme als «religiös» bezeichnen, wenn dieses Wort nicht aus historischen Gründen mit einem theistischen System gleichgesetzt würde, einem System, das Gott zum Mittelpunkt hat. Es gibt in unserer Sprache kein Wort, um das Gemeinsame der theistischen und der nicht-theistischen Systeme zu bezeichnen – vielmehr aller Systeme, die auf die menschliche Frage nach einem Sinn und auf den menschlichen Versuch, dem Leben Sinn zu geben, antworten wollen. In Ermangelung eines besseren Wortes nenne ich solche Systeme hier «Gerüste zum Zwecke der Orientierung und Hingabe».

Vor allem möchte ich betonen, daß noch viele andere Formen des Strebens als absolut weltlich angesehen werden und doch demselben Bedürfnis entspringen wie religiöse und philosophische Systeme. Betrachten wir unsere gegenwärtige Zeit: Es gibt in unserem eigenen Kulturraum Millionen Menschen, die Erfolg und Anerkennung suchen. In anderen Kulturräumen sahen und sehen wir eine fanatische Hingabe an diktatorische Systeme, die auf Eroberung und Unterjochung ausgehen. Erstaunlich ist die Intensität dieser Leidenschaften, die oft sogar stärker ist als der Selbsterhaltungstrieb. Oft täuschen die *säkularen* Inhalte solcher Leidenschaften, so daß wir sie als Folgen sexueller oder anderer quasi-biologischer Triebe erklären. Ist es jedoch nicht auffallend, daß diese säkularen Ziele mit der gleichen Intensität und dem gleichen Fanatismus verfolgt werden, wie wir es in den Religionen beobachten können? Daß also zwar die Inhalte dieser weltlichen Orientierungssysteme verschieden sind, nicht aber das ihnen zu Grunde liegende Bedürfnis, dem sie entsprechen? In unserem Kulturraum ist das Bild besonders täuschend, weil die meisten Menschen an einen einzigen Gott glauben, also monotheistisch sind, während ihre tatsächliche Hingabe Systemen gilt, die sich mehr dem

Totemismus oder der Götzenanbetung annähern als irgendeiner Form des Christentums.

Wir müssen noch einen Schritt weitergehen. Das Verstehen des «religiösen» Charakters solcher kulturell bedingter säkularer Tendenzen ist der Schlüssel zum Begreifen von Neurosen und irrationalen Bestrebungen. Letztere haben wir als Antworten – individuelle Antworten – auf das menschliche Suchen nach Orientierung und Hingabe zu betrachten. Ein Mensch, dessen Erfahrung durch «Familienbande» bestimmt wird, der nicht frei handeln kann, huldigt in Wahrheit einem primitiven Ahnenkult. Der einzige Unterschied zwischen ihm und Millionen Ahnenanbetern besteht darin, daß sein System privaten Charakter hat und nicht kulturell bedingt ist. Freud erkannte den Zusammenhang zwischen Religion und Neurose und erklärte das Religiöse als eine Form der Neurose. Demgegenüber folgern wir, daß eine Neurose als eine besondere Form des Religiösen erklärt werden kann, die sich von diesem hauptsächlich durch ihre individuellen (vorbildlosen) Züge unterscheidet. Wir kommen daher – in bezug auf das allgemeine Problem der menschlichen Motivation – zu dem Ergebnis, daß zwar das Bedürfnis nach einem System der Orientierung und Hingabe allen Menschen gemeinsam ist, daß aber die Inhalte der Systeme, welche diesem Bedürfnis entgegenkommen, verschieden sind. Die Unterschiede sind Wertunterschiede; der reife, produktive, rationale Mensch wird sich für ein System entscheiden, das ihm erlaubt, reif, produktiv und vernunftgemäß zu sein. Der in seiner Entwicklung Gehemmte muß auf primitive und irrationale Systeme zurückgreifen, die seine Abhängigkeit und Vernunftwidrigkeit stärken. Er bleibt auf einer Stufe stehen, welche die Menschheit in ihren besten Repräsentanten bereits vor Tausenden von Jahren überwunden hatte.

Da das Bedürfnis nach einem System der Orientierung und Hingabe einen wesentlichen Teil des menschlichen Daseins ausmacht, ist die Intensität dieses Bedürfnisses leicht zu verstehen. Tatsächlich gibt es keine stärkere Energiequelle im Menschen. Der Mensch kann nicht frei entscheiden, ob er Ideale haben will oder nicht, aber er hat die freie Wahl zwischen verschiedenen Idealen. Er kann sich für die Anbetung von Macht und Zerstörung entscheiden oder für die Hingabe an Vernunft und Liebe. Alle Menschen sind «Idealisten» und suchen etwas, das über die Befriedigung des rein Körperlichen hinausgeht. Sie unterscheiden sich nur in den Idealen, an die sie glauben. Sowohl die höchsten wie auch die satanischsten Manifestationen des menschlichen Geistes sind nicht Ausdruck des Fleisches, sondern dieses «Idealismus», des Geistes. Gefährlich und irreführend ist die relativistische Auffassung, das bloße Vorhandensein eines Ideals oder eines religiösen Gefühls sei an sich schon wertvoll. Wir müssen alle Ideale, einschließlich derjenigen, die in weltlichen Ideologien in Erscheinung treten, als Manifestationen desselben menschlichen Bedürfnisses betrachten, und müssen prüfen, wieviel Wahrheit sie enthalten, in welchem Maß sie der Entfaltung menschlicher Kräfte dienen und bis zu welchem Grade sie dem menschlichen Bedürfnis nach Ausgeglichenheit und Harmonie tatsächlich entgegenkommen. Abschließend sei wiederholt, daß die Beweggründe menschlichen Handelns nur aus der menschlichen Situation verstanden werden können.

II. Die Persönlichkeit

Alle Menschen sind gleich, denn alle stehen in der gleichen «menschlichen Situation» mit den ihr eigentümlichen existentiellen Widersprüchen; jeder unterscheidet sich vom andern durch die Art und Weise, in der er sein menschliches Problem löst. Charakteristisch für die menschliche Existenz ist die unbegrenzte Verschiedenheit der Persönlichkeiten.

Unter Persönlichkeit verstehe ich die Totalität ererbter und erworbener psychischer Eigenschaften, die den Einzelnen charakterisieren und das Besondere und Einmalige dieses Einzelnen ausmachen. Der Unterschied zwischen ererbten und erworbenen Eigenschaften entspricht im großen ganzen dem Unterschied zwischen Temperament, Begabung und allen konstitutionellen psychischen Eigenschaften einerseits und dem Charakter anderseits. Während Temperamentsunterschiede für die Ethik bedeutungslos sind, bilden charakterliche Unterschiede das eigentliche Problem der Ethik. Sie zeigen den Grad an, bis zu welchem der Einzelne in der Kunst des Lebens erfolgreich war. Um Mißverständnisse hinsichtlich der Begriffe «Temperament» und «Charakter» auszuschließen, beginnen wir einleitend mit einer kurzen Erörterung des Begriffs «Temperament».

A. Temperament

Hippokrates unterschied vier Temperamente: das cholerische, sanguinische, melancholische und phlegmatische. Das sanguinische und cholerische Temperament sind Reaktionsnormen, charakterisiert durch leichte Erregbarkeit und schnellen Interessenwechsel. Das Interesse ist beim Sanguiniker schwach, beim Choleriker stark. Im Gegensatz hierzu kennzeichnet sich das phlegmatische und melancholische Temperament durch eine zwar beharrliche, jedoch langsame Erregbarkeit der Interessen; sie sind beim Phlegmatiker schwach, beim Melancholiker stark.[28] Hippokrates faßte diese verschiedenen Reaktionsnormen als seelischen Aus-

---

[28] Die vier Temperamente wurden durch die vier Elemente symbolisiert: cholerisch = Feuer = warm und trocken, schnell und stark; sanguinisch = Luft = warm und feucht, langsam und schwach; phlegmatisch = Wasser = kalt und feucht, langsam und schwach; melancholisch = Erde = kalt und trocken, langsam und stark.

druck verschiedener somatischer Quellen auf. (Interessant ist die Feststellung, daß sich im volkstümlichen Gebrauch nur die negativen Seiten dieser Temperamente erhalten haben. Heute heißt cholerisch soviel wie leicht verärgert, melancholisch soviel wie niedergeschlagen, sanguinisch soviel wie leichtsinnig und phlegmatisch soviel wie träge.) Diese traditionellen Kategorien wurden bis zu Wundt von den meisten Forschern verwendet. Die wichtigsten modernen Darstellungen der verschiedenen Temperamente sind diejenigen von Jung, Kretschmer und Sheldon.[29]

Über die Bedeutung weiterer Forschungen auf diesem Gebiet kann kein Zweifel bestehen, insbesondere hinsichtlich der Wechselbeziehungen zwischen Temperament und Konstitution. Unbedingt notwendig ist jedoch eine klare Differenzierung zwischen Charakter und Temperament, da die Verwechslung beider Begriffe auf dem Gebiet der Charakterologie nicht weniger Verwirrung bewirkte wie auf dem der Temperamentsforschung.

Temperament ist eine Reaktionsnorm, es ist konstitutionell und unveränderlich. Der Charakter dagegen formt sich im wesentlichen durch Erlebnisse, besonders in der Jugend; er ist bis zu einem gewissen Grade durch Erkenntnisse und neue Erlebnisse wandelbar. Hat beispielsweise jemand ein cholerisches Temperament, dann reagiert er «schnell und stark». Aber auf was er schnell und stark reagiert, das hängt von der Art seiner Bezogenheit ab, von seinem Charakter. Ist er ein produktiver, gerechter, liebevoller Mensch, dann wird er schnell und stark reagieren, wenn er liebt, wenn er durch eine Ungerechtigkeit erzürnt oder von einer neuen Idee beeindruckt wird. Ist er ein destruktiver oder sadistischer Charakter, wird er in seiner Zerstörungswut oder in seiner Grausamkeit schnell und stark reagieren.

---

[29] Die verschiedenen Temperamente wurden auch auf kulturelle Erscheinungen übertragen. Vergleiche hierzu: Charles William Morris, *Paths of Life*, New York 1942, Harper & Brothers.

Die Verwechslung von Temperament und Charakter hatte für die Ethik ernste Folgen. Die Vorliebe für ein bestimmtes Temperament ist Geschmacksache, der Charakter hingegen unterliegt dem ethischen Urteil. Ein Beispiel: Göring und Himmler hatten verschiedene Temperamente. Der erste war ein cyclothymer Typ, der zweite ein schizothymer. Vom Standpunkt des Geschmacks mochte jemand, der sich durch das cyclothymische Temperament angezogen fühlte, Göring «sympathischer» finden als Himmler, oder umgekehrt. In bezug auf ihren Charakter aber hatten beide eine gemeinsame Eigenschaft: sie waren ehrgeizige Sadisten. Vom ethischen Standpunkt waren beide gleich schlecht. Umgekehrt könnte jemand unter produktiven Charakteren ein cholerisches Temperament dem sanguinischen vorziehen; aber diese Bevorzugung würde kein Werturteil bedeuten. [30]

Bei Anwendung von C. G. Jungs Temperamentsbegriffen des «Introvertierten» und «Extrovertierten» beobachten wir häufig die gleiche Verwechslung. Diejenigen, die dem Extrovertierten den Vorzug geben, beschreiben den Introvertierten als gehemmt und neurotisch; die anderen, die den Introvertierten vorziehen, beschreiben den Extrovertierten als oberflächlich, flach und unstetig. Der Fehler liegt darin, daß man einen «guten» Menschen des einen Temperaments mit einem «schlechten» des anderen vergleicht und den Wertunterschied dem Temperamentsunterschied zuschreibt.

Es ist evident, daß die Verwechslung von Temperament

---

[30] Die Verwechslung von Temperament und Charakter deutet sich darin an, daß *Kretschmer,* der die Temperamentsbegriffe im allgemeinen richtig anwendet, seinem Buch den Titel *Körperbau und Charakter* statt ‚Temperament und Körperbau' gab. *Sheldon,* der sein Buch *Verschiedenheiten des Temperaments* betitelt hat, ist bei der klinischen Anwendung seines Temperamentsbegriffes ungenau. Seine ‚Temperamente' enthalten reine Temperamentszüge gemischt mit Charakterzügen, wie sie sich bei Personen eines bestimmten Temperaments zeigen. Wenn die Mehrheit dieser Personen nicht die volle Reife des Gefühlslebens erreicht hat, werden bestimmte Temperaments-Typen auch gewisse Charakterzüge zeigen, die eine Affinität zu diesem Temperament haben. Charakteristisch hierfür ist das wahllose Sich-Anschließen, was Sheldon unter den Charakteristika

und Charakter die Ethik beeinflussen mußte. Sie verdammte ganze Rassen, deren Temperament sich von dem unsrigen unterscheidet; sie hat anderseits den Relativismus gefördert, indem sie voraussetzte, daß der Charakter ebenso Geschmacksache sei wie das Temperament.

Ehe wir auf das eigentliche Problem der Ethik eingehen, wollen wir uns dem Charakterbegriff zuwenden. Er ist zugleich Subjekt der ethischen Beurteilung und Objekt der ethischen Entwicklung des Menschen. Wir müssen uns on althergebrachten Verwechslungen freimachen, die sich in diesem Falle auf die Differenzierung zwischen dynamischem und behavioristischem Charakterbegriff konzentrieren.

B. Der Charakter

1. Der dynamische Charakterbegriff

Charakterzüge wurden und werden von behavioristisch orientierten Psychologen so angesehen, als seien sie synonym mit Verhaltensweisen. Charakter wird folglich definiert als «die Art und Weise des Verhaltens, die ein bestimmtes Individuum charakterisiert»[31], während andere Autoren, wie William McDougall, R. G. Gordon und Kretschmer, den Akzent auf das dynamische Element der Charakterzüge legten.

Freud entwickelte nicht nur die erste, sondern auch die

des viscerotonischen Temperaments anführt. Trotzdem wird nur der unreife, unproduktive Viscerotoniker sich wahllos anschließen. Der produktive Viscerotoniker dagegen wird auswählend Anschluß suchen. Bei beiden handelt es sich nicht um einen Temperaments-, sondern um einen Charakterzug, der häufig in Verbindung mit einem bestimmten Temperament und einer bestimmten Konstitution vorkommt, vorausgesetzt, daß beide denselben Reifegrad haben. Da Sheldons Methode auf statistischer Erfassung der Wechselwirkung von ‚Zügen' und Konstitution beruht, und zwar ohne jede theoretische Analyse des Zusammenhangs innerhalb eines Syndroms von Zügen, war ein Fehlschluß kaum vermeidbar.

[31] Leland E. Hinsie und Jakob Shatzky, *Psychiatric Dictionary*, New York 1940, Oxford University Press.

konsequenteste und umfassendste Lehre vom Charakter. Für ihn ist Charakter ein System von Strebungen, die ein Verhalten bestimmen, mit dem sie nicht identisch sind. Um Freuds dynamischen Charakterbegriff zu würdigen, ist ein Vergleich zwischen Verhaltensweisen und Charakterzügen notwendig. Verhaltensweisen sind Handlungen, die von einem Dritten beobachtet werden können. So wurde beispielshalber die Verhaltensweise «Mut» als ein Verhalten definiert, das sich in der Erreichung eines Zieles nicht durch Gefahren abschrecken läßt, die für die eigene Bequemlichkeit, Freiheit oder auch für das eigene Leben erwachsen. Sparsamkeit – ein weiteres Beispiel – wurde als Verhaltensweise definiert, die darauf hinzielt, Geld oder andere materielle Werte zu sparen. Fragt man jedoch nach den Motiven, insbesondere nach den unbewußten Motiven solcher Verhaltensweisen, so kommt man zu dem Schluß, daß eine bestimmte Verhaltensweise zahlreiche und von Grund auf verschiedene Charakterzüge verdeckt. Mut kann durch Ehrgeiz motiviert sein, so daß jemand in bestimmten Situationen sein Leben um seiner Eitelkeit willen aufs Spiel setzt. Mut kann einen selbstmörderischen Trieb zum Anlaß haben, der jemanden zwingt, sich einer Gefahr auszusetzen, weil ihm bewußt oder unbewußt nichts an seinem Leben liegt und er sich selbst zerstören will. Ferner kann das Fehlen jeglicher Einbildungskraft die eigentliche Ursache sein, so daß einer mutig handelt, weil er sich die Gefahren nicht vorstellen kann, die ihn erwarten. Und schließlich kann Mut ein Verhalten sein, das auf einer tiefen Hingabe an eine Idee oder ein Ziel beruht, für die sich ein Mensch einsetzt. Diese Motivation wird meistens als Hintergrund eines mutigen Verhaltens angenommen. Oberflächlich betrachtet, ist das Verhalten trotz der Verschiedenartigkeit der Motive in allen Fällen dasselbe. Wie gesagt, nur «oberflächlich»! Wer genau hinsieht, wird feststellen, daß die Verschiedenartigkeit der Motivierung auch feine Unterschiede im Verhalten bedingt.

Ein Offizier zum Beispiel wird in der Schlacht anders handeln, je nachdem sein Mut durch eine Idee oder durch Ehrgeiz und Eitelkeit motiviert ist. Im ersteren Falle würde er nicht angreifen, wenn das Risiko in keinem Verhältnis zum erreichbaren taktischen Ziel steht. Ist er aber eitel, dann kann ihn diese Leidenschaft allen Gefahren gegenüber blind machen, die ihm und seinen Soldaten drohen. In diesem Falle wäre sein «Mut» augenscheinlich eine recht zweifelhafte Tugend. Als zweites Beispiel nannte ich Sparsamkeit. Jemand kann sparsam sein, weil seine wirtschaftlichen Verhältnisse es erfordern; oder er kann sparsam sein, weil er geizig ist, wobei dann das Sparen ungeachtet seiner Notwendigkeit zum Selbstzweck wird. Auch hier würden die Motivierungen verschiedene Verhaltensweisen bewirken. Im ersten Fall wäre der Betreffende durchaus fähig, eine Situation, in der Sparen notwendig ist, von einer andern zu unterscheiden, in der es klüger ist, Geld auszugeben; im letzteren wird er ungeachtet der objektiven Notwendigkeit sparen. Ein weiterer Faktor, der durch die Verschiedenheit der Motivierungen bestimmt wird, zeigt sich in der Möglichkeit, ein Verhalten vorauszusagen. Von einem «mutigen» Soldaten, der ehrgeizig ist, können wir annehmen, daß er nur dann mutig sein wird, wenn sein Mut Anerkennung findet. Von einem Soldaten, der aus Hingabe an eine Sache mutig ist, wissen wir, daß die Frage, ob sein Mut anerkannt wird oder nicht, sein Verhalten kaum beeinflußt.

Im Zusammenhang mit dem Freud'schen Begriff der unbewußten Motivation steht seine Lehre von der triebhaften Natur der Charakterzüge. Freud anerkannte, was große Romanciers und Dramatiker seit je wußten: daß man es nämlich – wie Balzac es formuliert – bei der Erforschung des Charakters «mit Kräften zu tun hat, die für den Menschen bestimmend sind». Die Art und Weise, in der jemand denkt, fühlt und handelt, ist nicht nur das Ergebnis vernunftbedingter Reaktionen auf die Realität, sondern wird weitgehend durch das Spezifische seines Charakters bestimmt: «Des Menschen Schicksal ist sein Charakter.» Freud erfaßte die dynamische Natur der Charakterzüge, und daß die Charakterstruktur eines Menschen die besondere Richtung darstellt, in die seine Energie gelenkt wird.

Diese dynamische Natur der Charakterzüge suchte Freud zu erklären, indem er seine Charakterologie mit seiner Libido-Theorie verband. Die in den Naturwissenschaften des ausgehenden neunzehnten Jahrhunderts vorherrschende materialistische Denkweise setzte voraus, daß in Natur- und psychischen Phänomenen die Energie eine zwar substantielle, nicht aber eine ursächliche Wesenheit sei. Im Einklang mit dieser Auffassung hielt Freud den Sexualtrieb für die Energiequelle des Charakters. Die verschiedenen Charakterzüge interpretierte er mit Hilfe einiger komplizierter und glänzender Hypothesen als «Sublimierungen» des Sexualtriebes oder als «Reaktionen» auf seine verschiedenen Formen; die *dynamische Natur* der Charakterzüge deutete er als Ausdruck ihres *libidinösen Ursprungs*.

Entsprechend den neuen Erkenntnissen der Natur- und Sozialwissenschaften kam die Psychoanalyse zu einer Konzeption, die nicht mehr auf der Voraussetzung eines ursprünglich isolierten Einzelwesens beruhte, sondern auf dem *Verhältnis* des Einzelnen zu seinen Mitmenschen, zur Natur und zu sich selbst. Man nahm an, daß es gerade dieses Verhältnis sei, durch das die Energien gelenkt und reguliert würden, die sich im menschlichen Triebleben bekunden. H. S. Sullivan, einer der Pioniere dieser neuen Auffassung, definierte den Begriff «Psychoanalyse» dementsprechend als «Studium interpersoneller Bezüge».

Die nachstehend entwickelte Theorie folgt Freuds Charakterologie in wesentlichen Punkten. Zunächst in der Voraussetzung, daß jedem Verhalten Charakterzüge zugrunde liegen, die aus eben diesem Verhalten gefolgert werden müssen; ferner, daß sie Kräfte entwickeln, deren sich der Betreffende – und seien sie auch noch so stark – nicht bewußt zu sein braucht. Meine Theorie folgt Freud auch darin, daß nicht der einzelne Charakterzug die fundamental gegebene Entität des Charakters darstellt, sondern die gesamte Charakterbildung, aus der die einzelnen Charakterzüge sich herleiten. Diese Charakterzüge sind das Ergebnis des Zusammenklanges eben dieser besonderen Charakterbildung, oder wie ich es nenne, der Charakterorientierung. Ich werde mich nur mit einigen wenigen Charakterzügen beschäftigen, die sich unmittelbar aus der ihnen zugrunde liegenden Orientierung folgern lassen. Andere Charakterzüge könnte man ähnlich behandeln. Es würde sich zeigen, daß auch sie unmittelbare Ergebnisse von Grundorientierungen oder von Mischungen primärer Charakteranlagen mit Anlagen des Temperaments sind. Bei vielen anderen, die man gemeinhin ebenfalls als Charakterzüge bezeichnet, würde sich jedoch zeigen, daß sie keine Charakteranlagen in unserem Sinne, sondern reine Anlagen des Temperaments oder bloße Verhaltensweisen sind.

Der hauptsächlichste Unterschied zwischen der hier vorgetragenen und der Freud'schen Theorie besteht darin, daß die eigentliche Basis des Charakters nicht in den verschiedenen Formen der Libido gesehen wird, sondern in den verschiedenen Arten, in denen sich ein Mensch zur Welt in Beziehung setzt.

Der Mensch setzt sich auf folgende Weise zur Welt in Beziehung:

1. Durch Aneignung und Assimilierung der Dinge;
2. indem er sich zu den Menschen (und zu sich selbst) in Beziehung setzt.

Das erstere nenne ich den Assimilationsprozeß, das letztere den Vergesellschaftungsprozeß. Beide sind offene Möglichkeiten, nicht, wie beim Tier, vom Instinkt her bestimmt. Der Mensch kann sich Dinge aneignen, die außer ihm liegen, oder die er durch eigene Leistung produziert. Er muß sie sich jedoch auf irgendeine Weise aneignen oder assimilieren, um seine Bedürfnisse befriedigen zu können. Genau so kann er nicht allein und ohne Beziehung zu anderen leben. Er muß sich mit anderen assoziieren, sei es zum Zwecke seiner Verteidigung, Arbeit oder sexuellen Befriedigung, zum Spiel, zur Erziehung der Jugend – oder zur Vermittlung von Kenntnissen und materiellem Besitz. Aber außerdem ist es für ihn lebensnotwendig, mit anderen in Beziehung zu stehen, mit ihnen eins zu sein, als Teil einer Gruppe. Absolute Isolierung ist unerträglich und mit geistiger Gesundheit unvereinbar. Auch in dieser Hinsicht kann sich der Mensch auf verschiedene Arten zu anderen in Beziehung setzen. Er kann lieben oder hassen, kann Wettkampf oder Zusammenarbeit wählen; er kann ein soziales System aufbauen, das auf Gleichheit oder Autorität beruht, auf Freiheit oder auf Unterdrückung. In irgendeiner Form muß er sich jedoch Beziehung schaffen, und sein Charakter drückt sich in der besonderen Form seiner Beziehung aus.

Diese Orientierungen, in denen der einzelne sich zur Umwelt in Beziehung setzt, bilden den Kern des Charakters. Charakter kann also definiert werden als die *(relativ permanente) Form, in welche die Energie des Menschen während des Prozesses der Assimilierung und Vergesellschaftung gegeleitet wird.* Der Umstand, daß die psychische Energie geleitet wird, ist auch biologisch bedeutsam. Da das Handeln des Menschen nicht durch angeborene instinktmäßige Vorbilder bestimmt wird, wäre das Leben gefährdet, wenn der Mensch bei jedem Handeln einen wohlüberlegten Entschluß treffen müßte. Er muß viele Handlungen schneller ausführen, als es die bewußte Überlegung erlaubt. Wäre jedes Verhalten eine Folge durchdachter Entschlüsse, so würde noch viel widerspruchsvoller gehandelt werden, als es mit einem richtigen Funktionieren vereinbar wäre. Nach behavioristischer Auffassung lernt der Mensch halb-automatisch reagieren, indem er in seinem Tun und Denken Gewohnheiten entwickelt, die man als bedingte Reflexe bezeichnen kann. Obwohl dies bis zu einem gewissen Grade zutrifft, so wird doch übersehen, daß die am tiefsten wurzelnden Gewohnheiten und Auffassungen, die einen Menschen charakterisieren und die jeder Veränderung gegenüber resistent sind, aus der Struktur seines Charakters erwachsen. Das Charaktersystem kann für den Menschen als Ersatz für den ihm fehlenden tierischen Instinktapparat gelten. Ist die Energie «kanalisiert», dann vollzieht sich das Handeln «getreu dem Charakter». Dieser oder jener Charakter mag vom moralischen Standpunkt unerwünscht sein, aber seinem Träger ermöglicht er wenigstens ein folgerichtiges Handeln und befreit ihn von der Bürde, jedesmal eine neue und durchdachte Entscheidung zu treffen. Er kann sein Leben so einrichten, wie es seinem Charakter entspricht, und kann dadurch einen gewissen Ausgleich zwischen der inneren und der äußeren Situation schaffen. Überdies hat der Charakter eine selektive Funktion in bezug auf Ideen und Werte. Da viele sich einreden, ihre Ideen seien von ihren Gefühlen und Wünschen unabhängig und stellten ein Ergebnis logischer Deduktion dar, glauben sie, daß ihre Weltanschauung sich in ihren Ideen und Urteilen bestätigt, während diese in Wirklichkeit, ebenso wie ihre Handlungen, aus ihrem Charakter resultieren.

Der Charakter hat jedoch nicht nur die Funktion, dem Einzelwesen ein folgerichtiges und «vernunftmäßiges» Handeln zu ermöglichen. Er bildet gleichzeitig die Basis für dessen gesellschaftliche Anpassung. Der Charakter des Kindes wird durch den Charakter der Eltern geformt, deren Art entsprechend es sich entwickelt. Der Charakter der Eltern und ihre Erziehungsmethoden werden wiederum durch die gesellschaftliche Struktur ihres Kulturraumes bestimmt. In der Regel ist die Familie das «psychische Agens» der Gesellschaft. Indem sich das Kind seiner Familie anpaßt, erwirbt es den Charakter, der es später zu seiner Aufgabe im gesellschaftlichen Leben befähigt. Das Kind eignet sich den Charakter an, durch den es das tun will, was es tun muß und dessen Kern es mit den meisten Gliedern der gleichen Gesellschaftsklasse oder des gleichen Kulturbereichs teilt. Bis zu welchem Grade der Charakter durch soziale oder kulturelle Vorbilder geformt wird, zeigt sich darin, daß die meisten Glieder einer Gesellschaftsklasse oder eines Kulturbereichs bestimmte Charakterelemente gemeinsam haben, so daß man von einem «sozialen Charakter» sprechen kann. Vom sozialen Charakter getrennt müssen wir jedoch den individuellen betrachten, durch den sich innerhalb des gleichen Kulturkreises ein Mensch vom andern unterscheidet. Diese Unterschiede gehen zum Teil auf die Unterschiede der Persönlichkeiten der Eltern zurück, zum andern auf die psychischen und materiellen Unterschiede der besonderen sozialen Umwelt, in der das Kind aufwächst. Aber sie sind auch durch konstitutionelle Unterschiede des einzelnen Individuums bedingt, insbesondere durch solche des Temperaments. Genetisch wird die Formung des Einzelcharakters durch die Wirkung bestimmt, welche die aus dem individuellen und kulturellen Bereich erwachsenen Lebenserfahrungen auf das Temperament und auf die physische Konstitution ausüben. Die gleiche Umwelt ist für zwei Menschen nie dieselbe, weil beide diese Umwelt durch ihre verschiedene Konstitution mehr oder minder verschieden erleben. Bloße Gewohnheiten im Denken und Handeln, die nur eine Folge der menschlichen Anpassung an kulturelle Vorbilder sind, aber nicht im Charakter wurzeln, können sich unter dem Einfluß neuer gesellschaftlicher Vorbilder leicht verändern. Ist dagegen eine Verhaltensweise charakterlich fundiert, so ist sie nur dann veränderlich, wenn der Charakter selbst sich fundamental verändert.

In der nun folgenden Analyse wird der Unterschied zwischen *nichtproduktiven Orientierungen* und *produktiven Orientierungen* [32] gezeigt. Bei diesen Konzeptionen handelt

[32] Den Leser, der als erstes ein Bild aller Typen sehen möchte, verweisen wir auf das Diagramm Seite 126.

es sich um «Idealtypen», nicht um die Charakterbeschreibung bestimmter Individuen. Aus didaktischen Gründen werden diese Idealtypen gesondert besprochen, obwohl der Charakter eines bestimmten Individuums meist eine Mischung aller oder einiger dieser Orientierungen darstellt, wobei allerdings eine dominiert. Ich möchte bemerken, daß die Beschreibung der nichtproduktiven Orientierungen nur deren negative Aspekte berührt; ihre positiven Aspekte sollen in einem späteren Abschnitt dieses Kapitels behandelt werden.[33]

2. Grundformen des Charakters. Die nichtproduktiven Orientierungen

a) DIE REZEPTIVE ORIENTIERUNG

Bei der rezeptiven Orientierung hat der Mensch das Empfinden, die «Quelle alles Guten» läge außerhalb seines Selbst. Er glaubt das Wünschenswerte (gleichgültig, ob es sich um etwas Materielles handelt oder um Zuneigung, Liebe, Wissen und Vergnügen) nur von diesem außer ihm Liegenden empfangen zu können. Die Liebe stellt sich bei einer solchen Orientierung ausschließlich als «Geliebtwerden» und nicht als Lieben dar. Menschen solcher Art neigen in bezug auf die Objekte ihrer Liebe zur Wahllosigkeit. Von irgend jemandem geliebt zu werden, bedeutet für sie ein so überwältigendes Erlebnis, daß sie jedem «zufallen», der ihnen Liebe gibt oder doch etwas, das wie Liebe aussieht. Sie sind äußerst empfindsam, wenn die geliebte Person sich zurückzieht oder sie abweist. Ihr Denken zeigt dieselbe Orientierung. Wenn sie intelligent sind, geben sie die besten Zuhörer ab, da sie nicht

---

33 Siehe Seite 127 ff. Die folgende Beschreibung der nichtproduktiven Orientierungen hält sich an das von Freud und anderen gegebene klinische Bild des vorgenitalen Charakters. Hiervon ausgenommen ist lediglich die sog. Markt-Orientierung. Der theoretische Unterschied zu Freud wird bei der sog. Hamster-Orientierung deutlich.

produzieren, sondern aufnehmen. Sobald sie sich selbst über-
lassen sind, fühlen sie sich gelähmt. Es ist bezeichnend, daß
sie lieber auf jemand warten, um eine nötige Information zu
bekommen, als von sich aus die geringste Anstrengung zu
unternehmen. Sofern sie religiös sind, erhoffen sie alles und
jedes von Gott, doch nichts von der eigenen Aktivität. Sind
sie nicht religiös, so ist ihr Verhalten Menschen oder Institutionen gegenüber ähnlich; sie sind stets auf der Suche nach
dem «Zaubermittel». Sie beweisen eine besondere Art von
Treue, welcher die Dankbarkeit für die Fürsorge und die
Angst vor dem Verlust zugrunde liegt. Diese Anhänglichkeit
müssen sie vielen bezeugen, da sie viele brauchen, um das
Gefühl der Sicherheit zu haben. Sie können schwer nein
sagen und geraten leicht in Konflikte zwischen verschiedenen Treueverpflichtungen und Versprechen. Da sie nicht
nein sagen können, sagen sie zu allem und jedem ja, und
die daraus resultierende Lähmung ihres kritischen Denkver-
mögens bringt sie in ein immer stärker werdendes Abhängigkeitsverhältnis zu anderen.

Dieses Abhängigkeitsverhältnis bezieht sich nicht nur auf
Autoritäten, sondern auf jeden, der ihnen in irgendeiner
Weise helfen kann. Da sie ohne fremde Hilfe nichts tun kön-
nen, fühlen sie sich verloren, sobald sie allein sind. Diese
Hilflosigkeit ist von besonderer Bedeutung in denjenigen
Angelegenheiten, die jeder Mensch nur allein erledigen
kann, wie zum Beispiel das Treffen von Entscheidungen und
das Übernehmen von Verantwortung. In ihrem persönlichen
Leben suchen sie oft Rat bei demselben Menschen, in bezug
auf welchen sie selbständig entscheiden sollten.

Der rezeptive Typus liebt Essen und Trinken. Er neigt dazu, Ängstlichkeit und Niedergeschlagenheit auf diese Weise
zu überbrücken. Der Mund ist bei Menschen dieses Typus ein besonders auffallender Zug, häufig sogar der aus-
drucksvollste; die Lippen sind offen, als ob sie ständig auf
Nahrung warten. Gefüttert zu werden, ist in ihren Träumen

ein häufiges Symbol für Geliebtwerden; ausgehungert zu werden ist Sinnbild für Enttäuschungen und Fehlschläge.

Im allgemeinen sind Menschen der rezeptiven Orientierung optimistisch und freundlich. Sie haben Vertrauen zum Leben und zu dessen Gaben, werden aber ängstlich und erregt, wenn ihrer «Hilfsquelle» Gefahr droht. Oft haben sie echte Wärme und möchten andern helfen, wobei allerdings ihre Hilfsbereitschaft für andere auch den Zweck hat, sich deren Wohlwollen zu sichern.

b) DIE AUSBEUTERISCHE ORIENTIERUNG

Die ausbeuterische Orientierung setzt wie die rezeptive das Gefühl voraus, die Quelle alles Guten liege außerhalb des eigenen Ich. Der Unterschied zwischen beiden Orientierungen besteht jedoch darin, daß der ausbeuterische Typus nicht erwartet, daß er etwas geschenkt erhält. Er nimmt es sich mit List oder Gewalt. Diese Orientierung tritt in jedem Tätigkeitsbereich zutage.

Auf dem Gebiet der Liebe und Zuneigung besteht bei diesem Typus die Tendenz, an sich zu reißen und zu stehlen. Er fühlt sich nur zu einem Menschen hingezogen, den er einem andern wegnehmen kann. Selten verliebt er sich in jemanden, der ungebunden und frei ist.

Die gleiche Haltung finden wir in Dingen des Geistes. Man stiehlt Ideen, aber schafft keine Ideen. Das ist in der Form des Plagiats möglich, oder weniger auffallend, indem Ideen, die von andern ausgesprochen wurden, in abgewandelter Form wiederkehren und als eigen ausgegeben werden. Erstaunlich ist der hohe Prozentsatz intelligenter Menschen, die diesen Weg wählen, obgleich sie selbst schöpferisch sein könnten, wenn sie sich auf die eigenen Fähigkeiten verlassen würden. Der Mangel an eigenen Ideen oder selbständiger Produktion bei sonst fähigen Menschen erklärt sich oft nur aus dieser Charakterorientierung, nicht aber aus dem Mangel an Originalität. Dasselbe trifft bei materiellen Dingen zu. Was sie dem andern wegnehmen können, verlockt mehr als alles, was sie sich selbst schaffen könnten. Sie nutzen und beuten aus, wo sich nur irgend etwas ausnutzen und ausbeuten läßt. «Gestohlene Früchte sind die süßesten», ist ihre Lebensregel. Und da sie ausnutzen und ausbeuten wollen, «lieben» sie auch nur den, bei dem die Möglichkeit des Ausbeutens vorausgesetzt werden kann, oder werden derjenigen «überdrüssig», bei denen nichts mehr zu holen ist. Ein extremes Beispiel ist der Kleptomane, der sich nur dann eines Gegenstandes erfreut, wenn er ihn stehlen kann, obgleich er das Geld zu dessen Kauf besitzt.

Ein bissiger Gesichtsausdruck ist oft für Menschen dieser Orientierung typisch. Ihre Haltung ist eine Mischung von offen zur Schau getragener Feindschaft und geschickten Umgangsformen. Jeder ist Objekt ihrer Ausbeutung und wird nur nach seiner diesbezüglichen Brauchbarkeit eingeschätzt. Statt Vertrauen und Optimismus, die den rezeptiven Typus kennzeichnen, findet man Mißtrauen und Zynismus, Neid und Eifersucht. Da ihnen nur Dinge Freude machen, die sie anderen wegnehmen können, überschätzen sie fremden Besitz und unterschätzen den eignen.

c) DIE HAMSTER-ORIENTIERUNG

Rezeptive und ausbeuterische Orientierung ähneln sich insofern, daß beide von der außer ihnen liegenden Welt etwas erhalten wollen. Anders die Hamster-Orientierung. Menschen dieses Typus haben wenig Vertrauen in etwas Neues, das sie von der Außenwelt bekommen könnten; sie schaffen sich ein Gefühl der Sicherheit, indem sie etwas hamstern, empfinden es aber als Bedrohung, wenn sie etwas verschenken sollen. So umpanzern sie sich mit einem Schutzwall, hinter dessen Palisaden soviel wie möglich gestapelt und so wenig wie möglich herausgegeben wird. Sie geizen mit Geld und materiellen Werten, mit Gefühlen und Gedanken. Auch «Liebe» ist für sie nur ein Besitz, den man sich durch Inbesitznahme der geliebten Person zu erhalten sucht. Eine eigenartige Treue bezeigt der «Hamsterer» Mitlebenden, oft sogar Erinnerungen. Seine Sentimentalität läßt die Vergangenheit in goldenem Licht erscheinen; er klammert sich daran und schwelgt in der Erinnerung an einstige Gefühle und Erlebnisse. Er weiß alles, obgleich er selbst unschöpferisch und keines produktiven Gedankens fähig ist.

Auch diese Menschen sind an ihrem Gesichtsausdruck und an bestimmten Gesten zu erkennen. Ihre Lippen sind verkniffen, die Gesten sind charakteristisch für ihr Bestreben, sich Menschen oder Dingen zu entziehen. Während die Gesten des rezeptiven Typus einladend und abgerundet sind, die des ausbeuterischen aggressiv und spitz, sind die des hamsternden Typus eckig, als wollte er ausdrücklich auf die Distanz hinweisen, die zwischen ihm und der Umwelt besteht. Ein anderes, für diese Orientierung ebenso bezeichnendes Merkmal ist pedantische Ordnungsliebe. Dinge, Gedanken, Gefühle – alles muß in «Ordnung» sein, aber die Ordnungsliebe ist ebenso unfruchtbar und starr wie sein Gedächtnis. Liegt ein Gegenstand nicht an seinem bestimmten Platz, wird er automatisch dorthin zurückgelegt. Da der Hamster das außerhalb der Schutzmauer Liegende als Bedrohung empfindet, sucht er das «Außen» durch Ordnunghalten zu beherrschen und damit einen Angriff zu vermeiden. Auch sein krankhaftes Reinlichkeitsempfinden bedeutet, daß er jeden Kontakt mit der Außenwelt scheut. Was jenseits der eigenen Grenzen liegt, wird als «unrein» und gefährlich empfunden. Den bedrohlichen Kontakt hebt er auf, indem er sich übertrieben wäscht; sein Verhalten erinnert an religiöse Waschungen, die vom Ritus nach der Berührung unreiner Dinge oder unreiner Menschen vorgeschrieben werden. Diesem

Ordnungs- und Reinlichkeitsbedürfnis entspricht eine ebenso übertriebene Pünktlichkeit; auch sie ist wiederum nur ein Mittel, um das «Außen» zu beherrschen. Wenn dieses «Außen» als Bedrohung der eigenen «Festung» empfunden wird, dann ist Eigensinn eine logische Reaktion. Ein ständiges Nein wird zur fast automatischen Verteidigung gegen jeden Eindringling; ein hartnäckiges Beharren begegnet der Gefahr des Geschobenwerdens.

Menschen dieses Typus glauben, sie besäßen nur ein bestimmtes Quantum an Kraft, Energie und geistigem Leistungsvermögen; dieser Bestand vermindere oder erschöpfe sich bei Gebrauch und könne nie mehr ergänzt werden. Sie begreifen nicht, daß jede lebendige Substanz sich selbsttätig ergänzt, und daß Aktivität und Gebrauch der eigenen Kräfte auch die eigene Stärke mehrt, während Stagnation sie lähmt; für sie ist Tod und Zerstörung etwas Wirklicheres als Leben und Wachstum. Der schöpferische Akt ist ein Wunder, von dem sie hören, ohne daran glauben zu können. Ihre höchsten Werte heißen «Ordnung» und «Sicherheit». «Es gibt nichts Neues unter der Sonne», ist ihr Wahlspruch.

In ihrer Beziehung zu andern Menschen betrachten sie ein vertraulicheres Verhältnis als Bedrohung; nur Unnahbarkeit oder der «Besitz» eines andern gibt ihnen das Gefühl der Sicherheit. Sie sind mißtrauisch, haben anderseits aber einen ausgeprägten Sinn für Gerechtigkeit, der im Endeffekt feststellt: «Mein ist mein und Dein ist dein».

d) DIE MARKT-ORIENTIERUNG

Die Markt-Orientierung wurde erst in neuerer Zeit dominierend. Um sie zu verstehen, muß man sich die ökonomische Funktion vergegenwärtigen, die der «Markt» für die moderne Gesellschaft hat. Sie ist nicht nur dieser Charakter-Orientierung analog, sondern ist die Basis und die entscheidende Voraussetzung für deren jetzige Entwicklung. Der Tausch ist einer der ältesten Mechanismen der Wirtschaft. Der herkömmliche, an einen bestimmten Ort gebundene Markt unterscheidet sich wesentlich vom Markt, wie er sich im modernen Kapitalismus herausgebildet hat. Der an einen bestimmten Ort gebundene Tauschhandel bot die Möglichkeit, sich zum Zwecke des Güteraustauschs zu treffen. Produzenten und Verbraucher lernten sich kennen. Beides waren verhältnismäßig kleine Gruppen. Der Bedarf war mehr oder weniger bekannt, so daß der Produzent entsprechend dem gegebenen Bedarf produzieren konnte.

Der moderne Markt [34] stellt nicht mehr einen Treffpunkt dar, sondern einen Mechanismus, der durch einen abstrakten und unpersönlichen Bedarf charakterisiert ist. Man produziert für diesen Markt, nicht aber für eine Verbraucherschaft, die man kennt. Die Entscheidung hängt von Angebot und Nachfrage ab. Danach richtet es sich, ob und zu welchem Preis eine Ware verkauft werden kann. Es ist belanglos, welchen *Gebrauchswert* beispielshalber ein Paar Schuhe hat; wenn das Angebot größer ist als die Nachfrage, wird ein Teil der Schuhe wirtschaftlich wertlos. Solange der *Tauschwert* für den Wert einer Ware ausschlaggebend ist, entscheidet der Markttag. Er ist der eigentliche «Gerichtstag».

Der Leser kann einwenden, daß eine solche Marktbeschreibung die Dinge allzusehr vereinfachte. Der Produzent versucht ja den Bedarf im voraus richtig zu schätzen, wozu ihm unter den Bedingungen des Monopols sogar gewisse Kontrollmöglichkeiten gegeben sind. Aber für die Charakter- und Bewußtseinsbildung des städtischen Mittelstandes und (durch dessen gesellschaftlichen und kulturellen Einfluß) der gesamten Bevölkerung war und ist trotzdem die regulierende Funktion des Marktes von großem Einfluß. Die Konzeption des Marktwertes, für welche der Tauschwert

---

[34] Zur Geschichte und Funktion des modernen Marktes siehe: K. Polanyi, *The Great Transformation,* New York 1944, Rinehart & Company.

einer Ware wichtiger ist als ihr Gebrauchswert, führte zu einer ähnlichen Wertkonzeption in bezug auf Menschen und besonders auf die eigene Person. Daß man sich selbst als Ware und seinen Wert als Tauschwert begreift, diese Orientierung bezeichne ich als Markt-Orientierung.

Mit dem in den letzten Jahrzehnten sich herausbildenden neuen Marktgebiet, dem «Persönlichkeitsmarkt», setzte sich die Marktorientierung schnell durch. Angestellte und Reisende, Geschäftsführer und Ärzte, Anwälte und Künstler, alle treten auf diesem Markt in Erscheinung. Ihr legaler Status und ihre wirtschaftliche Position sind zwar verschieden: Die einen sind Freischaffende, die sich ihre Dienstleistung bezahlen lassen, die anderen sind Arbeitnehmer und als solche Lohnempfänger. Aber für alle ist der materielle Erfolg davon abhängig, ob sie persönlich von denen anerkannt werden, die ihre Dienste in Anspruch nehmen.

Das Wertungsprinzip ist auf beiden Märkten, dem Personen- und dem Warenmarkt, dasselbe. Dort wird die Person angeboten, hier die Ware. Der Wert entspricht beidemale dem Tauschwert, für dessen Festsetzung der Gebrauchswert eine zwar notwendige, doch keineswegs ausschließliche Bedingung ist. Tatsächlich könnte unser Wirtschaftssystem nicht funktionieren, wenn die Menschen statt Fachkenntnisse zu besitzen nur liebenswürdig wären. Selbst das taktvollste Benehmen und das eleganteste Konsultationszimmer an der Park Avenue würde keinem New Yorker Arzt zum Erfolg verhelfen, wenn er nicht ein Minimum an medizinischen Kenntnissen und Erfahrungen mitbrächte. Und der bestrikkendste Charme würde keine Sekretärin vor dem Verlust ihrer Stellung schützen, wenn sie nicht einigermaßen schreiben könnte. Wenn wir jedoch untersuchen, welches Gewicht das Können und welches die Persönlichkeit als Erfolgsbedingung hat, dann zeigt sich, daß Erfolg nur in Ausnahmefällen vorwiegend auf fachlichem Können und auf gewissen menschlichen Werten, wie Ehrlichkeit, Anstand und

Integrität, beruht. Obwohl hinsichtlich der Erfolgsaussichten das Verhältnis zwischen Können und menschlichen Werten einerseits und Persönlichkeit anderseits variiert, spielt doch der Persönlichkeitsfaktor immer eine entscheidende Rolle. Erfolg hängt weitgehend davon ab, wie gut sich jemand auf dem Markt verkauft, wie er seine Persönlichkeit durchsetzt, sich in entsprechender «Aufmachung» präsentiert; ob er «freundlich», «leistungsfähig», «aggressiv», «zuverlässig», «ehrgeizig» ist, welche Familie er hinter sich hat, welchen Klubs er angehört und ob er die richtigen Leute kennt. Der jeweils geforderte Typ ist bis zu einem gewissen Grade von dem speziellen Gebiet abhängig, auf dem jemand arbeiten soll. Ein Börsenmakler, ein Reisender, ein Sekretär, ein Bahnbeamter, ein Universitätsprofessor oder ein Hoteldirektor, jeder von ihnen muß eine andere Art von Persönlichkeit anzubieten haben. Nur müssen ungeachtet dieser Unterschiede alle die eine Bedingung erfüllen: daß ein Bedarf nach ihrer Art besteht.

Die Tatsache, daß die Fähigkeiten für eine bestimmte Aufgabe noch nicht als Erfolgsaussicht genügen, sondern daß man auch imstande sein muß, seine Persönlichkeit im Konkurrenzkampf gegen viele andere «durchzusetzen», diese Tatsache wirkt auf die Haltung ein, die man sich selbst gegenüber einnimmt. Dürfte man sich nur auf das verlassen, was man weiß und kann, so stünde die eigene Bewertung im proportionalen Verhältnis zu den eigenen Fähigkeiten, das heißt zum eigenen Gebrauchswert. Da Erfolg aber weitgehend davon abhängt, wie man die eigene Persönlichkeit verkauft, erlebt man sich selbst als Ware. Oder, genauer gesagt, zugleich als Verkäufer und als Ware. Der Mensch ist mehr an seiner Verkäuflichkeit als an seinem Leben oder seinem Glück interessiert. Dieses Gefühl könnte man mit einer Ware, zum Beispiel mit einigen auf dem Ladentisch liegenden Handtaschen vergleichen, sofern diese fühlen und denken könnten. Um Kunden anzulocken, würde jede Handtasche sich so «attraktiv» wie möglich machen, und um einen höheren Preis als die Rivalinnen zu erzielen, so «kostbar» wie möglich geben. Die zum höchsten Preis verkaufte Handtasche wäre stolz, weil sie die «wertvollste» ist; die nichtverkaufte wäre traurig und von der eigenen Wertlosigkeit überzeugt. So könnte es einer Handtasche ergehen, die gut aussähe und praktisch wäre, doch unmodern geworden ist, weil die Mode sich geändert hat.

Auch auf dem «Personal-Markt» muß man in Mode sein, und um in Mode zu sein, muß man wissen, nach welcher Art Persönlichkeit die größte Nachfrage besteht. Diese Kenntnis wird dem Menschen in allgemeinen Zügen schon während des gesamten Erziehungsprozesses beigebracht, beginnend im Kindergarten und endend auf der Universität. Die Familie vervollständigt sie. Das im Jugendalter erworbene Wissen ist noch unzureichend, denn es weist lediglich auf einige allgemeine Qualitäten hin, zum Beispiel Anpassungsvermögen, Ehrgeiz, Fingerspitzengefühl. Ein detailliertes Bild des Erfolgsmenschen wird anderen Orts vermittelt. Magazine, Zeitungen und Wochenschauen bringen in mannigfachen Variationen Bilder und Lebensgeschichten der Erfolgreichen. Bildinserate haben die gleiche Wirkung. Der erfolgreiche Geschäftsmann, der im Inserat eines Konfektionshauses abgebildet ist, demonstriert, wie man sich geben und wie man aussehen muß, um auf dem derzeitigen Personen-Markt «big money» zu machen.

Das wichtigste Medium, das dem Durchschnittsmenschen einen Begriff gibt, wie die erfolgreiche Persönlichkeit auszusehen hat, ist der Film. Das junge Mädchen sucht Ausdruck, Frisur und Gesten des hochbezahlten Stars zu imitieren, weil das anscheinend den größten Erfolg verspricht. Der junge Mann will so aussehen und sich so aufführen wie das Modell auf der Leinwand. Der Durchschnittsmensch hat nur selten Kontakt mit den Erfolgreichsten. Anders dagegen sein Verhältnis zum Filmstar. Zwar hat er auch mit ihm keinen

Kontakt, aber er kann ihn, sooft er will, auf der Leinwand sehen, kann ihm schreiben und Photographien mit Autogramm von ihm erhalten. Früher wurde der Schauspieler gesellschaftlich nicht anerkannt, aber er war der Vermittler aller großen dramatischen Werke. Die heutigen Filmstars vermitteln keine großen Werke und keine großen Ideen, aber dafür sind sie das Bindeglied zwischen dem Durchschnittsmenschen und der «großen Welt». Das ist ihre eigentliche Funktion. Auch wenn der Durchschnittsmensch nicht damit rechnen kann, den gleichen Erfolg zu erreichen wie diese «Großen», so kann er wenigstens versuchen, sie nachzuahmen. Für ihn sind sie Heilige, und da sie Erfolg haben, verkörpern sie die Lebensnorm.

Da der moderne Mensch sich gleichzeitig als Ware und als Verkäufer dieser Ware empfindet, ist sein Selbstbewußtsein von Voraussetzungen abhängig, die sich seiner Kontrolle entziehen. Hat er Erfolg, dann ist er wertvoll, wenn nicht, ist er wertlos. Das hieraus entstehende Gefühl der Unsicherheit kann kaum überschätzt werden. Wenn man glaubt, der eigene Wert sei nicht von eigenen menschlichen Qualitäten abhängig, sondern von dem Erfolg bei ständig wechselnden Marktbedingungen, dann muß das Selbstbewußtsein unsicher werden und ein ständiges Bedürfnis nach Bestätigung durch andere entwickeln. Man jagt unablässig dem Erfolg nach, weil das Selbstbewußtsein mit jedem Rückschlag sinkt. Hilflosigkeit, Unsicherheit und Minderwertigkeitsgefühle sind das Ergebnis. Mißt man den eigenen Wert an den Wechselfällen des Marktes, so geht jegliches Empfinden für Würde und Stolz verloren.

Das alles ist jedoch nicht nur ein Problem der Selbst-Beurteilung und des Selbst-Bewußtseins, sondern es handelt sich darum, ob man sich als unabhängige Wesenheit erlebt hat – ob man mit sich selbst identisch ist. Wie wir noch sehen werden, leitet der reife und produktive Mensch das Gefühl seiner Identität davon her, daß er sich als ein Handelnder erlebt, dessen Fähigkeiten mit seinem Tun übereinstimmen. *«Ich bin, was ich tue»*, das ist, kurz gesagt, der Inhalt dieses Selbstbewußtseins. Bei der Markt-Orientierung aber steht der Mensch seinen eigenen Fähigkeiten als einer ihm fremden Ware gegenüber. Er ist nicht eins mit ihnen, denn es kommt nicht mehr auf ihre Verwirklichung an, sondern darauf, daß er sie erfolgreich verkauft. Beides, Fähigkeiten und Leistung, ist nichts Eigenes mehr, sondern etwas, das andere beurteilen und vielleicht brauchen können. Daher wird das Identitätsgefühl ebenso schwankend wie die Selbsteinschätzung; es wird durch die Summe der Rollen bestimmt, die ein Mensch spielen kann: «Ich bin so, wie ihr mich wünscht.»

Ibsen hat das in seinem *Peer Gynt* symbolisch dargestellt. Peer sucht sich zu erkennen und muß feststellen, daß er einer Zwiebel gleicht: Eine Schicht löst sich nach der andern, der Kern ist unauffindbar. Da der Mensch nicht leben kann, wenn er an der eigenen Identität zweifelt, muß er in der Markt-Orientierung die Gewißheit der eigenen Identität nicht in sich oder in seinen Fähigkeiten suchen, sondern in dem, was andere über ihn denken. Prestige, Stellung, Erfolg und die Tatsache, daß er andern als eine bestimmte Person bekannt ist, sind der Ersatz für das echte Identitätsgefühl. In dieser Situation wird er gänzlich davon abhängig, wie andere ihn einschätzen und sehen. Das zwingt ihn, die gleiche Rolle weiterzuspielen, mit der er einmal Erfolg hatte. Wenn ich und meine Fähigkeiten zweierlei sind, dann stellt der Preis, den ich erziele, tatsächlich mein Selbst dar.

Das Erlebnis anderer und die Art, wie man sie einschätzt und wertet, unterscheiden sich in nichts von dem, wie man sich selbst erlebt und einschätzt.[35] So wie man sich selbst als Ware sieht, so sieht man auch die andern als Ware. Auch sie

[35] Die wechselseitigen Beziehungen, die das Verhältnis des Menschen zu sich selbst und zu anderen bestimmen, untersuchen wir im vierten Kapitel.

stellen *nicht sich selbst* dar, sondern nur den Teil, den sie verkaufen. Die Menschen unterscheiden sich nur noch quantitativ voneinander, also darin, ob sie *mehr oder weniger* Erfolg haben und dementsprechend mehr oder weniger wertvoll sind. Diese Bewertung ist dieselbe, die für Waren auf dem Markt gilt. Sowohl ein Gemälde wie ein Paar Schuhe kann nach seinem Tauschwert beurteilt werden; das ist der Preis, auf den ihr Wert reduziert wird. Soundsoviele Paar Schuhe «entsprechen» dem Wert eines Gemäldes. In gleicher Weise werden Menschen gewertet: Ihr Wert wird auf den Nenner reduziert, der für jeden gilt, auf seinen Markt-Wert. Die Individualität, das Besondere und Einmalige, ist wertlos, ein unnötiger Ballast. Höchst bezeichnend hierfür ist der Sinn, den das Wort *besonders* angenommen hat. Es bezeichnet nicht mehr die größtmögliche Leistung eines Menschen, die Entwicklung und Entfaltung seiner Individualität, sondern ist fast schon zu einem Synonym für *sonderbar* oder *seltsam* geworden. Auch das Wort *Gleichheit* hat einen anderen Sinn angenommen. Die Vorstellung, alle Menschen seien gleich geschaffen, bedeutete, daß alle Menschen das gleiche fundamentale Recht haben, als Selbstzweck und nicht als Mittel angesehen zu werden. Heute bedeutet Gleichheit soviel wie *Austausch- oder Auswechselbarkeit* und damit Negierung der Individualität. Gleichheit sollte die Voraussetzung sein, daß der Einzelne sich entfalten kann. Statt dessen heißt Gleichheit heute soviel wie «Vernichtung der Individualität», womit jene für die Markt-Orientierung charakteristische «Ich-Losigkeit» gemeint ist. Die Begriffe «Gleichheit» und «Verschiedenheit» standen einst in ursächlichem Zusammenhang. Heute ist «Gleichheit» Synonym für «Gleichförmigkeit», und dieser Wunsch, sich vom andern nicht zu unterscheiden, charakterisiert das Verhältnis des modernen Menschen zu sich und zu anderen.

Dieser Umstand wirkt sich zwangsläufig auf alle menschlichen Beziehungen aus. Verkümmert das Selbst des Einzelnen, dann müssen auch die Beziehungen der Menschen untereinander oberflächlich werden. Sie stehen nicht mehr als Einzelpersönlichkeit, sondern als tauschfähige Ware miteinander in Beziehung und sind weder gewillt noch imstande, das Einmalige und Besondere des andern zu erfassen. Der Markt schafft jedoch eine Kameradschaft eigener Prägung. Jeder steht im gleichen Konkurrenzkampf und strebt in gleicher Weise nach Erfolg. Alle unterliegen den gleichen Marktbedingungen (oder glauben es wenigstens), und da alle im gleichen Boot sitzen, weiß jeder, was der andere fühlt und empfindet: Er ist nur auf sich gestellt, lebt in ständiger Angst vor dem Versagen und möchte vor allem gefallen. Pardon wird nicht gegeben und nicht erwartet.

Die Oberflächlichkeit menschlicher Beziehungen verleitet manchen zu der Hoffnung, er werde ein tieferes und intensiveres Gefühl in der individuellen Liebe finden. Aber die Liebe zu einem einzelnen Menschen ist mit der Liebe zu den Nächsten untrennbar verknüpft; in jedem Kulturkreis drücken die Liebesbeziehungen nur in deutlicherer Form aus, welche allgemein menschlichen Beziehungen vorherrschen. Die Annahme, die in der Markt-Orientierung wurzelnde Verlassenheit eines Menschen könne durch individuelle Liebe geheilt werden, ist daher eine Illusion.

Die Markt-Orientierung beeinflußt Denken und Fühlen. Das Denken bekommt die Funktion, Dinge rasch zu begreifen, um sie mit Erfolg verwenden zu können. Wird diese Einstellung durch umfassende und wirksame Erziehungsmethoden gefördert, so führt sie zu einer hoch entwickelten Intelligenz, nicht aber zur Vernunft.[36] Für bloße Verwendungszwecke genügt es, die Außenseite, die Oberfläche der Dinge zu kennen. Die Wahrheit, die sich nur enthüllt, wenn man zum Wesen einer Erscheinung vordringt, gerät als Begriff in Vergessenheit. Hiermit ist weniger die «absolute» Wahrheit

[36] Zum Unterschied zwischen Intelligenz und Vernunft siehe Seite 111 ff.

im wissenschaftlichen Sinn gemeint, die ohne Bezug auf Erfahrungstatsachen dogmatisch verfochten wird, sondern die Wahrheit, die ein Mensch findet und immer wieder prüft, indem er seine Vernunft auf seine Beobachtungen anwendet. Die meisten Intelligenztests sind auf die oben genannte Denkweise abgestimmt; sie messen nicht so sehr die Fähigkeiten, die ein Mensch in bezug auf Vernunft und Verstehenkönnen besitzt, als vielmehr sein rasches Anpassungsvermögen an eine gegebene Situation; «geistige Anpassungstests» wäre die zutreffende Bezeichnung.[37] Als wesentlich betrachtet diese Denkart die Anwendung von Vergleichskategorien und quantitativen Maßstäben, nicht die gründliche Analyse eines gegebenen Phänomens und seiner Qualität. Sämtliche Probleme sind gleichermaßen interessant; Unterschiede in ihrer tatsächlichen Bedeutung werden kaum beachtet. Das Wissen selbst wird zur Ware. Auch hier wird der Mensch seinen eigenen Kräften entfremdet; Denken und Wissen empfindet er nur als Werkzeuge für irgendwelche Zwecke. Sogar das Wissen über den Menschen, die Psychologie, die in der großen Tradition westlichen Denkens immer als Voraussetzung galt, um den Weg zur Tugend, zum rechten Leben und zum Glück zu finden, ist zu einem bloßen Instrument entartet, dessen man sich zum Zwecke der Marktforschung, der politischen Propaganda, der Reklame und zu vielem anderem bedient.

Dieses Denken hat ohne Zweifel großen Einfluß auf unser Erziehungssystem. Von der Grundschule bis zur Universität wird mit dem Lernen nur der Zweck verfolgt, so viele Informationen wie möglich zu sammeln, die sich für Marktzwecke als brauchbar erweisen können. Die Schüler sollen so vielerlei lernen, daß ihnen kaum noch Zeit und Kraft zum *Denken* bleibt. Der Grund, daß man eine bessere und umfassendere

---

[37] Siehe Ernst Schachtel, *Zum Begriff und zur Diagnose der Persönlichkeit*, Zeitschrift für Sozialforschung, Jahrgang VI (1937), Seite 597–624.

Erziehung fordert, ist nicht das Interesse am Lehrstoff, am Wissen oder an der Erkenntnis als solcher, sondern der höhere Tauschwert, den das Wissen vermittelt. Erziehung und Wissen gelten heute viel. Gleichzeitig beobachtet man tiefe Skepsis und Mißachtung einem Denken gegenüber, das sich «nur» um die Erkenntnis der Wahrheit bemüht. Ein solches Denken wird als unpraktisch und nutzlos bezeichnet, weil es marktmäßig keinen Tauschwert repräsentiert.

Ich habe die Markt-Orientierung als eine der nichtproduktiven Orientierungen dargestellt. Sie unterscheidet sich jedoch von diesen in so mancher Hinsicht, daß sie eigentlich in eine eigene Kategorie gehört. Die rezeptive, die ausbeuterische und die Hamster-Orientierung haben eines gemeinsam; jede von ihnen stellt eine Form des Sich-in-Beziehung-Setzens zu den Menschen dar, die für denjenigen spezifisch und charakteristisch ist, bei dem sie dominiert.[38] Die Markt-Orientierung aber entwickelt nichts, was in einem Menschen potentiell vorhanden ist. (Es sei denn, wir würden die absurde Behauptung aufstellen, daß auch das «Nichts» zum menschlichen Rüstzeug gehöre.) Ihr wirkliches Wesen besteht darin, daß kein spezifisches und ständiges Bezugssystem entwickelt wird; die Auswechselbarkeit der Haltungen ist das einzig Beständige einer solchen Orientierung. Es werden nur diejenigen Eigenschaften entwickelt, die sich am besten verkaufen lassen. Dominierend ist keine besondere Haltung, sondern das Vakuum, das sich am schnellsten mit der jeweils gewünschten Eigenschaft ausfüllen läßt. Dies bedeutet jedoch nicht mehr eine Eigenschaft im eigentlichen Sinne des Wortes. Es ist höchstens eine Rolle oder die Vorspiegelung einer Eigenschaft, die in dem Augenblick ausgewechselt wird, in dem größerer Bedarf nach einer andern besteht. So ist zum Beispiel Ehrbarkeit zuweilen erwünscht. Reisende

---

[38] Später wird dargelegt, daß diese vier Orientierungen nicht unbedingt die bisher aufgezeigten negativen Eigenschaften haben müssen. Siehe hierzu Seite 127 ff.

gewisser Branchen sollen das Publikum durch Zuverlässigkeit, Besonnenheit und Ehrbarkeit beeindrucken, also durch Eigenschaften, die bei manchem Geschäftsmann des neunzehnten Jahrhunderts echt waren. Heute dagegen sucht man einen Vertreter, der Vertrauen einflößt, weil er so *aussieht,* als ob er diese Eigenschaften besäße. Was der Betreffende verkauft, ist seine Befähigung, diese Rolle zu spielen. Welcher Mensch dahinter steht, ist unwichtig und uninteressant; auch er selbst interessiert sich nicht für seine Ehrlichkeit, sondern nur für ihren Marktwert. Voraussetzung für die Markt-Orientierung ist innere Leere, das Fehlen jeder spezifischen Qualität, die unauswechselbar wäre; denn jeder bestimmte Charakterzug könnte eines Tages mit den Anforderungen des Marktes in Widerspruch geraten. Der Betreffende wird feststellen, daß einige Rollen nicht zu seinen Eigenheiten passen. Also muß er sie ablegen, das heißt, nicht die Rollen, sondern seine Eigenheiten. Denn die Marktpersönlichkeit muß frei sein, frei von jeglicher Individualität.

Die bisher beschriebenen Charaktereigenschaften treten keineswegs so getrennt auf, wie es nach dieser Skizze scheinen könnte. Beispielshalber mag die rezeptive Orientierung bei jemandem dominieren, doch meistens ist sie mit einer oder mit allen andern Orientierungen gemischt. Während ich die verschiedenen Mischungen in einem späteren Kapitel darstellen werde, möchte ich an dieser Stelle betonen, daß alle Orientierungen zum Menschen gehören. Das Vorherrschen einer besonderen Orientierung hängt weitgehend von den Besonderheiten derjenigen Kultur ab, in der das Individuum lebt. Obwohl eine eingehende Analyse der Beziehung zwischen den verschiedenen Orientierungen und den gesellschaftlichen Vorbildern nur in einer Studie möglich ist, die sich vor allem mit Problemen der Sozialpsychologie beschäftigt, so möchte ich doch hypothetisch andeuten, inwiefern soziale Bedingungen einer der vier nichtproduktiven Orientierungen das Übergewicht geben. Das Studium des

Zusammenhanges zwischen Charakterorientierung und Gesellschaftsstruktur ist nicht nur deshalb von Bedeutung, weil es uns einige der entscheidendsten Triebkräfte der Charakterbildung erkennen läßt, sondern auch deshalb, weil spezifische Orientierungen – soweit diese den meisten Gliedern einer kulturellen Gruppe oder einer Gesellschaftsklasse gemein sind – gewaltige Gefühlskräfte darstellen, deren Wirkung man kennen muß, um die Gesellschaft zu verstehen. Hinsichtlich der zurzeit vorherrschenden Überbewertung des kulturellen Einflusses auf die Einzelpersönlichkeit möchte ich feststellen, daß das Verhältnis zwischen Gesellschaft und Individuum nicht einfach so verstanden werden darf, als ob kulturelle und gesellschaftliche Vorbilder das Individuum «beeinflußten». Die Wechselwirkung geht tiefer. Der Einzelne wird durch Beziehungen geformt, die zwischen den einzelnen Menschen bestehen. Sein Denken wird außerdem bis zu einem solchen Grad durch die politische und wirtschaftliche Struktur der Gesellschaft bestimmt, daß man prinzipiell vom einzelnen Durchschnittsmenschen auf die Struktur derjenigen Gesellschaft schließen kann, deren Glied er ist.

Die rezeptive Orientierung ist häufig in Gesellschaften anzutreffen, in denen eine Gruppe das Recht hat, eine andere auszubeuten. Da die ausgebeutete Gruppe keine Möglichkeiten besitzt, ihre Situation zu ändern, vielleicht auch gar nicht an eine Änderung denkt, wird diese Gruppe dahin tendieren, in den Ausbeutern die Ernährer zu sehen, von denen sie alles erhält, was das Leben bieten kann. Wie wenig es auch sein mag, was der Sklave bekommt: er meint, daß er mit eigener Anstrengung noch weniger erreichen würde, daß er sich nicht auf seine eigene Kraft und Vernunft verlassen könne. Im heutigen Amerika will es auf den ersten Blick scheinen, als gäbe es hier die rezeptive Haltung überhaupt nicht. Unsere Kultur, ihre Ideen und deren praktische Anwendung wirken auf diese Orientierung entmutigend. Weist man doch immer wieder darauf hin, daß jeder für sich einstehen müsse, jeder für sich selbst verantwortlich sei und daß es nur von der eigenen Initiative abhänge, wenn man zu etwas kommen wolle. Aber auch bei uns gibt es die rezeptive Orientierung. Die Notwendigkeit sich anzupassen und zu gefallen, die im vorhergehenden erörtert wurde, bedingt ein Gefühl der Hilflosigkeit. Für den modernen Menschen ist dieses Gefühl die Wurzel seiner Rezeptivität. Besonders auffallend ist, welche Bedeutung man dem «Experten» und der öffentlichen Meinung beimißt. Heute will man auf jedem Gebiet einen Experten haben, der jedem sagen kann, wie irgend etwas sich verhält oder getan werden muß. Die eigene Aufgabe besteht nur noch darin, dem Experten zuzuhören und sich das Gesagte einzuverleiben. Es gibt wissenschaftliche Experten oder Experten für die Frage, wie man glücklich wird, und ein Schriftsteller wird zum Experten für «Lebenskunst» weil er der Verfasser eines Bestsellers ist. Durch die Reklamemethoden begünstigt, äußert sich diese ausgeprägte Rezeptivität in der modernen «Folklore» oft in grotesker Weise. Jeder weiß zwar, daß alle Schemata, wie man schnell reich werden kann, in Wirklichkeit nicht stimmen, aber trotzdem verbreitet sich der Traum von einem mühelosen Leben. Zum Teil drückt er sich im Gebrauch praktischer Erfindungen aus: ein Auto, bei dem man nicht zu schalten braucht, eine Füllfeder, bei der kein Abnehmen der Kappe nötig ist – um nur wahllos zwei Beispiele zu nennen. Vor allem aber dominiert dieser Traum in den Schemata, die sich auf «Glück» beziehen. Folgendes Zitat ist besonders charakteristisch: «Dieses Buch», schreibt der Autor, «sagt Ihnen, wie Sie viel mehr werden können, als was Sie jemals waren. Glücklich, gesund, energiegeladen, voller Selbstvertrauen, tüchtig und sorgenfrei. Sie brauchen kein Programm zu befolgen, das Sie körperlich oder geistig anstrengt. Es ist viel einfacher... Der hier beschriebene Weg zum Erfolg erscheint nur deshalb merkwürdig, weil wenige sich vorstellen können, daß man auch *mühelos alles erhält*... Aber es ist so, Sie werden es selbst sehen.»[39]

Der ausbeuterische Charakter, mit seiner Lebensregel «Nimm, was du brauchst», geht bis auf den Feudalismus und die Raubritterzeit zurück und führt von da zu den Räuberbaronen des neunzehnten Jahrhunderts, welche die Rohstoffquellen unseres Kontinents ausbeuteten. Es waren jene Spekulanten, die überall in der Welt nur den Profit suchten. Sie wollten billig erwerben und teuer verkaufen und jagten erbarmungslos nach Macht und Reichtum. Der freie Markt, wie er sich im achtzehnten und neunzehnten Jahrhundert nach den Regeln des freien Wettbewerbs entwickelte, züchtete solche Typen. Wir selbst haben die Wiedergeburt dieses brutalen Ausbeutertums in den autoritären Systemen erlebt. Sie beuteten nicht einmal so sehr die Menschen- und Rohstoffreservoire ihrer eigenen Länder aus, als vielmehr die aller anderen Länder, für deren Invasion sie stark genug waren. Sie proklamierten das Recht des Mächtigen und wiesen auf die Naturgesetze hin, wonach der Stärkere den Schwächeren überlebt. Liebe und Anstand galten als Schwäche; das Denken wurde als Beschäftigung für Feiglinge und Degenerierte angesehen.

Neben der ausbeuterischen Orientierung gab es im achtzehnten und neunzehnten Jahrhundert auch die Hamster-Orientierung. Der hamsternde Typus war konservativ und interessierte sich weniger für das rücksichtslose Verdienen als für Geschäfte, die sinnvoll und wirtschaftlich aufgebaut waren. Die Geschäftsprinzipien mußten gesund sein, denn das einmal Erworbene sollte erhalten werden. Sein Besitz war für ihn das Symbol seiner Persönlichkeit, die Verteidigung seines Besitzes von höchster Bedeutung. Diese Orientierung gab ihm große Sicherheit. Vermögen und Familie, geschützt durch die relativ stabilen Verhältnisse des neun-

---

[39] Hal Falvey, *Ten Seconds That Will Change Your Life*, Chicago 1946, Wilcox & Follett.

zehnten Jahrhunderts, stellten seine Welt dar. Sie war sicher und konnte von ihm gelenkt werden. Eine puritanische Ethik, für die Erfolg und Arbeit als Beweis für Tugend galt, stützte dieses Gefühl der Sicherheit und gab dem Leben einen Sinn und die religiöse Gewißheit seiner Erfüllung. Diese Verbindung von gesicherter Welt, gesichertem Besitz und gesicherter Sittlichkeit gab dem Mittelstand das Bewußtsein von Wohlstand, Selbstvertrauen und Stolz.

Die Markt-Orientierung gab es im achtzehnten und neunzehnten Jahrhundert noch nicht. Sie ist zweifellos ein Ergebnis unserer Zeit. Es liegt noch gar nicht lange zurück, daß Verpackung, Etikettierung und Qualitätsbezeichnung sowohl für Menschen wie für Waren wichtig wurden. Das Evangelium der Arbeit verlor an Wert, das Evangelium des Verkaufs nahm den obersten Rang ein. Im Feudalismus hatte der Einzelne noch wenig Spielraum, um seine soziale Lage zu verändern, und er konnte zum Vorwärtskommen nicht seine Persönlichkeit verwerten. Dagegen war diese Möglichkeit zu Zeiten des freien Wettbewerbes relativ groß, vor allem in den Vereinigten Staaten. Wer seine Ware anbrachte, kam vorwärts. Heute sind die Möglichkeiten des Einzelnen, sich allein ein Vermögen zu schaffen, wesentlich geringer. Wer jetzt vorwärts kommen will, muß sich einer großen Organisation einfügen, und seine Fähigkeit, die erwartete Rolle zu spielen, ist eines seiner wichtigsten Aktiven.

Die Entpersönlichung, die Leere, die Sinnlosigkeit des Lebens, die Automatisierung des Individuums bewirken eine ständig wachsende Unzufriedenheit und auch das immer stärker werdende Bedürfnis nach einer dem Menschen angemesseneren Lebensweise. Der Mensch sucht nach Regeln und Gesetzen, die es ihm möglich machen sollen, dieses Ziel zu erreichen. Die produktive Orientierung, die ich im folgenden behandeln will, zeigt uns den Charakter, der das Reifen und Entfalten aller seiner Möglichkeiten zum Ziel hat und diesem Ziel alle andern Tätigkeiten unterordnet.

3. Die produktive Orientierung

In der klassischen und mittelalterlichen Literatur, bis gegen Ende des neunzehnten Jahrhunderts, wurde in vielen Darstellungen gezeigt, wie ein guter Mensch und eine gute Gesellschaft aussehen müßten. Ihre Form war die des philosophischen oder theologischen Traktats oder der Utopie. Im zwanzigsten Jahrhundert gibt es keine derartigen visionären Darstellungen. An ihre Stelle ist die kritische Analyse des Menschen und der Gesellschaft getreten. Was der Mensch sein sollte, wird in ihr höchstens angedeutet. Solche kritischen Untersuchungen sind zweifellos von größter Wichtigkeit und bilden auch die Voraussetzung für jede Verbesserung der Gesellschaft; aber das Fehlen von Visionen einer «besseren» Gesellschaft und eines «besseren» Menschen hatte zur Folge, daß es den Glauben des Menschen an sich selbst und an seine Zukunft lähmte (gleichzeitig ist dieses Fehlen von Visionen auch die Folge der Lähmung).

Die heutige Psychologie, insbesondere die Psychoanalyse, ist in dieser Hinsicht keine Ausnahme. Freud und seine Schüler gaben eine glänzende Analyse des neurotischen Charakters. Ihre klinische Beschreibung des nichtproduktiven (oder – um mit Freud zu sprechen – des vorgenitalen) Charakters ist erschöpfend und präzise – obwohl die von ihnen gebrauchten theoretischen Begriffe einer Revision bedürfen. Aber der Charakter der normalen, gereiften und gesunden Persönlichkeit wurde kaum beachtet. Dieser Charakter, von Freud als genitaler Charakter bezeichnet, blieb ein vages und abstraktes Gebilde. Freud definiert ihn als diejenige Charakterstruktur, bei der die orale und die anale Libido ihre dominierende Stellung zugunsten der genitalen Libido eingebüßt haben, die auf die geschlechtliche Verbindung mit einem Angehörigen des entgegengesetzten Geschlechtes ausgeht. Die Freud'sche Beschreibung des genitalen Charakters bietet kaum mehr als die Feststellung, daß es sich um die Charakterstruktur eines Individuums handelt, welches sich sexuell und gesellschaftlich normal verhält.

In meiner Untersuchung des *produktiven Charakters* wage ich mich über eine bloß kritische Analyse hinaus. Ich will das Wesen des vollentwickelten Charakters untersuchen, der das Ziel jeder menschlichen Entwicklung ist und zugleich dem Ideal der humanistischen Ethik entspricht. Vorerst mag es genügen, den Zusammenhang zwischen meinem Begriff der produktiven Orientierung und Freuds genitalem Charakter darzulegen. Wenn wir Freuds Begriff, wie er ihn in seiner Lehre von der Libido gebraucht, nicht wörtlich, sondern *symbolisch* nehmen, dann ist damit schon ziemlich genau umschrieben, was ich unter Produktivität verstehe. Die geschlechtliche Reife befähigt den Menschen zur natürlichen Zeugung. Durch die Vereinigung von Sperma und Ei wird ein neues Leben geschaffen. Diese Art der Produktion haben Mensch und Tier gemeinsam. Die Fähigkeit zur Produktion materieller Werte ist dagegen eine Besonderheit des Menschen. Der Mensch ist nicht nur ein vernunftbegabtes und gesellschaftsbildendes Tier. Er kann auch als produzierendes Tier begriffen·werden, das dank seines Verstandes und seiner Phantasie Stoffe umformen und umbilden kann. Er *kann* nicht nur produzieren, er *muß* produzieren, um überhaupt leben zu können. Die materielle Produktion ist jedoch nur die häufigste Erscheinungsform der Produktivität. Die produktive Orientierung [40] bezieht sich auf eine fundamentale Verhaltensweise, nämlich darauf, wie der Mensch sich in allen Bereichen menschlicher Erfahrung *in Beziehung setzt.* Sie betrifft geistige, gefühlsmäßige und Sinnesreaktionen auf Menschen, Gegenstände

[40] Der hier angewendete Begriff der Produktivität stellt eine Erweiterung des Bergiffs der Spontaneität dar, wie er in meinem Buche *Furcht vor der Freiheit* beschrieben wurde.

und auf sich selbst. Produktivität ist die Geschicklichkeit des Menschen, seine Fähigkeiten zu gebrauchen und die in ihm schlummernden Möglichkeiten zu verwirklichen. Wenn wir sagen, *er* muß *seine* Fähigkeiten gebrauchen, so heißt dies, daß er frei sein und von niemandem abhängen darf, der ihn und seine Fähigkeiten beherrscht. Es bedeutet ferner, daß er von Vernunft geleitet ist, da er seine Fähigkeiten nur dann verwerten kann, wenn er weiß, worin sie bestehen, wie sie gebraucht werden müssen und wofür sie dienen sollen. Produktivität bedeutet, daß der Mensch sich selbst als Verkörperung seiner Fähigkeiten und als Handelnder erlebt; daß er eins mit seinen Fähigkeiten ist und daß sie nicht vor ihm verborgen und ihm entfremdet sind.

Um Mißverständnissen vorzubeugen, zu denen das Wort «Produktivität» verleiten könnte, mag es angebracht sein, kurz auf das einzugehen, was *nicht* unter Produktivität verstanden wird.

Allgemein verbindet man das Wort «Produktivität» mit Schöpfertum, insbesondere mit künstlerischem Schöpfertum. Der echte Künstler ist tatsächlich der überzeugendste Repräsentant der Produktivität. Doch nicht alle Künstler sind schöpferisch. Ein in Konventionen befangener Maler zum Beispiel besitzt nur die technische Fertigkeit, auf ein Stück Leinwand die Ähnlichkeit eines Menschen in der Art einer Photographie zu reproduzieren. Ein Mensch kann aber auch schöpferisch erleben, sehen, fühlen und denken, ohne deshalb die Gabe zu besitzen, etwas Sichtbares oder Mitteilbares zu schaffen. *Produktivität ist eine Verhaltensweise, die jeder Mensch haben kann, sofern sein Denken und Fühlen nicht verkrüppelt ist.*

Der Ausdruck «produktiv» wird leicht mit «aktiv» verwechselt, ebenso «Produktivität» mit «Aktivität». Beide Worte können synonym sein (z. B. in der Aristotelischen Konzeption des Begriffes «Aktivität»). Im modernen Sprachgebrauch bezeichnet Aktivität jedoch häufig das strikte Gegenteil von Produktivität. Gemeinhin wird Aktivität als ein Verhalten definiert, das mittels Energie eine bestehende Situation verändert. Im Gegensatz hierzu wird ein Mensch als passiv bezeichnet, der eine bestehende Situation nicht ändern oder sichtbar beeinflussen kann, sondern durch außer ihm liegende Kräfte beeinflußt oder geschoben wird. Dieser allgemeine Begriff der Aktivität zieht lediglich den tatsächlichen Energieverbrauch und die hierdurch bewerkstelligte Veränderung in Betracht. Ein Unterschied zwischen den vorhandenen psychischen Umständen, die diese Aktivität bestimmen, wird nicht gemacht.

Ein, wenn auch etwas abwegiges, Beispiel nichtproduktiver Aktivität ist die Aktivität eines unter Hypnose stehenden Menschen. Ein solcher kann im Trancezustand die Augen offenhalten, er kann gehen, reden und handeln: er «agiert». Auf ihn würde die allgemeine Definition des Begriffes «Aktivität» zutreffen, denn er verbraucht Energie, und eine Veränderung wird ebenfalls herbeigeführt. Betrachten wir jedoch den besonderen Charakter und die Art dieser Aktivität, so kommen wir zu dem Ergebnis, daß nicht der Hypnotisierte der eigentlich Handelnde ist, sondern der Hypnotiseur, der mit Hilfe der Suggestion durch ihn handelt. Die hypnotische Trance ist zwar ein künstlicher Zustand, aber sie bietet trotz ihrer Außergewöhnlichkeit ein gutes Beispiel für eine Situation, in der ein Mensch aktiv ist, ohne in Wirklichkeit Handelnder zu sein. Seine Aktivität wird durch Kräfte hervorgerufen, die sich seiner Kontrolle entziehen.

Ein häufiger Fall nichtproduktiver Aktivität ist die Reaktion auf ein Angstgefühl akuter oder chronischer, bewußter oder unbewußter Natur, das oft die Ursache der wilden Geschäftigkeit des heutigen Menschen ist. Im Unterschied zu dieser durch Angst motivierten Aktivität gibt es, wenn auch oft mit ihr vermischt, eine andere Form der Aktivität, die auf Unterwerfung unter eine Autorität oder auf Abhängigkeit vor einer Autorität beruht. Diese Autorität kann gefürchtet, bewundert oder «geliebt» werden (meist trifft das eine wie das andere zu); die eigentliche Ursache der Aktivität aber ist formal wie inhaltlich der Befehl der Autorität. Der Mensch ist aktiv, weil es die Autorität von ihm fordert, und er tut, was die Autorität ihm zu tun befiehlt. Diese Aktivität findet man beim autoritären Charakter. Für ihn heißt Aktivität, im Auftrage eines andern zu handeln, der mehr als er selbst ist. Das kann im Namen Gottes, der Vergangenheit, der Pflicht geschehen, aber nie in seinem eigenen Namen. Den Antrieb zum Handeln erhält er von einem Höheren, das weder angreifbar, noch auswechselbar ist; daher kann er keine spontanen Impulse aus seinem eigenen Innern beachten.[41]

Der unterwürfigen Aktivität ähnelt die Automaten-Aktivität. Man findet hier zwar kein Abhängigkeitsverhältnis von einer offenkundigen Autorität, dafür aber von einer anonymen Autorität, wie etwa der öffentlichen Meinung, kulturellen Vorbildern, dem gesunden Menschenverstand oder der «Wissenschaft». Der Mensch fühlt oder tut, was er tun oder fühlen soll. Seiner Aktivität fehlt es an Spontaneität, und zwar insofern, als diese Aktivität keinem eigenen geistigen oder gefühlsmäßigen Antrieb entstammt, sondern eines fremden Antriebs bedarf.

Die stärksten Aktivitätsquellen sind irrationale Leidenschaften. Der Mensch, der von Geiz, Masochismus, Neid, Eifersucht oder andern Begierden getrieben wird, handelt unter Zwang. Sein Handeln ist weder frei noch vernünftig, es steht vielmehr im Widerspruch zur Vernunft und zu den Interessen, die er als menschliches Wesen haben muß. Ein Mensch, der von solchen Trieben besessen ist, wiederholt

[41] Der autoritäre Charakter will sich jedoch nicht nur unterwerfen, sondern er will auch herrschen. Immer sind beide Seiten vorhanden, die sadistische und die masochistische. Sie unterscheiden sich lediglich durch den jeweiligen Grad ihrer Stärke oder Verdrängung. Vergleiche hierzu auch meine Ausführungen über den autoritären Charakter in meinem Buche *Furcht vor der Freiheit*, Seite 163 ff.

sich selbst, sein Verhalten wird stereotyp. Er ist zwar aktiv, aber doch nicht produktiv.

Obwohl der Ursprung dieser Aktivität irrational ist und die Handelnden in ihrem Tun weder frei noch vernünftig sind, führt ihr Handeln doch oft zu wichtigen praktischen Ergebnissen, sogar zu materiellen Erfolgen. Bei dem Begriff «Produktivität» haben wir es nicht mit Aktivität zu tun, die unbedingt zu praktischen Ergebnissen führen muß, sondern mit einer Verhaltensweise, einer Reaktions- und Orientierungsweise der Welt und sich selbst gegenüber. Wir beschäftigen uns also mit dem *Charakter des Menschen,* nicht mit seinem Erfolg.[42]

Produktivität ist die Realisierung derjenigen Möglichkeiten, die den Menschen charakterisieren, also der Gebrauch der eigenen Kräfte. Doch was ist Kraft? Es wirkt wie Ironie, daß dieses Wort zwei sich widersprechende Bedeutungen hat: *Kraft zu etwas* = Fähigkeit; *Kraft über etwas* = Beherrschung. «Kraft gleich Beherrschung» resultiert aus der Lähmung von «Kraft gleich Fähigkeit». *«Kraft über etwas» ist die Verkehrung von «Kraft zu etwas».* Die Befähigung des Menschen, seine Kräfte produktiv zu gebrauchen, ist seine Stärke; die Nicht-Befähigung hierzu seine Schwäche. Seine Verstandeskraft kann das Außen der Erscheinungen durchdringen und ihr Wesen begreifen. Seine Liebeskraft kann die Wand einreißen, die den einen Menschen vom andern trennt. Seine Einbildungskraft kann Dinge schauen, die noch nicht existieren; er kann planen und damit zu schaffen beginnen. Wo diese Stärke fehlt, verkehrt sich das Verhältnis des Menschen zur Welt in den Wunsch, über andere Ge-

---

[42] Eine zwar interessante, doch leider unvollkommene Analyse des produktiven Denkens ist Max Wertheimers posthum veröffentlichtes Werk *Productive Thinking* (New York 1945). Einige Aspekte der Produktivität werden von Munsterberg, Natorp, Bergson und James behandelt, ferner in Husserls Analyse des seelischen Aktes, in Diltheys Analyse des künstlerischen Schaffens und in O. Schwarz, *Medizinische Anthropologie* (Leipzig Hirzel 1929). In allen diesen Fällen wird das Problem allerdings nicht auf den Charakter bezogen.

walt zu haben, als ob sie Gegenstände wären. Herrschen bedeutet Tod, Stärke bedeutet Leben. Der Wille zum Herrschen hat seinen Ursprung in Schwäche und steigert diese Schwäche seinerseits wieder; denn wenn ein Mensch einen andern zu Dienstleistungen zwingen kann, wird sein eigener Antrieb zur Produktivität fortschreitend gelähmt.

Wie setzt sich der Mensch zur Welt in Beziehung, wenn er seine Kräfte produktiv gebraucht?

Der Mensch kann das außerhalb des eigenen Ich Liegende auf zweierlei Art erleben. *Reproduktiv,* indem er die Wirklichkeit so wahrnimmt, wie es der Film tut, der eine genaue Reproduktion der photographierten Wirklichkeit zeigt (allerdings erfordert auch eine rein reproduktive Wahrnehmung die aktive Teilnahme des Geistes); *generativ,* indem er die Wirklichkeit aufnimmt, belebt und durch die spontane Aktivität der eigenen Geistes- und Gefühlskräfte neu erschafft. Jeder Mensch reagiert bis zu einem gewissen Grade sowohl auf die eine wie auf die andere Weise, aber es bestehen große Unterschiede in bezug auf das Gewichtsverhältnis der beiden Erlebnisarten. Manchmal ist eine der beiden verkümmert; das Studium derart extremer Fälle, bei denen entweder die reproduktive oder die generative Art kaum vorhanden ist, bietet die beste Möglichkeit, jedes der beiden Phänomene einzeln zu verstehen.

Die relative Atrophie der generativen Art ist in unserer Kultur häufig. Ein Mensch kann durchaus befähigt sein, Dinge zu erkennen, wie sie sind (oder wie sie seiner Kultur entsprechend angeblich sind), aber nicht imstande, das zu erleben, was er sieht. Das ist der perfekte «Realist». Er sieht alles, was an der Oberfläche zu erkennen ist, kann aber nicht zum Wesentlichen vordringen und kann sich nichts vorstellen, was noch nicht sichtbar ist. Er sieht das Einzelne, nicht aber das Ganze; sieht die Bäume, nicht aber den Wald. Realität ist für ihn lediglich die Summe des Materialen. Einem solchen Menschen fehlt es nicht an Einbildungskraft, aber seine Einbildungskraft ist berechnend, weil sie alle bekannten und existierenden Faktoren zusammenfaßt und daraus die zukünftige Auswirkung folgert.

Dagegen ist ein Mensch geistesgestört, der nicht mehr fähig ist, die Wirklichkeit zu sehen. Der psychotische Mensch baut sich eine innere Wirklichkeit, in die er volles Vertrauen zu haben scheint; er lebt in dieser eigenen Welt, und die üblichen Wirklichkeitsfaktoren, die von allen Menschen wahrgenommen werden, sind für ihn unwirklich. Wenn ein Mensch Dinge sieht, die in der Wirklichkeit nicht existieren, sondern ausschließlich das Produkt seiner Einbildungskraft sind, hat er Halluzinationen; er legt die Ereignisse entsprechend seinen eigenen Gefühlen aus, ohne Bezug oder wenigstens ohne eigentliches Verhältnis zu dem, was in Wirklichkeit vor sich geht. Ein Paranoiker kann sich verfolgt glauben und in einer zufälligen Bemerkung die Absicht hören, daß er gedemütigt oder beseitigt werden soll. Das Fehlen eindeutiger Bekundungen dieser Absicht bedeutet für ihn keinen Gegenbeweis; er ist fest davon überzeugt, daß der wahre Sinn der Bemerkung klar ersichtlich sei, wenn man näher hinsehe, obwohl ihre Oberfläche harmlos erscheinen möge.

Der Realist sieht nur die Oberfläche der Dinge; er sieht die äußere Welt, kann sie geistig mit photographischer Genauigkeit reproduzieren und kann handeln, indem er Menschen und Dinge so behandelt, wie sie auf dieser Reproduktion abgebildet sind. Der Geisteskranke aber ist unfähig, die Umwelt wirklichkeitsgemäß zu sehen; er nimmt die Wirklichkeit nur als Symbol und Widerspiegelung seiner inneren Welt wahr. Beide Menschen sind krank. Die Krankheit des Geistesgestörten, der den Kontakt mit der Realität verloren hat, ist der Art, daß er für die Gesellschaft untauglich wird. Die Krankheit des «Realisten» läßt ihn als menschliches Wesen verarmen. Zwar wird er in seinen gesellschaftlichen Funktionen nicht beeinträchtigt; aber da seiner Auffassung der Wirklichkeit jede Tiefe und Perspektive fehlt, ist sie derart entstellend, daß er irren muß, wenn es sich um mehr handelt als um unmittelbar gegebene Tatsachen und Absichten. *«Realismus» scheint das genaue Gegenteil von Geistesgestörtheit zu sein, und doch ist er nur dessen Komplement.*

Das wirkliche Gegenteil von «Realismus» und Geistesgestörtheit ist Produktivität. Der normale Mensch kann sich zur Welt in Beziehung setzen, indem er sie so wahrnimmt, wie sie ist, und sie zugleich dank seiner eigenen Kräfte belebt und bereichert. Ist eine dieser beiden Fähigkeiten abgestorben, so ist der Betreffende krank. Der normale Mensch aber hat beide, wobei allerdings die eine oder die andere überwiegen kann. Das Vorhandensein beider Fähigkeiten, der reproduktiven und der generativen, ist eine Voraussetzung für «Produktivität»; es sind die beiden Pole, aus deren dynamischer Wechselwirkung die Produktivität entsteht. Mit dieser Feststellung möchte ich darauf hinweisen, daß Produktivität nicht die Summe beider Fähigkeiten ist, sondern etwas Neues, das aus dieser Wechselwirkung entsteht.

Im vorhergehenden habe ich Produktivität als eine besonder Art des Sich-in-Beziehung-Setzens zur Welt beschrieben. Nun erhebt sich die Frage, ob es etwas gibt, was der produktive Mensch *produziert*. Wenn ja, was? Der Mensch kann zwar dank seiner Produktivität materielle Dinge, Kunstwerke und Gedankensysteme erzeugen, aber *der wichtigste Gegenstand der Produktivität ist der Mensch selbst*.

Die Geburt ist nur einer der bestimmten Punkte innerhalb eines Kontinuums, das mit der Empfängnis einsetzt und mit dem Tode endet. Was sich dazwischen abspielt, ist ein Prozeß, in dem die eigenen Möglichkeiten wirklich werden, in dem alles, was in den beiden Zellen potentiell gegeben ist, zum Leben erweckt wird. Während das physische Wachstum selbsttätig abläuft, sofern die entsprechenden Bedingungen bestehen, entwickelt sich das Geistige nicht selbsttätig. Damit die emotionalen und intellektuellen Möglichkeiten des Menschen, also sein Ich, geboren werden, ist produktive Aktivität erforderlich. Daß die Entwicklung des Ich niemals endet, gehört zur Tragödie des Menschen; selbst unter günstigsten Bedingungen wird immer nur ein Teil der vorhandenen Möglichkeiten realisiert. Jeder Mensch stirbt, bevor er ganz geboren ist.

Ich will keine Geschichte des Begriffs «Produktivität» geben, aber ich möchte einige besonders charakteristische Beispiele anführen, weil sie zur Klärung des Begriffes beitragen können. Produktivität ist einer der zentralen Begriffe der Aristotelischen Ethik. Man kann Tugend bestimmen, sagt *Aristoteles,* sofern man weiß, was der Mensch tut. Wie man bei einem Flötenspieler, einem Bildhauer oder einem anderen Künstler voraussetzt, das Gute beruhe auf dem Tun, das diesen Menschen von einem anderen unterscheidet und ihn zu dem macht, der er ist, so beruht bei jedem Menschen das Gute auf dem, was ihn von anderen unterscheidet und ihn zu dem macht, der er ist. Ein solches Wirken ist die «vernunftgemäße oder die nicht-unvernünftige wirkliche Tätigkeit der Seele».[43] «Denn es ist ein großer Unterschied, ob man das höchste Gut in ein Besitzen oder in ein Gebrauchen, ob man es in einen Zustand oder in ein Tun setzt. Der bloße Zustand gestattet, daß trotzdem nichts Gutes ausgeführt wird, wie zum Beispiel bei einem Schlafenden oder einem sonst Untätigen. Bei der Tätigkeit ist das aber ausgeschlossen, denn sie will gut handeln.»[44] Für Aristoteles ist der gute Mensch derjenige, der durch vernunftgemäßes Tun den spezifisch menschlichen Möglichkeiten zum Leben verhilft.

«Unter Tugend und Kraft verstehe ich dasselbe», sagt Spinoza.[45] Freiheit und Glück beruhen darauf, daß der Mensch sich selbst begreift, um das zu werden, was er poten-

---

[43] Nikomachische Ethik, I, Kapitel 6.
[44] Nikomachische Ethik, I, Kapitel 9.
[45] Spinoza, Ethik, Teil IV, 8.

tiell ist. Er kann sich «mehr und mehr dem Modell der menschlichen Natur annähern».[46] Spinoza versteht Tugend in dem Sinne, daß der Mensch seine Fähigkeiten gebraucht; Laster ist die Unfähigkeit, sich dieser Kräfte zu bedienen. Das Wesen des Bösen besteht für Spinoza in der Impotentialität.[47]

In dichterischer Form fand das, was produktive Aktivität ist, bei Goethe und Ibsen schönen Ausdruck. *Faust* ist Symbol für das ewige Suchen des Menschen nach dem Sinn des Lebens. Weder Wissenschaft, Lust und Freude, Macht, ja nicht einmal die Schönheit kann Fausts Frage beantworten. Goethe sagt, die einzige Antwort sei jene produktive Aktivität, die identisch mit dem Guten ist.

Im *Prolog im Himmel* sagt der Herr, es wäre nicht der Irrtum und das Irren, das den Menschen behindert, sondern seine Nicht-Aktivität:

> Des Menschen Tätigkeit kann allzu leicht erschlaffen,
> Er liebt sich bald die unbedingte Ruh;
> Drum geb ich gern ihm den Gesellen zu,
> Der reizt und wirkt und muß als Teufel schaffen.
> Doch wir, die echten Göttersöhne,
> Erfreut euch der lebendig reichen Schöne!
> Das Werdende, das ewig wirkt und lebt,
> Umfaß euch mit der Liebe holden Schranken,
> Und was in schwankender Erscheinung schwebt,
> Befestiget mit dauernden Gedanken!

Am Schluß des zweiten Teiles hat Faust seine Wette mit Mephistopheles gewonnen. Er hat geirrt und ist sündig geworden. Die eigentliche Sünde aber hat er nicht begangen: die der Unproduktivität. Fausts letzte Worte drücken diesen Gedanken deutlich aus und versinnbildlichen ihn durch das fruchtbare Land, das er dem Meere abringen will:

[46] Ebenda, IV, Vorrede.
[47] Ebenda, IV, Def. 20.

Eröffn' ich Räume vielen Millionen,
Nicht sicher zwar, doch tätig-frei zu wohnen.
Grün das Gefilde, fruchtbar; Mensch und Herde
Sogleich behaglich auf der neusten Erde,
Gleich angesiedelt an des Hügels Kraft,
Den aufgewälzt kühn-emsige Völkerschaft.
Im Innern hier ein paradiesisch Land:
Da rase draußen Flut bis auf zum Rand!
Und wie sie nascht, gewaltsam einzuschließen,
Gemeindrang eilt, die Lücke zu verschließen.
Ja! diesem Sinne bin ich ganz ergeben,
Das ist der Weisheit letzter Schluß:
Nur der verdient sich Freiheit wie das Leben,
Der täglich sie erobern muß!
Und so verbringt, umrungen von Gefahr,
Hier Kindheit, Mann und Greis sein tüchtig Jahr.
Solch ein Gewimmel möcht ich sehn,
Auf freiem Grund mit freiem Volke stehn!
Zum Augenblicke dürft ich sagen:
«Verweile doch, du bist so schön!
Es kann die Spur von meinen Erdentagen
Nicht in Äonen untergehn.»
Im Vorgefühl von solchem hohen Glück
Genieß ich jetzt den höchsten Augenblick.

Während Goethes Faust von jenem Glauben an den Menschen getragen ist, der für die fortschrittlichen Denker des
achtzehnten und neunzehnten Jahrhunderts charakteristisch
war, gibt Ibsens *Peer Gynt,* der in der zweiten Hälfte des
neunzehnten Jahrhunderts geschrieben wurde, schon eine
kritische Analyse des modernen Menschen und seiner Unproduktivität. «Der moderne Mensch auf der Suche nach seinem Ich», so etwa könnte der Untertitel des Dramas lauten.
Peer glaubt zugunsten seines Ich zu handeln, wenn er sich
dafür einsetzt, Geld zu verdienen und Erfolg zu haben. «Sei
du dir genug», nach diesem Prinzip (dargestellt durch die
Trollen) lebt er. Er lebt aber nicht nach dem menschlichen
Prinzip: «Sei dir selber treu». Am Ende seines Lebens muß er
entdecken, daß sein Suchen und sein Eigennutz ihn gehindert

haben, er selbst zu werden. Alle Möglichkeiten, die er nicht realisiert hat, treten auf und klagen ihn seiner Sünde an. Sie zeigen ihm den wirklichen Grund seines menschlichen Versagens – seinen Mangel an Produktivität.

Die Knäuel (am Boden)
Wir sind Gedanken;
Hast Du gedacht uns,
Tanzen auf schlanken
Füßen gemacht uns?
Wir hätten sollen
Wie Vögel ins Blaue, –
Statt hier zu rollen
Als Garnknäuel, graue.

Welke Blätter
Wir sind eine Losung;
Hast Du gesprochen uns? –
Des Staubs Liebkosung
Hat kläglich gebrochen uns.
Der Wurm zerfraß uns.
Bis zu Skeletten;
Dein Geiz vergaß uns
Um die Früchte zu betten.

Sausen in den Lüften
Wir sind Lieder;
Hast Du gesungen uns? –
Tausendmal nieder
Hast Du gezwungen uns.
In Deiner Seele
Lagen und harrten wir; –
Nimmer nun warten wir.
Gift in Deine Kehle!

Tautropfen
Wir sind Zähren; –
Hast Du vergossen uns?
Winter zu wehren,
War einst erschlossen uns.
Dein Herz rief leise; –
Du bliebest achtlos.
Nun starrt's von Eise, –
Und wir sind machtlos.

Gebrochene Halme   Wir sind Taten; —
                          Hast Du bestellt uns?
                          Weh, nur verraten,
                          Geknickt und zerspellt uns!
                          Am Jüngsten Tage
                          Kommen wir allzusamt
                          Und führen Klage, —
                          So wirst Du verdammt.

Bisher haben wir uns den allgemeinen Charakteristika der produktiven Orientierung gewidmet. Nun wollen wir untersuchen, wie sich Produktivität in spezifischen Aktivitäten bekundet, da man das Allgemeine nur durch die Erforschung des Konkreten und Besonderen ganz verstehen kann.

b) PRODUKTIVES LIEBEN UND DENKEN

Die menschliche Existenz ist dadurch gekennzeichnet, daß der Mensch allein und von der Welt getrennt ist. Da er die Trennung nicht ertragen kann, muß er Verbindung und Einheit suchen. Das kann auf mannigfaltige Weise geschehen. Es gibt aber nur eine Möglichkeit, bei der er als einmalige Entität unangetastet bleibt; nur eine, bei der sich die eigenen Fähigkeiten im Verlaufe der Verbindung entfalten. Es ist das Paradoxe der menschlichen Existenz, daß der Mensch zugleich Nähe und Unabhängigkeit suchen muß, zugleich die Verbindung mit andern und das Bewahren seiner Einmaligkeit und Besonderheit.[48] Wie wir gezeigt haben, ist *Produktivität* die Antwort auf dieses Paradox — und auf das moralische Problem des Menschen.

Man kann sich produktiv zur Welt in Beziehung setzen,

---

[48] Diese Synthese von Nähe und Einmaligkeit ähnelt dem Begriff «Losgelöstsein und Verbundenheit» in Charles Morris' Buch *Paths of Life* (New York 1942). Ein Unterschied besteht allerdings. Bei Morris ist das Bezugssystem das Temperament, bei mir der Charakter.

indem man aktiv und kontemplativ ist. Der Mensch *produziert Dinge,* und während er dies tut, hat er Macht über die Materie. Durch Liebe und mit Hilfe seines Verstandes *begreift er die Welt* geistig und emotional. Seine Verstandeskräfte befähigen ihn, unter die Oberfläche zu dringen und das Wesen des betreffenden Objekts zu verstehen, indem er sich aktiv zu ihm in Beziehung setzt. Seine Liebeskräfte befähigen ihn, die Wand, die ihn von einem andern Menschen trennt, einzureißen und ihn zu verstehen. Obwohl Liebe und Verstand nur zwei verschiedene Formen der Möglichkeit sind, die Welt zu begreifen, und obwohl keine ohne die andere bestehen kann, sind sie doch Ausdruck verschiedener Kräfte (des Gefühls und des Denkens) und müssen daher gesondert untersucht werden.

Der Begriff der produktiven Liebe unterscheidet sich grundlegend von dem, was häufig Liebe genannt wird. Es gibt wohl kein Wort, dessen Inhalt vieldeutiger und verwirrender ist als der des Wortes «Liebe». Es bezeichnet fast jedes Gefühl, ausgenommen Haß und Ekel. Von der Liebe für Eiscreme bis zur Liebe für eine Symphonie, von der mildesten Sympathie bis zum stärksten Gefühl innerer Verbundenheit schließt der Begriff «Liebe» alles ein. Man glaubt zu lieben, wenn man sich in jemanden verliebt hat. Hörigkeit bezeichnen die Menschen als Liebe; für ihre Gier, jemanden besitzen zu wollen, gebrauchen sie dasselbe Wort. Sie glauben, nichts sei einfacher und leichter als zu lieben; die einzige Schwierigkeit bestehe darin, das passende Objekt zu finden, und sie hätten in der Liebe nur deshalb kein Glück, weil ihnen der richtige Partner nicht begegnet sei. Aber im Gegensatz zu all diesen verwirrenden und wunschbedingten Vorstellungen ist Liebe ein durchaus spezifisches Gefühl, und obwohl jedes menschliche Wesen Liebesfähigkeit hat, ist ihre Verwirklichung eines der schwierigsten Ziele. Echte Liebe geht auf Produktivität zurück. Sie kann daher auch als «produktive Liebe» bezeichnet werden. Ihrem Wesen nach bleibt sie sich immer gleich, ob es sich nun um die Liebe der Mutter zu ihrem Kind, um die Liebe zu einem anderen Menschen oder um das erotische Verhältnis zwischen zwei Partnern handelt.[49] Die Gegenstände unserer Liebe differieren, demzufolge ändert sich auch die Intensität und Qualität. Gewisse Grundelemente aber sind für alle Formen produktiver Liebe charakteristisch. Es sind *Fürsorge für den andern, Verantwortungsgefühl für den andern, Achtung vor dem andern und wissendes Verstehen.*

Fürsorge und Verantwortungsgefühl zeigen an, daß Liebe eine Aktivität ist, nicht aber eine Leidenschaft, die den Menschen überwältigt, und ebensowenig ein Affekt, durch den man mitgerissen wird. Was Besorgtheit und Verantwortungsgefühl heißt, ist im Buche Jona wunderbar beschrieben. Gott fordert Jona auf, nach Ninive zu gehen. Er soll die Einwohner dieser Stadt warnen. Sie würden bestraft werden, wenn sie das Böse nicht ließen. Jona aber flieht vor seiner Mission, weil er fürchtet, daß die Einwohner von Ninive bereuen könnten und Gott ihnen vergeben würde. Jona hat einen strengen Sinn für Ordnung und Gerechtigkeit; aber was Liebe ist, weiß er nicht. Er flieht und findet sich im Bauche eines Walfisches wieder. Das symbolisiert den Zustand der Isolierung und Gefangenschaft – heraufbeschworen, weil es ihm an Liebe und an Verständnis für seine Mitmenschen fehlte. Gott rettet ihn, und Jona geht nach Ninive. Er predigt den Einwohnern, wie Gott ihn geheißen. Was er befürchtete, tritt ein. Die Menschen von Ninive bereuen ihre Sünden, bessern sich, und Gott vergibt ihnen und beschließt, ihre Stadt nicht zu zerstören. Jona wird darüber zornig und ist enttäuscht. Er wollte Gerechtigkeit, nicht Gnade. Schließlich findet er Trost im Schatten eines Baumes, den Gott für ihn wachsen ließ, um ihn von den sengenden Strah-

---

49 Daß auch die Liebe zu anderen Menschen und die Liebe zu uns selbst das gleiche Phänomen darstellt, werden wir später erörtern. Vergleiche hierzu Kapitel vier: Selbstsucht, Selbstliebe, Selbst-Interesse.

len der Sonne zu schützen. Als Gott den Baum verdorren läßt, ist Jona betrübt. Er beklagt sich bei Gott, und Gott antwortet ihm: «Dich jammert des Rizinus. Du hast ihn nicht geschaffen, hast ihn nicht wachsen lassen. Er wuchs in einer Nacht und verdarb in einer Nacht. Und mich sollte nicht jammern Ninive, solche große Stadt, in der mehr sind denn hundertundzwanzigtausend Menschen, die nicht wissen, was rechts oder links ist – und dazu viele Tiere?» Gottes Antwort an Jona ist ebenfalls sinnbildlich gemeint. Gott erklärt ihm, das Wesen der Liebe bestehe darin, «für etwas zu arbeiten», «etwas wachsen zu lassen». Liebe und Arbeit seien untrennbar miteinander verbunden. Man liebt das, wofür man arbeitet, und man arbeitet für das, was man liebt.

Die Geschichte von Jona bedeutet auch, daß Liebe nicht vom Verantwortungsgefühl getrennt werden kann. Jona fühlte sich für das Leben seiner Brüder nicht verantwortlich. Er hätte wie Kain fragen können: «Soll ich meines Bruders Hüter sein?» Verantwortungsgefühl ist keine Pflicht, die dem Menschen von außen aufgezwungen wird, sondern meine Antwort auf etwas, von dem ich fühle, daß es mich angeht. Verantwortung und Antwort haben die gleiche Wurzel: verantwortlich sein heißt, zum Antworten bereit sein.

Mutterliebe ist die häufigste und am leichtesten verständliche Art produktiver Liebe; ihr eigentliches Wesen ist Fürsorge und Verantwortungsgefühl. Bis zur Geburt arbeitet der Körper der Mutter für das Kind, nach der Geburt betätigt sich ihre Liebe in der Pflege des Kindes. Mutterliebe ist an keine Bedingung geknüpft, die das Kind erfüllen muß, um geliebt zu werden; sie ist unbedingt und beruht lediglich auf der Forderung des Kindes und der Antwort der Mutter.[50] Kein Wunder, daß Mutterliebe in Kunst und Religion zum

[50] Vergleiche Aristoteles: «Freundschaft scheint eher im Lieben zu bestehen, nicht aber darin, geliebt zu werden. Man sieht dies an der Freude, die Mütter haben, wenn sie lieben. Denn Mütter geben gelegentlich ihre Kinder weg, um sie von anderen aufziehen zu lassen, und obwohl sie ihre Kinder kennen und lieben, fordern sie keine Gegenliebe, wenn es

Symbol für die reinste Form der Liebe geworden ist. Das hebräische Wort, mit dem Gottes Liebe zu den Menschen und die Liebe des Menschen zu seinem Nächsten bezeichnet wird, heißt *rachamin*. Die Wortwurzel von *rachamin* ist *rechem* = Mutterschoß.

Nicht ganz so augenscheinlich ist der Zusammenhang von *Fürsorge* und *Verantwortungsgefühl* mit individueller Liebe. Man nimmt oft an, sich zu verlieben sei schon der Höhepunkt der Liebe. Tatsächlich ist es nur der Anfang, nur eine Gelegenheit, zur Liebe zu kommen. Auch glaubt man, Liebe sei das Ergebnis einer mysteriösen Anziehung zwischen zwei Menschen, ein Ereignis, das ohne tätiges Mitwirken eintritt. Die Verlassenheit des Menschen und sein Geschlechtstrieb machen es ihm tatsächlich leicht, sich zu verlieben; etwas Mysteriöses ist dabei nicht im Spiel. Aber der Gewinn verschwindet ebenso rasch wieder, wie er entstand. Man wird nicht zufällig geliebt. Die eigene Liebesfähigkeit erzeugt Liebe – so wie man auch interessant wird, indem man Interesse zeigt. Die Menschen beschäftigen sich mit der Frage, ob sie «anziehend» sind, und vergessen, daß ihre Anziehungskraft von ihrer eigenen Liebesfähigkeit abhängt. Einen Menschen produktiv lieben heißt, daß man für ihn sorgt und sich für ihn verantwortlich fühlt, nicht nur für seine physische Existenz, sondern auch für das Reifen und Wachsen aller seiner menschlichen Fähigkeiten. Produktiv lieben ist unvereinbar damit, daß man sich passiv verhält und dem Leben des geliebten Menschen lediglich zuschaut; produktives Lieben schließt Arbeit, Besorgtheit und Verantwortungsgefühl für sein Wachstum ein.

Trotz allem Universalismus der monotheistischen Religionen des Westens und der fortschrittlichen politischen

unmöglich ist, zu lieben und gleichzeitig geliebt zu werden, sondern sind, wie es scheint, glücklich, wenn es ihren Kindern gut geht und sie ihnen ihre Liebe schenken können, auch dann, wenn die Kinder in ihrer Unwissenheit ihnen nicht den Dienst erweisen, den man einer Mutter schuldet.»

Programme, die davon ausgehen, «daß alle Menschen zur Gleichheit geschaffen sind», ist die Liebe zur Menschheit noch keine allen gemeinsame Erfahrung geworden. Die Liebe zur Menschheit wird als etwas betrachtet, das günstigstenfalls der Liebe zu einem Einzelwesen entspricht, oder als etwas Abstraktes, das sich erst in der Zukunft verwirklichen läßt. Aber die Liebe zur Menschheit ist untrennbar mit der Liebe zum Einzelwesen verbunden. Einen Menschen produktiv lieben heißt, sich dem verbunden zu fühlen, was er in seiner menschlichen Wesenheit darstellt: sich mit ihm als einem Repräsentanten des Menschengeschlechts verbunden zu fühlen. Die Liebe zum Einzelnen muß zufällig und oberflächlich bleiben, wenn sie die Liebe zur Menschheit ausschließt. Diese Liebe zur Menschheit unterscheidet sich von der Mutterliebe insofern, als das Kind hilflos ist, der Erwachsene dagegen nicht; aber auch dieser Unterschied ist nur relativ, denn jeder braucht Hilfe, und jeder ist vom andern abhängig. Ein menschliches Zusammengehörigkeitsgefühl ist die notwendige Voraussetzung für die Entfaltung der Individualität.

Fürsorge und Verantwortung sind zwar wesentliche Elemente der Liebe, aber ohne *Achtung* für den geliebten Menschen und ohne *Verständnis* für ihn artet Liebe in Herrschsucht und Besitzgier aus. Achtung bedeutet nicht Furcht oder Ehrfurcht. Entsprechend seiner Wurzel (respicere = hinschauen) bedeutet «Respekt» die Fähigkeit, einen Menschen so zu sehen, wie er ist, sich seiner Individualität und Einzigartigkeit bewußt zu werden. Man kann einen Menschen nicht respektieren, ohne ihn zu kennen. Fürsorge und Verantwortungsgefühl wären blind, wenn die Kenntnis der Individualität sie nicht leiten würde.

Und nun zum Begriff des produktiven Denkens, dem wir uns annähern wollen, indem wir den Unterschied zwischen Verstand und Vernunft untersuchen.

Der Verstand ist ein Werkzeug des Menschen für praktische Ziele; er hat den Zweck, die Aspekte einer Sache zu erforschen, die zu deren Gebrauch bekannt sein müssen. Die Ziele selbst, oder, was dasselbe ist, die Prämissen, auf die sich das «intelligente» Denken bezieht, werden nicht in Frage gestellt, sondern als erwiesen angenommen, sie können rational sein oder nicht. Diese besondere Eigenschaft der Intelligenz läßt sich an einem extremen Beispiel verdeutlichen, nämlich am paranoiden Menschen. Seine Voraussetzung, alle seien gegen ihn verschworen, ist irrational und unzutreffend, aber seine Denkprozesse, die auf dieser Voraussetzung aufgebaut sind, können ein beachtliches Maß an Intelligenz zeigen. Um die Richtigkeit seiner paranoiden These zu beweisen, verknüpft der Kranke Beobachtungen und führt logische Konstruktionen aus, die oft so überzeugend sind, daß sich die Irrationalität seiner Voraussetzung schwer aufdecken läßt. Natürlich beschränkt sich die Anwendung des reinen Verstandes nicht nur auf pathologische Phänomene. Meistens und notwendigerweise befaßt sich unser Denken mit dem Erreichen irgendwelcher praktischer Ergebnisse, mit den quantitativen und Oberflächen-Aspekten der Phänomene, nicht aber mit der Gültigkeit der dazugehörigen Zwecke und Prämissen oder dem Versuch, die Natur und die jeweilige Qualität der Phänomene zu verstehen.

Im Gegensatz zum Verstand schließt Vernunft eine dritte Dimension ein, die Tiefendimension, die zum Wesen der Dinge und Entwicklungsvorgänge hinführt. Die Vernunft ist zwar nicht von praktischen Zwecken abgetrennt (ich werde im folgenden darlegen, in welchem Sinne dies gilt), stellt aber doch kein bloßes Werkzeug für sofortiges Handeln dar. Sie hat die Aufgabe, etwas zu wissen, zu verstehen, zu erfassen und den Menschen durch dieses Begreifen zu den Dingen in Beziehung zu setzen. Die Vernunft durchdringt das Außen der Dinge, um deren Wesen zu entdecken, ihre verdeckten Zusammenhänge, ihren tieferen Sinn. Sie ist – um mit Nietzsche zu sprechen – nicht zweidimensional, sondern «perspektivisch», das heißt, sie erfaßt alle vorstellbaren Perspektiven und Dimensionen, nicht nur die praktisch augenscheinlichen. Sich mit dem Wesen der Dinge zu beschäftigen, bedeutet nicht, sich mit etwas zu befassen, das «hinter» den Dingen liegt, sondern vielmehr, sich mit den der Gattung immanenten, universellen, allgemeinsten und alles durchdringenden Eigenschaften der Phänomene zu beschäftigen, losgelöst von deren nur oberflächlichen und zufälligen (logisch irrelevanten) Aspekten.

Gehen wir dazu über, einige spezifischere Charakteristika des produktiven Denkens zu untersuchen. Im produktiven Denken ist das Subjekt dem Objekt gegenüber nicht gleichgültig. Das Objekt wirkt auf das Subjekt, und das Subjekt befaßt sich mit ihm. Das Objekt wird nicht als etwas Totes verstanden, als etwas, das von einem selbst und vom eigenen Leben losgelöst ist, oder als etwas, über das man nachdenkt, indem man es vom eigenen Ich abstrahiert. Im Gegenteil, das Subjekt ist an seinem Objekt interessiert, und je enger die Bindung, desto fruchtbarer das Denken. Diese Beziehung zwischen Subjekt und Objekt regt sein Denken vor allem an. Ein Mensch oder ein beliebiges anderes Phänomen wird deswegen zum Objekt des Denkens, weil er Gegenstand des Interesses ist, weil er vom Standpunkt der menschlichen Existenz Aufschlüsse bietet. Die Erzählung von Buddhas Entdeckung der «vierfachen Wahrheit» illustriert das sehr schön. Buddha sah einen toten, einen kranken und einen alten Mann. Er, der junge Mann, war tief vom unentrinnbaren menschlichen Schicksal betroffen. Er reagierte auf diese Beobachtung, indem er darüber nachdachte. Die Lehre von der Natur, dem Leben und der Erlösung war das Ergebnis seines Denkens. Sicherlich war die Art und Weise, in der er reagierte, nicht die einzig mögliche. In der gleichen Situation würde vielleicht ein moderner Arzt darüber nachdenken, wie man am wirksamsten Alter, Krankheit und Tod bekämpfen kann, aber sein Denken wäre ebenfalls durch seine umfassende Reaktion auf sein Objekt bestimmt.

Im produktiven Denkprozeß wird der Nachdenkende durch sein Interesse für das Objekt angeregt. Er ist von ihm betroffen und reagiert darauf; er nimmt teil und antwortet. Aber auch Objektivität charakterisiert das produktive Denken: der Respekt des Denkenden für sein Objekt, und die Fähigkeit, das Objekt so zu sehen, wie es ist, und nicht so, wie es nach seinem Wunschbilde sein sollte. Diese Polarität zwischen Objektivität und Subjektivität ist für das produktive Denken ebenso charakteristisch wie für Produktivität schlechthin.

Objektiv können wir nur dann sein, wenn wir die Dinge, die wir beobachten, auch respektieren: wenn wir imstande sind, sie in ihrer Einmaligkeit und in ihrem Bezugssystem zu sehen. Dieser Respekt unterscheidet sich nicht wesentlich von dem Respekt, über den wir beim Liebesproblem sprachen. Wenn ich etwas verstehen will, muß ich es so sehen, wie es seiner eigenen Natur gemäß existiert. Obgleich dies für alle Denkobjekte gilt, ist es ein besonderes Problem bei der Erforschung der menschlichen Natur.

Ein weiterer Gesichtspunkt, den man bezüglich der Objektivität im produktiven Denken zu beachten hat, ist der, daß die Totalität einer Erscheinung erkannt werden muß. Wenn der Beobachtende einen Aspekt des Objekts isoliert, ohne das Ganze zu sehen, wird er nicht einmal diesen einen Aspekt richtig verstehen. Dieses Charakteristikum ist von *Wertheimer* als wichtigstes Element des produktiven Denkens bezeichnet worden. «Produktive Prozesse», schreibt er, «haben häufig folgende Eigenschaften: um etwas wirklich zu verstehen, fragt und untersucht man immer wieder aufs neue. Schließlich konzentriert man sich auf einen bestimmten Punkt innerhalb eines bestimmten Bereiches; aber er wird dadurch nicht etwa isoliert. Es entwickelt sich vielmehr eine neue und tiefere strukturelle Sicht des Gesamten, die Veränderungen im funktionellen Sinne, in der Gruppierung der Einzelheiten usw. einbezieht. Indem man sich also in bezug auf einen bestimmten Bereich davon leiten läßt, was die Struktur einer Situation fordert, kommt man zu einer vernunftgemäßen Vorhersage, die — ebenso wie die andern Teile der Struktur — direkt oder indirekt verifiziert werden muß. Zweierlei ist notwendig: einerseits ein zusammenhängendes Bild zu erlangen, anderseits das zu sehen, was die Gesamtstruktur für die einzelnen Teile bestimmt.»[51]

Objektivität verlangt nicht nur, daß man das Objekt so sieht, wie es ist, sondern auch, daß man sich selbst so sieht, wie man ist: daß man sich der besonderen Konstellation bewußt wird, in der man als Beobachtender dem Objekt gegenübersteht. Produktives Denken wird somit durch die Natur des Objekts wie auch durch die Natur des Subjekts bestimmt, das sich während des Denkprozesses zu seinem Objekt in Beziehung setzt. Objektivität gründet sich auf diese zweifache Determination. Im Gegensatz hierzu steht die falsche Subjektivität, bei der das Denken nicht vom Objekt kontrolliert wird und daher in Form von Vorurteilen, Wunschvorstellungen und Phantasien entartet. Aber Objektivität ist auch nicht, wie oft fälschlicherweise der «wissenschaftlichen» Objektivität unterstellt wird, synonym mit Distanzierung, Interesse- oder Teilnahmslosigkeit. Wie sollte man das verhüllende Außen der Dinge durchdringen und ihre Ursachen und Beziehungen erforschen können, wenn kein vitales Interesse den Antrieb zu einer so schwierigen Aufgabe böte? Wie könnten die Forschungsziele bestimmt werden, wenn nicht in bezug auf die Interessen des Menschen? *Objektivität heißt nicht, sich von etwas zu distanzieren, sondern etwas zu respektieren.* Sie ist die Fähigkeit, Dinge, Menschen und sich selbst nicht zu entstellen und zu verfälschen. Ist aber das subjektive Element im Beobachtenden und dessen Interessen nicht so stark, daß es sein Denken entstellen muß, um zum gewünsch-

[51] Max Wertheimer, *Productive Thinking*, New York 1945 (Harper & Brothers).

ten Resultat zu kommen? Ist nicht das Fehlen jeden persönlichen Interesses eine Voraussetzung wissenschaftlicher Forschung? Die Auffassung, daß kein Interesse vorhanden sein dürfe, damit die Wahrheit erkannt werden könne, ist unrichtig.[52] Es hat kaum jemals eine bedeutsame Entdeckung oder Erkenntnis gegeben, für die das Interesse des Forschenden nicht der unmittelbare Anlaß gewesen wäre. Jedes Denken, dem ein solches Interesse fehlt, ist zur Unfruchtbarkeit und Geistlosigkeit verurteilt. Und doch kommt es nicht nur darauf an, ob ein Interesse schlechthin besteht oder nicht. Wichtig ist, *welcher Art* das Interesse ist und in welchem Verhältnis es zur Wahrheit steht. Anlaß jedes produktiven Denkens ist das Interesse des Beobachtenden. Ideen werden niemals durch ein Interesse an sich entstellt, sondern nur durch diejenigen Interessen, die der Wahrheit entgegenstehen.

Unsere Feststellung, Produktivität sei eine dem Menschen angeborene Fähigkeit, widerlegt die Annahme, der Mensch sei von Natur faul und müsse zur Aktivität gezwungen werden. Diese Auffassung ist uralt. Als Moses Pharao bat, er möge das jüdische Volk ziehen lassen, damit es Gott in der Wüste diene, war seine Antwort: «Ihr seid faul, nichts als faul!» Wie ein Sklave arbeiten, war für Pharao dasselbe wie «tätig sein», Gott verehren, dasselbe wie «faul sein». Alle, die von der Arbeit anderer leben wollten, teilten diese Auffassung mit ihm. Eine Produktivität, die sich nicht ausbeuten ließ, war für sie wertlos.

Unsere heutige Kultur scheint das Gegenteil zu beweisen. Der abendländische Mensch war in den letzten Jahrhunderten arbeitsbesessen. Er muß ständig aktiv sein. Kaum einen Augenblick kann er untätig bleiben. Dieser Gegensatz ist jedoch nur ein scheinbarer. Faulheit und Betriebsamkeit sind nicht Gegensätze, sondern zwei Symptome, die auf Störun-

---

[52] Vergleiche auch K. Mannheim in *Ideology and Utopia,* New York 1936 (Brace & Company).

gen der menschlichen Funktion hinweisen. Das wichtigste Symptom beim Neurotiker ist oft seine Arbeitsunfähigkeit; beim sogenannten anpassungsfähigen Menschen besteht es darin, daß er keine Freude in Entspannung und Ruhe finden kann. Betriebsamkeit ist nicht das Gegenteil von Faulheit, sondern deren Komplement; das Gegenteil von beiden ist Produktivität.

Die Lähmung der produktiven Aktivität führt zu Inaktivität oder zu Überaktivität. Hunger und Gewalt können niemals Voraussetzung zu produktiver Aktivität sein. Dagegen sind Freiheit, wirtschaftliche Sicherheit und eine Gesellschaft, in der Arbeit zum sinnvollen Ausdruck menschlicher Fähigkeiten wird, diejenigen Faktoren, die entscheidend dazu beitragen, daß der Mensch seinen natürlichen Neigungen folgt, indem er seine Kräfte produktiv gebraucht. Produktive Aktivität drückt sich im rhythmischen Wechsel von Aktivität und Entspannung aus. Produktive Arbeit, produktive Liebe und produktives Denken sind nur dann möglich, wenn sich der Mensch auch entspannen und mit sich allein sein kann. Auf sich selbst hören zu können, ist eine Vorbedingung dafür, daß man auf andere hören kann; bei sich selbst zu Hause zu sein, ist die notwendige Voraussetzung, damit man sich zu andern in Beziehung setzen kann.

4. Orientierungen im Vergesellschaftungsprozeß

Wie am Anfang dieses Kapitels dargelegt wurde, schließt der Lebensprozeß zwei Möglichkeiten ein, wie sich der Mensch zu seiner Umwelt in Beziehung setzen kann. Es sind Assimilation und Vergesellschaftung. Die erstere wurde bereits eingehend erörtert [53], die letztere habe ich ausführlich in mei-

---

[53] Einschließlich der Liebe, die im Zusammenhang mit den anderen Manifestationen der Produktivität behandelt wurde, um das Wesen der Produktivität umfassender zu beschreiben.

nem Buche *Furcht vor der Freiheit* behandelt. Ich werde deshalb an dieser Stelle nur eine kurze Zusammenfassung geben.

Wir unterscheiden folgende Arten interpersoneller Beziehungen: *die symbiotische Beziehung, die destruktive Beziehung und Liebe.*

Bei der *symbiotischen* Beziehung verbindet sich der Mensch mit anderen, verliert aber seine Unabhängigkeit oder erreicht sie niemals. Um der Gefahr des Alleinseins auszuweichen, wird er zum Bestandteil eines anderen, von dem er sich «verschlingen» läßt, oder den er selber «verschlingt». Das erstere wird klinisch als *Masochismus* beschrieben. Masochismus ist der Versuch, sein eigenes Ich loszuwerden. Man läuft vor der Freiheit davon und sucht Sicherheit, indem man sich einem anderen anhängt. Die Formen eines solchen Abhängigkeitsverhältnisses sind mannigfaltig. Der Betreffende kann sie rational als Opfer, Pflicht oder Liebe erklären, besonders dann, wenn kulturelle Vorbilder eine solche Erklärung legitimieren. Manchmal mischt sich Masochismus mit sexuellen Trieben und Lustgefühlen (masochistische Perversion); oft auch geraten die masochistischen Triebe so stark in Konflikt mit den andern Teilen der Persönlichkeit, die Freiheit und Unabhängigkeit anstreben, daß sie als quälend empfunden werden.

Der Trieb, andere verschlingen zu wollen, die *sadistische,* aktive Form der symbiotischen Beziehung, wird rational auf verschiedenste Weise erklärt: als «Liebe» oder als Wunsch, jemanden bemuttern zu dürfen, als «gerechtfertigtes» Dominieren oder als «gerechtfertigte» Rache. Mit Sexualtrieben vermischt, tritt sie als sexueller Sadismus auf. Alle Formen des sadistischen Triebes beruhen auf dem Wunsch, einen andern Menschen vollständig zu beherrschen, ihn zu verschlingen und ihn zum hilflosen Objekt des eigenen Willens zu machen. Die beherrschte Person wird als *Gegenstand* betrachtet und behandelt, den man benützen und ausbeuten kann, nicht als menschliches Wesen. Je mehr sich diese Sucht mit Zerstörungstrieb vermischt, um so grausamer ist sie; aber auch die wohlwollende Herrschsucht, die sich oft als Liebe maskiert, ist eine Form von Sadismus. Der wohlwollende Sadist wünscht, daß sein Objekt reich und mächtig wird und Erfolg hat, eines aber will er mit allen Mitteln verhindern: das Objekt darf nicht frei und unabhängig werden, weil es dann nicht mehr dem Beherrscher gehören würde.

In den *Verlorenen Illusionen* gibt Balzac ein bezeichnendes Beispiel von wohlwollendem Sadismus. Er beschreibt das Verhältnis zwischen dem jungen Lucien und dem Bagnosträfling, der sich als Abbé ausgibt. Kurz nachdem er dem jungen Lucien begegnet ist, der Selbstmord begehen wollte, sagt der Abbé zu ihm: «Ich habe dich aufgelesen, habe dir das Leben gegeben. Du gehörst mir wie das Geschöpf seinem Schöpfer, oder wie in den orientalischen Märchen der Ifrit zum Geist gehört, der Leib zur Seele. Auf deinem Wege zur Macht wird mein starker Arm dich halten. Ich verspreche dir ein Leben der Lust, der Ehren und der immerwährenden Feste. Du wirst immer Geld haben, wirst glänzen und wirst strahlen, während ich, in den Schmutz deiner Laufbahn gebeugt, das herrliche Gebäude deines Erfolges errichte. Ich liebe die Macht um der Macht willen. Immer werde ich mich an deiner Freude erfreuen, obwohl ich selber darauf verzichten muß. Du und ich werden ein und derselbe Mensch sein ... Ich will mein Geschöpf lieben, will es formen, will es zu meinem Dienste schaffen, will es lieben wie ein Vater sein Kind liebt. Ich werde neben dir in deinem Tilbury sitzen, mein lieber Sohn, ich werde mich über deine Erfolge bei Frauen freuen und werde sagen: dieser stattliche junge Mann, das bin ich.»

Die symbiotische Verbindung beruht auf *Nähe* zum Objekt und auf Intimität mit dem Objekt, allerdings auf Kosten der Freiheit und Integrität. Das ist die eine Möglichkeit; eine zweite gründet sich auf *Distanz* und *Zerstörungssucht*. Das Gefühl individueller Machtlosigkeit kann überwunden werden, indem man sich von denen zurückzieht, die man als Bedrohung empfindet. In begrenztem Umfange gehört das Sich-Zurückziehen zum normalen Rhythmus in der Verbindung eines jeden Menschen mit der Welt; es ermöglicht das Verarbeiten von Material, das Revidieren von Gedanken und Haltungen. Bei dem hier beschriebenen Phänomen wird das Sich-Zurückziehen jedoch die vorherrschende Form der Verbindung, eine negative Beziehung. Der ihm entsprechende Gefühlswert ist Gleichgültigkeit dem andern gegenüber, oft begleitet und kompensiert durch Überheblichkeit. Das kann, braucht aber nicht bewußt zu sein, ja, es wird häufig durch oberflächliche Interessen und ebenso oberflächliche Geselligkeit verdeckt.

Die aktive Form des Sich-Zurückziehens ist Zerstörungssucht: der Wunsch, andere zu vernichten, aus Furcht, von ihnen vernichtet zu werden. Da das Sich-Zurückziehen und die Zerstörungssucht die passive und aktive Form der gleichen Beziehung zur Umwelt sind, treten sie oft in verschiedenen Proportionen vermischt auf. Ihr Unterschied ist jedoch größer als der zwischen der aktiven und der passiven Form des symbiotischen Bezugsverhältnisses. Zerstörungssucht entsteht durch eine stärkere und vollständigere Blockierung der Produktivität als das Sich-Zurückziehen. Sie ist die Perversion des Willens zum Leben. Die Energie ungelebten Lebens wandelt sich in eine Energie um, die auf Zerstörung des Lebens ausgeht.

Liebe ist die produktive Form der Beziehung zu anderen und zu sich selbst. Sie bedeutet Verantwortungsgefühl, Fürsorglichkeit, Achtung und Verständnis und den Wunsch, daß der andere Mensch wachsen und sich entfalten möge. Sie ist der Ausdruck von Vertrautheit zwischen zwei Menschen, mit der Voraussetzung, daß die Persönlichkeit beider unangetastet bleibt.

Aus dem Dargelegten ergibt sich, daß im Assimilations- und Vergesellschaftungsprozeß eine gewisse Verwandtschaft zwischen den verschiedenen Orientierungsmöglichkeiten bestehen muß. Die folgende Tabelle veranschaulicht die von uns behandelten Orientierungen und ihre Affinität.[54]

Assimilation	Vergesellschaftung	

I. NICHTPRODUKTIVE ORIENTIERUNG

a) Rezeptive Orientierung (Annehmen)	Masochistisch (Treue)	Symbiose
b) Ausbeuterische Orientierung (Nehmen)	Sadistisch (Autorität)	
c) Hamster-Orientierung (Bewahren)	Destruktiv (Selbstbehauptung)	Distanz
d) Markt-Orientierung (Tauschen)	Indifferent (Gerechtigkeit)	

II. PRODUKTIVE ORIENTIERUNG

Arbeiten	Lieben, vernunftgemäß denken

Nur wenige Erläuterungen sind notwendig. Die rezeptive und die ausbeuterische Orientierung schließt interpersonelle Beziehungen anderer Art ein als die Hamster-Orientierung. Die rezeptive und die ausbeuterische Haltung bewirkt eine Art Intimität und Nähe mit jenen, von denen man auf friedliche oder aggressive Weise erhalten will, was man braucht. Bei der rezeptiven Verhaltensweise dominiert das Unterwürfige, das Masochistische: Der Stärkere wird mir alles geben, wenn ich mich ihm unterwerfe. Der andere wird zur Quelle alles Guten, und in der symbiotischen Verbindung wird er mir alles geben, was ich brauche. Die ausbeuterische Orientierung dagegen führt meist zu einer sadistischen Ver-

---

[54] Die Bedeutung der in Klammern stehenden Begriffe wird im folgenden Abschnitt erläutert.

bindung. Nehme ich das, was ich brauche, dem andern mit Gewalt, dann muß ich ihn beherrschen und ihn zum willfährigen Objekt meiner Herrschsucht machen.

Im Gegensatz zur rezeptiven und zur ausbeuterischen Orientierung bedingt die Hamster-Orientierung, sich von andern fernzuhalten. Sie beruht nicht auf der Erwartung, von einer außerhalb liegenden Quelle alles zu bekommen, sondern darauf, daß man etwas besitzt, indem man es hamstert und nicht verbraucht. Ein vertrautes Verhältnis zur Umwelt wäre eine Bedrohung des autarken Sicherheitssystems. Der hamsternde Charakter neigt dazu, sich von den andern zurückzuziehen oder – falls er sie als zu bedrohlich empfindet – sie zu vernichten.

Für die Markt-Orientierung ist dieses distanzierende Verhalten ebenfalls charakteristisch, aber im Gegensatz zur Hamster-Orientierung hat es eher einen freundlichen als einen destruktiven Charakter. Das Prinzip der Markt-Orientierung verlangt umgängliche Formen, oberflächliches Kontaktnehmen und bedeutet nur in tieferer seelischer Hinsicht Beziehungslosigkeit.

5. Legierungen der verschiedenen Orientierungen

Bisher haben wir die verschiedenen Arten der nichtproduktiven Orientierungen und der produktiven Orientierung so behandelt, als wären es getrennte und deutlich voneinander unterschiedene Entitäten. Eine solche Verfahrensweise schien aus methodischen Gründen gerechtfertigt, denn wir müssen das Wesen jeder einzelnen Orientierung verstehen, ehe wir zu ihren Mischungen übergehen können. Da ein Charakter jedoch niemals ausschließlich eine der nichtproduktiven oder die produktive Orientierung repräsentiert, haben wir es in Wirklichkeit stets mit Legierungen zu tun.

Bei den für die verschiedenen Orientierungen möglichen

Kombinationen müssen wir unterscheiden zwischen einer Legierung nichtproduktiver Orientierungen unter sich und zwischen der Legierung einer nichtproduktiven mit der produktiven Orientierung. Einige der nichtproduktiven Orientierungen zeigen gewisse Affinitäten zueinander. So mischt sich zum Beispiel die rezeptive Orientierung öfter mit der ausbeuterischen als mit der Hamster-Orientierung. Der rezeptiven und der ausbeuterischen Orientierung ist die Nähe zum Objekt gemeinsam. Im Gegensatz hierzu steht die Hamster-Orientierung, die sich vom Objekt distanziert. Aber sogar eine Legierung zwischen Orientierungen geringerer Affinität ist häufig zu beobachten. Will man einen Menschen charakterisieren, so muß dies meist mit den Begriffen der in ihm vorherrschenden Orientierung geschehen.

Die Legierung zwischen der nichtproduktiven und der produktiven Orientierung erfordert eine eingehendere Untersuchung. Es gibt keinen Menschen, dessen Orientierung rein produktiv wäre, und keinen, dem jede Produktivität abgeht. Ob jedoch die produktive oder die nichtproduktive Orientierung im Charakter des Einzelnen überwiegt, ist für die *Qualität* der nichtproduktiven Orientierungen ausschlaggebend. Unsere bisherige Darstellung der nichtproduktiven Orientierungen ging von der Annahme aus, daß diese Orientierungen in einem Charakter dominierten. Wir müssen unsere Beschreibung nun erweitern, indem wir die Qualitäten der nichtproduktiven Orientierungen innerhalb eines Charakters betrachten, bei dem die produktive Orientierung *dominiert*. In einem solchen Falle haben die nichtproduktiven Orientierungen keineswegs die negative Bedeutung, die sie haben müssen, wenn sie in einem Charakter überwiegen, sondern sie nehmen eine andere, konstruktive Qualität an. Tatsächlich muß unsere bisherige Beschreibung der nichtproduktiven Orientierungen als eine Entstellung von Orientierungen angesehen werden, die an sich normal und notwendig sind. Um überhaupt leben zu können, muß jeder von andern Menschen auch etwas *annehmen* können, *nehmen* können, *sparen* und *tauschen* können. Auch muß er einer *Autorität folgen, andere leiten, allein sein* und *sich durchsetzen* können. Erst dann, wenn seine Art des Nehmens und seiner Beziehung zur Umwelt vorwiegend nichtproduktiv ist, verwandelt sich die Fähigkeit, etwas anzunehmen, zu nehmen, zu sparen oder zu tauschen, in die Gier, etwas erhalten zu wollen, auszubeuten, zu hamstern oder sich den Gesetzen des Marktes zu unterwerfen. Die nichtproduktiven Formen gesellschaftlicher Beziehungen bei einem vorwiegend produktiven Menschen – also Treue, Autorität, Gerechtigkeit, Selbstbehauptung – verwandeln sich bei einem vorwiegend nichtproduktiven Menschen in Unterwürfigkeit, Herrschsucht und Zerstörungstrieb. Jede der nichtproduktiven Orientierungen hat demnach einen positiven und einen negativen Aspekt, entsprechend dem Grad der Produktivität innerhalb der gesamten Charakterstruktur. Die nachfolgende Zusammenstellung der positiven und negativen Aspekte der verschiedenen Orientierungen wird dies verdeutlichen.

REZEPTIVE ORIENTIERUNG (ANNEHMEN)

Positiver Aspekt	*Negativer Aspekt*
annahmefähig	passiv, ohne Initiative
empfänglich	ohne eigene Meinung, charakterlos
ergeben	unterwürfig
bescheiden	würdelos
charmant, liebenswürdig	parasitär
anpassungsfähig	prizipienlos
milieu-angepaßt	servil, ohne Selbstvertrauen
idealistisch	wirklichkeitsfremd

sensitiv	feige
höflich	rückgratlos
optimistisch	von Wunschvorstellungen bestimmtes Denken
vertrauensvoll	leichtgläubig
liebevoll	sentimental

AUSBEUTERISCHE ORIENTIERUNG (NEHMEN)

Positiver Aspekt	*Negativer Aspekt*
aktiv	ausbeuterisch
initiativ	aggressiv
zweck- und zielbewußt	egozentrisch
stolz	eingebildet
impulsiv	unbesonnen
selbstsicher	arrogant
gewinnend	verführerisch

HAMSTER-ORIENTIERUNG (BEWAHREN)

Positiver Aspekt	*Negativer Aspekt*
praktisch	phantasielos
ökonomisch denkend	geizig
besonnen	mißtrauisch
reserviert	kalt
geduldig	lethargisch
vorsichtig	ängstlich
standhaft, zäh	eigensinnig
gelassen	träge
gefaßt	gefühllos
ordentlich	pedantisch
methodisch	besessen
treu	possessiv

MARKT-ORIENTIERUNG (TAUSCHEN)

Positiver Aspekt	*Negativer Aspekt*
zielbewußt	opportunistisch
wandlungsfähig	unbeständig
jugendlich	kindisch
zuversichtlich	gegenwartsgebunden
aufgeschlossen	grundsatzlos, ohne Gefühl für Werte
sozial	zum Alleinsein unfähig
experimentierend	ziellos
undogmatisch	relativistisch
tüchtig	geschäftig
wißbegierig	taktlos
intelligent	intellektualistisch
anpassungsfähig	wahllos
tolerant	gleichgültig
witzig	töricht
großzügig	verschwenderisch

Die positiven und negativen Aspekte sind nicht voneinander getrennte Gruppen. *Entsprechend der jeweils vorherrschenden produktiven Orientierung* kann jeder dieser Chaakterzüge als Punkt innerhalb eines Kontinuums beschrieben werden. Ist die Produktivität stark, wird man – um nur ein Beispiel anzuführen – eine vernünftige und systematische Ordnungsliebe finden; bei abnehmender Produktivität entartet diese mehr und mehr zu unvernünftiger, pedantischer und zwangsbedingter «Ordnungsliebe», die ihren eigentlichen Zweck verfehlt. Dasselbe gilt für den Wechsel von jugendlich zu kindisch, von Stolz zu Überheblichkeit usw. Schon jede Grundorientierung läßt in jedem Menschen die vielfältigen Möglichkeiten erkennen, die durch folgende Faktoren entstehen:

1. Die nichtproduktiven Orientierungen legieren sich entsprechend der Stärke jeder einzelnen Orientierung auf verschiedene Weise.
2. Jede Qualität ändert sich entsprechend dem Grade der gegebenen Produktivität.
3. Die verschiedenen Orientierungen können sich in der materialen, emotionalen oder intellektuellen Sphäre verschieden auswirken.

Berücksichtigt man außerdem die verschiedenen Temperamente und Begabungen, so ist leicht ersichtlich, daß die Konfiguration dieser Grundelemente unzählige Variationsmöglichkeiten der Persönlichkeit zuläßt.

VIERTES KAPITEL

PROBLEME DER HUMANISTISCHEN ETHIK

Gegen den Grundsatz der humanistischen Ethik – wonach Tugend identisch ist mit der Erfüllung der Pflichten, die der Mensch sich selbst gegenüber hat, und Laster dasselbe wie Selbstverstümmelung bedeutet – gegen diesen Grundsatz kann als nächstliegendes Argument eingewendet werden, daß wir den Egoismus zur Norm der Lebensführung machen, während das Ziel der Ethik darin bestehen sollte, ihn zu bekämpfen; ferner, daß wir das angeborene Schlechte im Menschen übersehen, das nur durch Angst vor Strafe und Ehrfurcht vor einer Autorität gezügelt werden könne. Andere mögen behaupten, der Mensch sei zwar von Natur aus nicht schlecht, aber vergnügungssüchtig, und das Vergnügen selbst widerspreche schon den ethischen Prinzipien oder stehe ihnen zumindest gleichgültig gegenüber. Ist nicht das Gewissen – so lautet der Einwand – die einzige Kraft im Menschen, die ihn zu tugendhaftem Handeln veranlaßt, und hat nicht das Gewissen seinen Platz in der humanistischen Ethik eingebüßt? Auch der Glaube hat offenbar keinen Platz mehr; ist aber nicht der Glaube die nötige Grundlage jedes sittlichen Verhaltens?

Derartige Fragestellungen enthalten bestimmte Auffassungen über die menschliche Natur und fordern den Psychologen zur Auseinandersetzung heraus, wenn ihm daran liegt zu erfahren, wie der Mensch Glück und Entfaltung finden kann und welche moralischen Normen zu diesem Ziel führen. Ich werde in diesem Kapitel versuchen, diese Probleme im Lichte der psychoanalytischen Tatsachen zu behandeln, deren theoretische Grundlagen bereits im Kapitel «Die Natur des Menschen und sein Charakter» dargelegt wurden.

I. Selbstsucht, Selbstliebe, Selbstinteresse[55]

> Liebe deinen Nächsten
> wie dich selbst.

Selbstsucht ist heute tabu. Man lehrt, daß Selbstsucht eine
Sünde sei und Nächstenliebe eine Tugend. Die Lehre steht
allerdings im Widerspruch zur Praxis der heutigen Gesellschaft, von der die «Selbstsucht» als mächtigster und durchaus zu Recht bestehender Trieb anerkannt wird; der Einzelne, der diesem Trieb nachgebe, leiste den besten Beitrag
zum Allgemeinwohl. Aber auch die Lehre, welche die
Selbstsucht als Grundübel und die Liebe als höchste Tugend
erklärt, besitzt noch immer eine gewaltige Wirkungskraft.
Selbstsucht wird hier fast als Synonym für Selbstliebe gebraucht. Die Alternative besteht darin, daß man entweder
andere lieben könne, was eine Tugend ist, oder sich selbst,
was Sünde sei.

Diese Maxime fand ihre klassische Prägung in der Calvinischen Theologie, für die der Mensch ein von Grund auf
böses und machtloses Wesen ist. Er kann aus eigener Kraft
oder aus eigenem Antrieb nichts erreichen. «Wir gehören
uns nicht selbst», sagt Calvin. «Also soll in all' unseren Plä-
nen und in all' unserem Tun weder unsere Vernunft noch
unser Wille herrschen. Wir gehören uns nicht selbst; also
dürfen wir uns kein Ziel setzen, das nur unserem Fleische
nützt. Wir gehören uns nicht selbst; also sollen wir soweit
als irgend möglich uns selbst vergessen und alles, was unser
eigen ist. Wir sind Gottes Eigentum! Für Ihn sollen wir leben, für Ihn sterben! Es ist die verheerendste Pestilenz, die
den Menschen vernichtet, wenn er nur sich selber gehorcht.
Das einzige Heil liegt darin, nichts zu wissen, nichts zu ver-

---

[55] Vergleiche: Erich Fromm, ,Selbstsucht und Selbstliebe' in *Psychiatry*
(November 1939). Die folgenden Ausführungen si..d zum Teil eine
Wiederholung dieses Aufsatzes.

langen, sondern Gott zu folgen, der uns voranschreitet.»[56]
Der Mensch soll nicht nur von seiner absoluten Nichtigkeit
überzeugt sein, er soll alles tun, um sich selbst zu demütigen.
«Denn ich nenne es nicht Demut, wenn ihr des Glaubens
seid, es bleibe euch selbst noch etwas ... Wir können nicht
die rechte Meinung von uns haben, wenn wir nicht alles verachten, was wir in uns als vortrefflich ansehen könnten.
Solche Demut ist die wahre Unterwerfung eines Herzens,
das vor seinem eigenen Elend und vor seiner Armut er-
schrickt.»[57]

Dieser ausdrückliche Hinweis auf die Nichtigkeit und
Schlechtigkeit des Einzelnen besagt, daß es nichts gibt, was
der Mensch an sich lieben und achten sollte. Selbstverach-
tung und Selbsthaß sind die Wurzeln einer solchen Doktrin.
Calvin spricht das sehr deutlich aus: er nennt die Eigenliebe
«eine Pestilenz».[58] Wenn der Mensch etwas entdeckt,
«durch das er an sich selbst Gefallen findet», kommt seine
sündige Selbstliebe an den Tag. Diese Verliebtheit wird ihn
verführen, über andere zu richten und sie zu verachten. Es
ist daher eine der größten Sünden, in sich selbst verliebt zu
sein oder irgend etwas an sich selber zu lieben. Nach Calvin
schließt das die Liebe zu andern aus[59] und ist identisch mit
Selbstsucht.[60]

[56] Johannes Calvin, *Institutes of the Christian Religion* (Unterricht in der
christlichen Religion), aus dem Lateinischen ins Amerikanische übersetzt von John Allen, Philadelphia 1928, Presbyterian Board of Christian
Education. Buch III, Kapitel 7, Seite 619. Die vorliegende amerikanische Übersetzung des lateinischen Zitates stammt zum Teil vom Verfasser. Dieses, wie auch die folgenden Zitate wurden aus dem Amerikanischen zurückübersetzt.
[57] Ebenda Buch III, Kapitel 12, Abschnitt 6.
[58] Ebenda Buch III, Kapitel 7, Abschnitt 4.
[59] Selbst die Nächstenliebe, eine der Grundlehren des Neuen Testaments,
ist für Calvin bedeutungslos. Er sagt: «Denn was die Schulmänner vor-
bringen über den Vorrang der Liebe vor dem Glauben und der Hoffnung, so sind das nichts als Traumgespinste einer wirren Phantasie ...»
[60] Luther spricht zwar von der Freiheit des Einzelnen. Aber seine Theologie, so sehr sie sich von der Calvinischen unterscheidet, ist ebenfalls von
dem Bewußtsein menschlicher Machtlosigkeit und Nichtigkeit getragen.

Diese von Calvin und Luther vertretene Auffassung hatte einen ungeheuren Einfluß auf die gesellschaftliche Entwicklung des modernen Abendlandes. Sie gaben damit die Grundlagen für eine Verhaltensweise, die das Glück des Menschen nicht als Lebenszweck betrachtete; er wurde zum Mittel von Zwecken, die jenseits seiner selbst liegen: eines allmächtigen Gottes oder nicht weniger mächtiger verweltlichter Autoritäten und Normen, wie Staat, Wirtschaft, Erfolg. Kant, der in bezug auf seine Auffassung, daß der Mensch Selbstzweck sei und niemals nur Mittel sein dürfe, vielleicht der einflußreichste ethische Denker der Aufklärung war, verdammte trotzdem die Selbstliebe in gleicher Weise wie Luther und Calvin. Für ihn heißt Tugend, andern Glück zu wünschen; sich selbst Glück zu wünschen, sei vom ethischen Standpunkt belanglos, weil der Mensch von Natur aus danach strebe: ein naturbedingtes Streben aber sei im ethischen Sinne ohne Wert.[61] Nach Kants Auffassung soll der Mensch seinen Anspruch auf Glück zwar nicht aufgeben; unter gewissen Umständen könne das Streben nach Glück sogar zur Pflicht werden. Einmal, weil Gesundheit, Reichtum und dergleichen unerläßliche Mittel zur Erfüllung der Pflichten sein können; zum andern, weil das Fehlen von Glück – also Armut – jemanden von der Erfüllung seiner Pflicht abhalten kann.[62] Doch Liebe zu sich selbst, Streben nach eigenem Glück, könne niemals *tugendhaft* sein. Als sittliches Prinzip wäre es verwerflich, nicht nur weil es falsch sei, sondern weil es die Achtung vor dem Sittengesetze untergrabe und seine Erhabenheit zerstöre.[63]

Kant unterscheidet zwischen Egoismus, Selbstliebe, *philautia* (= Wohlwollen für sich selbst) und Anmaßung (= Gefallen an sich selbst). Aber sogar die «vernunft-

---

[61] Kant, *Kritik der praktischen Vernunft.*
[62] Vergleiche: *Kritik der praktischen Vernunft,* insbesondere Teil I, Buch I, Kapitel 3.
[63] Vergleiche: *Metaphysische Anfangsgründe der Tugendlehre.*

bedingte Selbstliebe» muß durch das Sittengesetz einge-
schränkt, das Gefallen an sich selbst muß ausgelöscht werden und der Einzelne muß sich gedemütigt fühlen, wenn er
sich an den unabdingbaren göttlichen Gesetzen mißt.[64] Sein
höchstes Glück soll der Mensch in der Erfüllung seiner
Pflicht finden. Die Verwirklichung des sittlichen Prinzips
(und demzufolge auch des individuellen Glücks) ist nur im
allgemeinen Ganzen möglich, sei es der Nation oder des
Staates. «Das Wohl des Staates – *salus rei publicae suprema
lex est* – ist nicht dem Wohle und dem Glück des Staats-
bürgers gleichzustellen.[65]

Obgleich Kant die Integrität des Einzelnen stärker respektiert als Calvin und Luther, so bestreitet er dem Individuum
doch das Recht, sich auch unter der größten Tyrannei auflehnen zu dürfen. Eine Bedrohung des Souveräns darf mit
keiner geringeren als der Todesstrafe geahndet werden.[66]
Der Mensch hat eine ihm angeborene Neigung zum Bösen.[67] Damit er nicht zur Bestie wird und die menschliche
Gesellschaft nicht in Anarchie endet, muß dieses Böse unterdrückt werden. Der Mensch kann es, indem er dem Sittengesetz, dem kategorischen Imperativ, folgt.

Andere Repräsentanten der Aufklärungsphilosophie, beispielsweise Helvetius, betonen das Recht des Einzelnen auf
Glück weit stärker als Kant. In der modernen Philosophie
sind Stirner und Nietzsche die radikalsten Verfechter dieses
Rechtes.[68] Während sie jedoch in der Bewertung der Selbstsucht im Widerspruch zu Kant und Calvin stehen, stim-

64 Vergleiche: *Kritik der praktischen Vernunft*, Teil I, Buch I, Kapitel 3.
65 Vergleiche: Kant, Werke, herausgegeben von Cassirer, insbesondere
Der Rechtslehre Zweiter Teil, Abschnitt 1, Seite 124.
66 Ebenda Seite 126.
67 Vergleiche Kant, *Religion innerhalb der Grenzen der Vernunft.*
68 Um das Kapitel nicht unnötig auszudehnen, behandle ich hier nur die
Gegenwartsphilosophie. Wer sich in der Philosophie auskennt, weiß, daß
Aristoteles und Spinoza in ihrer Ethik Selbstliebe als Tugend und nicht
als Laster annehmen. Sie stehen damit im offenbaren Gegensatz zu
Calvin.

men sie darin mit ihnen überein, daß Nächstenliebe und
Selbstliebe als Alternative zu betrachten sei. Nächstenliebe
stellen sie als Schwäche und Selbstaufgabe dar; Egoismus,
Selbstsucht und Selbstliebe dagegen bedeute eine Tugend.
Ihre Fragestellung ist insofern unklar, als sie zwischen den
beiden letztgenannten nicht eindeutig genug differenzieren.
Stirner äußert sich etwa in dem Sinne: Hier müssen Egoismus und Selbstsucht entscheiden, nicht aber das Prinzip
der Liebe, nicht liebevolle Motive, wie Mitleid, Milde, Gut-
mütigkeit, Gerechtigkeit oder Unparteilichkeit. Denn *justitia*
ist auch eine Erscheinungsform der Liebe; Liebe kennt nur
Opfer und verlangt Selbstaufopferung.[69]
   Die Liebe, von der Stirner spricht, ist jene masochistische
Abhängigkeit, durch die das Individuum sich zum Mittel
macht, um etwas Bestimmtes von irgend jemandem oder
von irgend etwas zu erreichen, das außerhalb des eigenen
Ich liegt. In der Ablehnung dieses Begriffes von Liebe
wählte Stirner eine polemische Formulierung, die übertrieben war. Das positive Prinzip, das er meinte,[70] richtete sich
gegen die Haltung, welche die christliche Theologie seit
Jahrhunderten einnahm und die auch im deutschen Idealismus seiner Zeit vorherrschte: nämlich die Auffassung, der
Einzelne habe sich einer Macht oder einem Prinzip außerhalb seines Ich zu beugen und dort sein Zentrum zu finden.
Stirner war zwar kein Philosoph vom Range eines Kant oder

[69] Max Stirner, *Der Einzige und sein Eigentum.*
[70] Eine seiner positiven Formulierungen lautet: Wie nützt man das Leben?
Indem man es so aufbraucht, wie sich die Kerze verzehrt, die man an-
zündet . . . Lebensfreude heißt, das Leben verbrauchen.» Friedrich Engels
erkannte die Einseitigkeit der Stirnerschen Formulierung. Er bemühte
sich, die falsche Alternative zwischen Liebe zu sich und Liebe zu andern
zu überwinden. In einem Brief an Marx, in dem er Stirners Buch erörtert, schreibt Engels: «Wenn aber das konkrete und wirkliche Individuum die tatsächliche Basis für unser menschliches Wesen ist, dann
ist selbstverständlich auch der Egoismus, natürlich nicht der Stirnersche
Verstandesegoismus allein, sondern der Egoismus des Herzens der Ausgangspunkt für unsere Menschenliebe.» Marx-Engels, Gesamtausgabe,
Abt. III, Bd. 1, S. 7, Berlin 1929.

Hegel, aber er hatte den Mut, sich radikal gegen jenen Idealismus aufzulehnen, für den es kein wirklich existierendes Einzelwesen gab und der also den Staat darin unterstützte, das Einzelwesen zu unterdrücken und zu erniedrigen.

Trotz vielen Unterschieden ähneln sich die Auffassungen Nietzsches und Stirners in dieser Hinsicht weitgehend. Auch für Nietzsche ist Liebe und Altruismus ein Ausdruck von Schwäche und Selbstverneinung. Den Wunsch nach Liebe betrachtet er als typisch für Sklavennaturen, die nicht imstande sind, für das, was sie haben möchten, zu kämpfen, und es deshalb durch Liebe zu bekommen suchen. Altruismus und Menschenliebe sind daher Degenerationserscheinungen.[71] Eine gute und gesunde Aristokratie ist für Nietzsche dadurch gekennzeichnet, daß sie ihren Interessen Unzählige opfert, ohne ein Schuldgefühl zu empfinden. Die Gesellschaft soll das Fundament und das Gerüst sein, an dem eine Elite zu ihren höheren Pflichten und ganz allgemein zu einer höheren Existenz heranwachsen kann. Für diese Menschenverachtung und diesen Egoismus könnten noch viele Stellen angeführt werden. Diese Ideen wurden oft für die eigentliche Philosophie Nietzsches gehalten. Sie sind jedoch nicht der wahre Kern seiner Philosophie.[72]

Nietzsche äußerte sich aus verschiedenen Gründen in dem angedeuteten Sinne. Erstens ist seine Philosophie, ebenso wie bei Stirner, eine Reaktion und Auflehnung gegen jene philosophische Tradition, wonach sich das empirische Einzelwesen Mächten und Prinzipien zu unterwerfen hatte, die außer ihm lagen. Seine Neigung zu Übertreibungen deutet auf diesen Reaktions-Charakter seiner Philosophie hin. Zweitens zeigt sich in Nietzsches Persönlichkeit eine gewisse Unsicherheit und Ängstlichkeit. Er reagierte darauf, indem er vom «starken Menschen» sprach. Drittens war Nietzsche von

---

[71] Friedrich Nietzsche, *Der Wille zur Macht*, Hauptstück 246, 326, 369, 373 und 728.
[72] Siehe G. A. Morgan, *What Nietzsche Means*, Cambridge 1943.

der Evolutionstheorie beeindruckt, die das «Überleben des Stärkeren» betonte. Diese Interpretation ändert nichts an der Tatsache, daß Nietzsche von dem Widerspruch zwischen der Liebe zu andern und der Liebe zu sich überzeugt war; seine Ansichten enthalten jedoch den Kern, von dem aus dieser vermeintliche Widerspruch gelöst werden kann. Die «Liebe», gegen die Nietzsche sich wendet, wurzelt nicht in der eigenen Stärke, sondern in der eigenen Schwäche. «Eure Nächstenliebe ist eure schlechte Liebe zu euch selber. Ihr flüchtet zum Nächsten vor euch selber und möchtet daraus eine Tugend machen. Aber ich durchschaue eure Selbstlosigkeit.» Ausdrücklich stellt er fest: «Ihr haltet es mit euch selber nicht aus und liebt euch nicht genug.»[73] Für Nietzsche hat das Individuum eine ungeheure Bedeutung.[74] Das «starke» Individuum ist dasjenige, das «wahre Güte, Vornehmheit, Größe der Seele hat, welche nichts gibt, um zu nehmen, welche sich nicht damit großtun will, daß sie gütig ist; die Verschwendung als die wahre Güte, der Reichtum in Person als deren Voraussetzung.[75] Den gleichen Gedanken äußert Nietzsche in *Also sprach Zarathustra:* «Der Eine geht zum Nächsten, weil er sich sucht, und der Andere, weil er sich verlieren möchte.»

Das Entscheidende an dieser Auffassung ist: Liebe ist ein Zeichen des Überflusses. Ihre Voraussetzung ist die Kraft des Einzelnen, der verschenken kann. Liebe ist Bejahung und Produktivität, «denn sie will das Geliebte schaffen!» Einen andern lieben, ist nur dann eine Tugend, wenn es dieser inneren Kraft entspringt. Es ist aber ein Laster, wenn der Mensch nicht er selbst sein kann.[76] Dennoch bleibt das Verhältnis zwischen Selbstliebe und Nächstenliebe für Nietzsche ein unlösbarer Widerspruch.

[73] Friedrich Nietzsche, *Also sprach Zarathustra.*
[74] *Der Wille zur Macht,* Hauptteil 785.
[75] Ebenda, Hauptteil 935.
[76] Nietzsche, *Götzen-Dämmerung,* Hauptstück 35; *Ecce homo,* Hauptstück 2.

Die Doktrin, Selbstsucht sei ein Grundübel, und die Liebe zu sich selbst schließe die Liebe zu andern aus, beschränkt sich nicht nur auf Theologie und Philosophie. Sie wurde eine der Ideen, die man in der Familie und in der Schule, im Film und in Büchern immer wieder verkündete, und überall dort, wo eine gesellschaftliche Beeinflussung denkbar war. «Du darfst nicht selbstsüchtig sein» ist ein Satz, der Millionen von Kindern und Generation auf Generation eingehämmert wurde. Seine Bedeutung ist vage. Die meisten Leute würden ihn damit erklären: sei nicht egoistisch, nicht rücksichtslos, kümmere dich um andere. In Wirklichkeit aber besagt er mehr. «Sei nicht selbstsüchtig» schließt ein: tu nicht, was du selbst möchtest, gib deinen eigenen Willen zugunsten einer Autorität auf. Im letzten hat der Satz «sei nicht selbstsüchtig» den gleichen Doppelsinn, den er schon im Calvinismus besaß. Von seinem offenkundigen Sinn abgesehen, bedeutet er «liebe dich nicht», «sei nicht du selbst», sondern unterwirf dich einem Etwas, das wichtiger ist als du selbst, unterwirf dich einer außer dir liegenden Macht oder ihrem inneren Gegenstück, der «Pflicht». Der Satz «sei nicht selbstsüchtig» wird zu einem der mächtigsten ideologischen Werkzeuge, um die Spontaneität und die freie Entwicklung der Persönlichkeit zu unterdrücken. Man wird damit zu jedem Opfer und zur absoluten Unterwerfung aufgefordert: nur jene Handlungen gelten als «selbstlos», die nicht dem Handelnden nützen, sondern jemandem oder irgend etwas außerhalb seiner selbst.

Wie gesagt, ist dieses Bild in gewissem Sinne einseitig. Denn neben der Doktrin, man solle nicht selbstsüchtig sein, wird in der heutigen Gesellschaft auch deren Gegenteil propagiert: sei auf deinen Vorteil bedacht und handle so, wie es für dich am besten ist; tust du das, dann handelst du auch zum Vorteil aller andern. Dieser Gedanke, Egoismus sei die Basis des Allgemeinwohls, entspricht dem Prinzip des freien Wettbewerbs. Es ist erstaunlich, daß zwei sich anscheinend

derart widersprechende Prinzipien in einem einzigen Kultur-
bereich nebeneinander bestehen können, aber die Tatsache
ist nicht anzuzweifeln. Eine Folge dieses Widerspruchs ist
Verwirrung im einzelnen Menschen. Er wird zwischen zwei
Doktrinen hin und her gerissen und in seiner Entwicklung
zu einem Ganzen ernstlich gehindert. Diese Verwirrung ist
eine der wichtigsten Ursachen der Hilflosigkeit des heutigen
Menschen.[77]

«Liebe zu sich selbst» sei identisch mit Selbstsucht und
bilde die Alternative zu «Liebe für andere», diese Auffassung
hat sich in der Theologie, Philosophie und auch im volkstümlichen Denken eingenistet. In Freuds Narzißmus wird sie
wissenschaftlich ausgedrückt. Freud setzt ein bestimmtes
Maß an Libido voraus. Im Kinde hat die gesamte Libido die
eigene Person des Kindes zum Objekt. Freud bezeichnet dieses Stadium als «primären Narzißmus». Im Laufe seiner Entwicklung überträgt das Ich die Libido von der eigenen Person auf andere Objekte. Sofern nun ein Mensch in seiner
Beziehung zum Objekt behindert ist, wendet sich die Libido
wieder vom Objekt ab und der eigenen Person zu. Dieses
Stadium bezeichnet Freud als «sekundären Narzißmus».
Nach Freud verhielte es sich so: Je mehr Liebe ich andern
zuwende, desto weniger bleibt für mich, und umgekehrt. Auf
diese Weise erklärt er das Phänomen «Liebe» als Benach-
teiligung der Selbstliebe, weil sich die gesamte Libido einem
Objekt zuwendet, das außerhalb des eigenen Ich liegt.

Folgende Fragen ergeben sich: Bestätigt die psychologische
Beobachtung die These, nach der grundsätzlich ein gegenseitig sich ausschließendes Auftreten von «Liebe zu sich»
und «Liebe zu andern» besteht? Ist «Liebe zu sich» dasselbe wie Selbstsucht, oder sind es Gegensätze? Ist die Selbstsucht des heutigen Menschen etwas, das *wirklich ihn* als

[77] Auf dieses Moment weist Karen Horney hin: *The Neurotic Personality
of Our Time,* New York 1937 (W. W. Norton & Compagny); ebenso
Robert S. Lynd, *Knowledge for What?* Princeton 1939 (Princeton University Press).

Einzelwesen mit seinem intellektuellen, emotionalen und sensuellen Möglichkeiten betrifft? Ist *er* nicht ein Zubehör seiner sozial-ökonomischen Rolle geworden? *Ist Selbstsucht identisch mit Selbstliebe, oder ist vielmehr der Mangel an Selbstliebe die eigentliche Ursache der Selbstsucht?*

Ehe wir uns mit den psychologischen Gesichtspunkten des Problems «Selbstsucht» und «Selbstliebe» auseinandersetzen, muß auf den logischen Fehlschluß hingewiesen werden, daß «Liebe zu andern» und «Liebe zu sich» einander ausschließen. Ist es eine Tugend, wenn ich meinen Nächsten als ein menschliches Wesen liebe, so muß es auch eine Tugend, nicht aber ein Laster sein, wenn ich mich selbst liebe, da auch ich ein menschliches Wesen bin. Es gibt keinen Begriff des «Menschen», der mich selbst nicht einschlösse. Eine Doktrin, die mich ausschließen würde, enthielte einen Widerspruch. Der Gedanke «Liebe deinen Nächsten wie dich selbst», wie er in der Bibel steht, bedeutet nichts anderes, als daß Achtung vor der eigenen Unantastbarkeit und Einmaligkeit, Liebe zum eigenen Ich und ein Begreifen des eigenen Ich nicht trennbar ist von der Achtung vor dem andern, der Liebe zum andern und dem Begreifen des andern. Die Liebe zu meinem Ich ist untrennbar mit der Liebe zu jedem andern Ich verbunden.

Somit sind wir zu der grundlegenden psychologischen Voraussetzung gekommen, auf der die Schlußfolgerung unserer Beweisführung aufgebaut ist. Ganz allgemein ist es folgende Voraussetzung: Nicht nur die andern, sondern auch wir selbst sind das «Objekt» unserer Gefühle und Verhaltensweisen. Zwischen dem Verhalten zu uns selbst und dem Verhalten andern gegenüber besteht kein Widerspruch, sondern ein fundamentaler *Zusammenhang*. In bezug auf unser Problem heißt das: Liebe zu andern und Liebe zu uns ist keine Alternative. Vielmehr wird man eine sich selbst gegenüber liebevolle Haltung bei denjenigen feststellen, die der Liebe zu anderen fähig sind. Im Prinzip *ist Liebe unteilbar, soweit es den Zusammenhang zwischen anderen Objekten und dem eigenen Ich betrifft.* Echte Liebe ist Ausdruck von Produktivität und bedeutet Fürsorge, Respekt, Verantwortungsgefühl und Verstehen. Liebe ist kein Affekt in dem Sinne, daß man von jemandem «angetan» ist. Sie ist ein Streben, das in der eigenen Liebesfähigkeit wurzelt und auf die Entfaltung und das Glück der geliebten Person bedacht ist.

Liebe ist somit ein Ausdruck der eigenen Liebesfähigkeit, und die Liebe zu jemandem ist die Verwirklichung und Konzentration dieser Fähigkeit in bezug auf eine Person. Die romantische Vorstellung ist unrichtig, daß es auf der ganzen Welt nur einen einzigen Menschen gebe, den man lieben könnte, und daß es die große Chance im Leben sei, diesem einen zu begegnen. Unrichtig ist auch die Annahme, die Liebe zu diesem einen Menschen müßte dann zur Folge haben, daß man die Liebe von den andern Menschen zurückziehe. Eine Liebe, die nur in bezug auf einen einzigen Menschen erlebt werden kann, beweist sich gerade durch diese Tatsache nicht als Liebe, sondern als symbiotische Abhängigkeit. Die in der Liebe enthaltene Bejahung gilt dem geliebten Menschen als einer Inkarnation wesentlich menschlicher Eigenschaften. Die Liebe zu einem einzigen bedeutet Liebe zum Menschen an sich. Die «Arbeitsteilung» – wie William James es nennt – bei der man die eigene Familie liebt, für «Fremde» aber nichts übrig hat, ist das Kennzeichen für fundamentale Liebesunfähigkeit. Die Liebe zum Menschen ist nicht, wie man häufig annimmt, eine Abstraktion, die auf die Liebe zu einem bestimmten Menschen folgt, sondern sie ist deren Voraussetzung, obwohl sie – genetisch betrachtet – durch die Liebe zu bestimmten Individuen erworben wird.

Daraus folgt, daß mein eigenes Ich prinzipiell ebenso Gegenstand meiner Liebe sein muß wie ein anderer Mensch. *Die Bejahung des eigenen Lebens, des Glückes, der Entfaltung und der Freiheit wurzelt in meiner eigenen Liebesfähigkeit:* in meiner Fürsorge, meinem Respekt, meinem Verantwortungsgefühl und meinem Verständnis. Ein Mensch, der produktiv lieben kann, liebt auch sich selbst. Kann er nur andere lieben, so kann er überhaupt nicht lieben. Vorausgesetzt, daß Liebe zu sich selbst und Liebe zu anderen prinzipiell zusammengehören, wie erklärt sich dann das Phänomen «Selbstsucht», das ja offensichtlich jedes Interesse am andern ausschließt? Der *Selbstsüchtige* ist nur an sich interessiert, will alles für sich und hat nur am Nehmen Freude, nicht aber am Geben. Seine Umwelt betrachtet er nur daraufhin, was sich aus ihr herausholen läßt. Die Bedürfnisse der andern interessieren nicht, es fehlt ihm an Respekt vor der Würde des Menschen und seiner Integrität. Er sieht nur sich selbst; alles und jedes beurteilt er nach dem Nutzen, den es für ihn hat. Er ist zutiefst liebesunfähig. Beweist dies nicht, daß ein Interesse für andere und ein Interesse für sich selbst eine unumgängliche Alternative ist? Es träfe zu, wenn Selbstsucht und Selbstliebe identisch wären. Aber gerade darin besteht der Fehlschluß, der hinsichtlich unseres Problems zu so vielen falschen Folgerungen führen müßte. *Selbstsucht und Selbstliebe sind nicht identisch, sondern sind in Wirklichkeit Gegensätze.* Sich selbst liebt der Selbstsüchtige nicht etwa zu sehr, sondern zu wenig; tatsächlich haßt er sich selber. Dieser Mangel an Liebe für sich selbst, der einen Mangel an Produktivität ausdrückt, macht ihn leer und unbefriedigt. Er ist zwangsläufig unglücklich und ängstlich darauf bedacht, dem Leben die Befriedigungen zu entreißen, die er nicht aus sich selbst erreichen kann. Scheinbar ist er zu sehr um sich selbst besorgt, aber in Wahrheit versucht er damit nur auf erfolglose Weise zu bemänteln und zu kompensieren, daß er unfähig ist, für sein wirkliches Ich zu sorgen. Nach Freud ist der Selbstsüchtige narzistisch, weil er seine Liebe von anderen weggezogen und sie auf sich selber konzentriert hat. *Richtig ist, daß selbstsüchtige Menschen niemanden lieben können, aber auch sich selbst gegenüber sind sie keiner Liebe fähig.*

Selbstsucht wird klarer verständlich, wenn man sie mit der besitzgierigen Fürsorge vergleicht, die wir zum Beispiel bei einer übereifrigen, herrschsüchtigen Mutter finden. Während sie bewußt glaubt, daß sie ihr Kind ganz besonders liebe, fühlt sie unbewußt eine verdrängte Feindseligkeit gegen das Objekt ihrer Fürsorge. Sie ist nicht deshalb überbesorgt, weil sie ihr Kind zu sehr liebt, sondern weil sie ihre Liebesunfähigkeit zu kompensieren sucht.

Die Theorie über die Natur der Selbstsucht wird deutlich bestätigt durch die psychoanalytischen Erfahrungen in bezug auf neurotische «Selbstlosigkeit»: dieses Neurosesymptom wird an zahlreichen Menschen beobachtet, die zwar meistens nicht an dem Symptom selbst leiden, sondern an andern, damit zusammenhängenden Symptomen, wie Depression, Müdigkeit, Arbeitsunlust, Mißerfolg in Liebesbeziehungen usw. Die Selbstlosigkeit wird nicht als «Symptom» empfunden; häufig ist sie sogar der einzige schöne Charakterzug, auf den der Patient besonders stolz ist. Der «Selbstlose» will nichts für sich; er lebt «nur für andere» und bildet sich etwas darauf ein, daß er sich selbst nicht wichtig nimmt. Nur kann er nicht verstehen, warum er trotz aller Selbstlosigkeit unglücklich ist und warum ihn das Verhältnis zu seinen Nächsten nicht befriedigt. Er möchte die Beschwerden loswerden, die er als Symptome ansieht – aber nicht seine Selbstlosigkeit. Die Analyse zeigt, daß seine Selbstlosigkeit nicht für sich steht, sondern zu den andern Symptomen gehört, oft sogar das wichtigste von allen ist; daß seine Fähigkeit, Liebe oder Freude zu empfinden, gelähmt ist; daß er von Feindseligkeit gegen das Leben erfüllt ist und daß sich hinter der Fassade von Selbstlosigkeit eine subtile, aber darum nicht weniger intensive Ich-Bezogenheit verbirgt. Der Betreffende wird nur geheilt, wenn seine Selbstlosigkeit ebenfalls als Symptom aufgedeckt wird, so daß sein Mangel an Produktivität, der sowohl seiner Selbstlosigkeit wie seinen übrigen Beschwerden zugrunde liegt, korrigiert werden kann.

Besonders deutlich wird die Natur der Selbstlosigkeit durch ihre Wirkung auf andere, zum Beispiel – was in unserer Kultur am häufigsten ist – durch die Wirkung, die eine «selbstlose» Mutter auf ihre Kinder ausübt. Sie bildet sich ein, die Kinder müßten an ihrer Selbstlosigkeit erleben, was Geliebtwerden heißt, und müßten daraus ihrerseits lernen, was Lieben heißt. Das Resultat entspricht jedoch keineswegs den mütterlichen Erwartungen. Die Kinder wirken nicht wie glückliche Menschen, die davon überzeugt sind, daß sie geliebt werden; sie sind ängstlich und gespannt, fürchten den Tadel ihrer Mutter und möchten ihre Erwartungen erfüllen. Meist stehen sie unter dem Einfluß der heimlichen Lebensfeindlichkeit ihrer Mutter, die sie eher spüren als erkennen und von der sie allmählich selbst durchdrungen werden. Im ganzen besteht kein großer Unterschied zwischen der Wirkung einer «selbstlosen» und der Wirkung einer selbstsüchtigen Mutter; tatsächlich ist diese Selbstlosigkeit oft weit schlimmer, weil sie verhindert, daß die Kinder an ihrer Mutter Kritik üben. Sie stehen unter dem Zwang, die Mutter nicht zu enttäuschen; unter einer tugendhaften Maske wird ihnen Abneigung gegen das Leben beigebracht. Wer die Wirkung einer von echter Selbstliebe erfüllten Mutter beobachten kann, wird feststellen, daß es für ein Kind keine günstigeren Bedingungen gibt, um zu erfahren, was Liebe, Freude und Glück ist, als wenn es von einer Mutter geliebt wird, die sich selbst liebt.

Nach der Analyse der «Selbstsucht» und «Selbstliebe» können wir den Begriff «Selbst-Interesse» behandeln, der für die heutige Gesellschaft eine fast zentrale Bedeutung gewonnen hat. Er ist noch schwerer definierbar als «Selbstsucht» und «Selbstliebe». Die hinsichtlich dieses Begriffes bestehende Unklarheit läßt sich nur dann klären, wenn man seine historische Entwicklung berücksichtigt. Das Problem lautet: woraus besteht «Selbst-Interesse» und wie kann man es definieren.

Zwei von Grund auf verschiedene Betrachtungsweisen sind möglich. Die eine ist objektivistisch und wurde von Spinoza äußerst klar formuliert. Für ihn ist Eigennutz — oder das Interesse, «seinen eigenen Vorteil zu suchen» — identisch mit Tugend. «Je mehr der Mensch danach strebt und dazu fähig ist, *seinen Vorteil zu suchen,* das heißt also, sein Dasein zu erhalten, desto mehr Tugend besitzt er. Dagegen ist derjenige untüchtig, der seinen Vorteil nicht beachtet.»[78] Nach Spinoza ist der Mensch an der Erhaltung seines Daseins interessiert und — was damit identisch ist — an der Verwirklichung der ihm gegebenen Möglichkeiten. Diese Definition des Begriffes «Selbst-Interesse» ist insofern objektivistisch, als sie nicht berührt, was ein Mensch subjektiv an Interesse empfindet, sondern was objektiv das Wesen des Menschen ausmacht. Der Mensch hat nur ein einziges wirkliches Interesse: die vollkommene Entfaltung der Möglichkeiten, die ihm als menschlichem Wesen gegeben sind. So wie man einen andern Menschen und seine wahren Bedürfnisse kennen muß, um ihn zu lieben, so muß man auch sich selbst kennen, um zu verstehen, wo die Interessen dieses Ich liegen und wie ihnen gedient werden kann. Daher wird man sich über seine wahren Interessen täuschen, wenn man das eigene Ich nicht kennt; die Wissenschaft vom Menschen ist also die Basis, um bestimmen zu können, worin dieses Selbst-Interesse besteht.

Der Begriff «Selbst-Interesse» wurde im Laufe der letzten drei Jahrhunderte so eingeengt, daß er heute fast das Gegenteil von dem bedeutet, was Spinoza darunter verstand. Selbst-Interesse wurde identsich mit Selbstsucht, mit Interessiertheit an materiellen Gewinnen, Macht und Erfolg. Es galt nicht mehr als Tugend, sondern seine Überwindung wurde zum sittlichen Gebot.

Möglich wurde eine solche Entartung nur, weil die objek-

---

[78] Spinoza, *Ethik,* IV, Lehrsatz 20.

tivistische durch eine falsche subjektivistische Betrachtungsweise verdrängt wurde. Man leitete Selbst-Interesse nicht mehr vom Wesen des Menschen und seinen Bedürfnissen ab – und demzufolge wurde auch nicht mehr in Erwägung gezogen, daß man sich in der Auslegung des Begriffes irren könnte. Statt dessen bürgerte sich die Auffassung ein, daß dasjenige, was ein Mensch als sein Interesse *empfindet,* tatsächlich auch seinem wahren Selbst-Interesse entspreche.

Diese moderne Auffassung ist eine höchst merkwürdige Mischung zweier sich widersprechender Begriffe: der Calvinischen und der Lutherischen Definition einerseits, und anderseits der Definition, die von allen fortschrittlichen Denkern seit Spinoza angewendet wurde. Calvin und Luther lehren, der Mensch müsse seinen «Eigennutz» unterdrücken und sich nur als Werkzeug Gottes empfinden. Fortschrittliche Denker dagegen lehren, der Mensch dürfe seine Bestimmung nur in sich suchen und dürfe sich nicht als Mittel einer ihn transzendierenden Macht ansehen. Folgendes geschah: man akzeptierte den Inhalt der Calvinischen Doktrin, ließ aber deren religiöse Formulierung fallen. Der Mensch machte sich zwar nicht zum Instrument Gottes, aber zu einem Instrument der Wirtschaft oder des Staates. Er fand sich mit der Rolle eines Werkzeuges ab, nicht für Gott, sondern für wirtschaftliche Zwecke; er arbeitete und häufte Geld an, weniger um es auszugeben und sich des Lebens zu erfreuen, sondern um es zu sparen, zu investieren und erfolgreich zu sein. An die Stelle eines mönchischen Asketentums trat, wie Max Weber es bezeichnete, ein *innerweltliches Asketentum,* das Freude und persönliches Glück nicht mehr als Lebensziel betrachtete. Diese Haltung entfernte sich jedoch mehr und mehr von der Calvinischen und vermischte sich mit dem fortschrittlichen Begriff von Selbst-Interesse, wonach der Mensch das Recht und die Verpflichtung hat, seinen Eigennutz absolut durchzusetzen. Die Folge ist, daß der heutige Mensch nach den Prinzipien der Selbstverleugnung *lebt,* aber eigennützig *denkt.* Er glaubt in *seinem* Interesse zu handeln, wenn er tatsächlich nur Geld und Erfolg anstrebt; er täuscht sich über die Tatsache hinweg, daß seine wichtigsten Möglichkeiten unverwirklicht bleiben und daß er sich selbst verliert, während er das angeblich Beste sucht.

Dieser Bedeutungswandel des Begriffes «Selbst-Interesse» ist eng mit dem Wandel des Begriffes «Ich» verknüpft. Der mittelalterliche Mensch sah sich als Glied der sozialen und religiösen Gemeinschaft; in der Verbindung mit ihr empfand er sich als Ich, solange er sich als Individuum noch nicht ganz aus dieser Gruppe gelöst hatte. Mit Beginn der Neuzeit sah sich der Mensch vor die Aufgabe gestellt, sich selbst als ein unabhängiges Wesen erleben zu müssen; damit wurde die eigene Identität zum Problem. Im Laufe des achtzehnten und neunzehnten Jahrhunderts wurde der Begriff des Ich mehr und mehr eingeengt. Man nahm an, daß der Besitz, den man habe, das Ich darstelle. Die Definition lautete nicht mehr «Ich bin, was ich denke», sondern «Ich bin, was ich habe». Und das hieß: «Ich bin, was ich besitze.» [79]

Unter dem immer stärker werdenden Einfluß des Marktes wandelte sich der Begriff des Ich in den letzten Generationen von der Bedeutung «Ich bin, was ich besitze» zu der Be-

---

[79] William James formulierte das äußerst klar: «Um ein Ich zu haben, für das ich sorgen kann, muß die Natur mir zunächst ein genügend interessantes Objekt geben, so daß der instinktive Wunsch in mir entsteht, es mir um seiner selbst willen anzueignen... Mein eigener Leib und was seinen Bedürfnissen dient, sind demgemäß die ursprünglichen und instinktmäßig terminierten Objekte meines egoistischen Wollens. Andere Objekte mögen als Folge davon interessant werden, und zwar durch Assoziation mit einem dieser Dinge, sei es nun als Mittel oder als normaler Begleitzustand; und so mag sich auf tausenderlei Art das ursprüngliche Feld der egoistischen Gefühle verbreitern und seine Grenze verändern. Ein solches Interesse ist es, welches mit dem Worte *mein* gemeint ist. Was damit bezeichnet wird, ist *eo ipso* ein Teil von mir.» *Principles of Psychology,* 2 Bände, New York 1896 (Henry Holt & Company), Bd. I, S. 319, 324. — Weiter schreibt James: «Es ist offensichtlich, daß zwischen dem, was im Mensch *Ich* nennt, und dem, was er einfach *Mein* nennt, nur schwer eine Linie zu ziehen ist. Bei bestimmten Dingen, die uns gehören, fühlen und handeln wir genauso, wie wir

deutung «Ich bin, wie ihr mich wünscht».[80] Derjenige, der
unter einem marktmäßig determinierten Wirtschaftssystem
lebt, empfindet sich selber als Ware. Er ist von sich abgetrennt, ähnlich wie der Verkäufer von der Ware, die er an
den Mann bringen will. Gewiß ist er an sich selbst interessiert, in höchstem Maß an seinem Markt-Erfolg interessiert, aber «er» ist es nur als Manager, Auftraggeber, Verkäufer und – Ware. Sein Interesse richtet sich auf ihn als
Ware, die den höchstmöglichen Preis auf dem «Personal-
Markt» erzielen soll.

Nirgends ist dieser Fehlbegriff von Selbst-Interesse im
modernen Menschen klarer ausgesprochen, als in Ibsens *Peer
Gynt*. Peer ist des Glaubens, daß er sein ganzes Leben den
Interessen seines Ich widme. Er beschreibt dieses Ich als:

> «Das Gyntsche Ich – das ist das Heer
> Von Wünschen, Lüsten und Begehr –
> Das Gyntsche Ich, das ist der Reihn
> Von Forderungen, Phantasein –
> Kurz alles, was just meine Brust hebt
> Und macht, daß Gynt als solcher just lebt.»[81]

Am Ende seines Lebens erkennt er, daß er sich selbst be-
trogen hat: daß er, während er dem Grundsatz des «Eigen-
nutzens» folgte, die Interessen seines wahren Ich nicht erkannte und damit das Ich verlor, das er hatte bewahren wol-

---

fühlen und handeln würden, wenn es um uns selber ginge. Unser guter
Name, unsere Kinder, das Werk unserer Hände ist uns ebenso wertvoll
wie unser Leib. Sie lösen die gleichen Empfindungen und die gleichen
Reaktionen aus, wenn sie betroffen werden... Im weitesten Sinne ist
das Ich eines Menschen die totale Summe all dessen, was er sein eigen
nennt. Dazu gehören nicht nur sein Körper, sondern auch Haus, Weib,
Kinder, seine Vorfahren und Freunde, sein Ruf, sein Werk, sein Land,
seine Pferde, seine Yacht, sein Bankkonto. Das alles weckt in ihm gleiche
Empfindungen. Mehrt es sich, hat er ein Gefühl des Triumphes; wird es
weniger, ist er deprimiert. Das gilt allerdings nicht für alles im gleichen
Grade, doch für alles auf gleiche Weise.» Ebenda I, Seite 291–292.

80 In seinen Dramen hat Pirandello dieses ,Ich' und den aus dieser Haltung
    resultierenden Zweifel an sich selber dargestellt.

81 Ibsen, *Peer Gynt*, Akt IV, Szene 1.

len. Er war niemals er selbst und wird nun wie ein Rohstoff in den Schmelztiegel zurückgeworfen. Sein Leben war das eines Trolls: «Sei du dir genug», was das Gegenteil des menschlichen Prinzips ist «Sei dir selbst treu». Es packt ihn das Entsetzen vor dem Nichts, dem er, da er kein Ich hat, verfallen muß, sobald ihm Erfolg und Besitz, die dieses Pseudo-Ich stützen, genommen oder ernsthaft in Frage gestellt werden. Es schien im Interesse seines Ich zu liegen, daß er allen Reichtümern dieser Welt nachjagte, aber dabei verlor er seine Seele oder – wie ich es ausdrücken würde – sein Ich.

Daß der entstellte Begriff des Selbst-Interesses in die heutige Gesellschaft eindrang, hatte zur Folge, daß die Demokratie von den verschiedensten Formen totalitärer Ideologien angegriffen wurde. Sie bezeichnen den Kapitalismus als *unmoralisch*, weil er vom Prinzip der Selbstsucht beherrscht sei; dagegen betonen sie die moralische Überlegenheit des eigenen Systems, da es die selbstlose Unterwerfung des Einzelnen unter die «höheren» Zwecke des Staates, der Rasse oder des «sozialistischen Vaterlandes» verlange. Viele werden von dieser Kritik beeindruckt, denn sie fühlen, daß selbstsüchtige Interessen kein Glück bringen, und sind – wenn auch vage – von dem Wunsch nach stärkerer Solidarität und gegenseitigem Verantwortungsgefühl unter den Menschen beseelt.

Wir brauchen nicht viel Zeit zu verlieren, um diese totalitären Behauptungen zu widerlegen. Erstens sind sie unaufrichtig, da sie die krasseste Selbstsucht einer «Elite» verdecken wollen, die die Macht über die Majorität erobern und sichern will. Ihre Ideologie hat nur den Zweck, diejenigen zu täuschen, die der Kontrolle dieser Elite unterstellt sind, und damit ihre Ausbeutung und Ausnutzung zu erleichtern. Außerdem tun die totalitären Ideologien so, als ob sie die Verkörperung der Selbstlosigkeit wären, wenn sie den Grundsatz rücksichtsloser Selbstsucht auf die Gesamtheit des Staates übertragen. Jeder hat sich dem Allgemeinwohl unterzuordnen, aber dem Staat ist es erlaubt, seine Interessen ohne Rücksicht auf das Wohl anderer Völker durchzusetzen. Doch ganz abgesehen davon, daß der Totalitarismus mit seinen Doktrinen nur die eigene Selbstsucht verheimlichen will, stellen diese – in weltlicher Form – ein Wiederaufleben der religiösen Idee dar, die den Menschen von seiner Machtlosigkeit und seinem Unvermögen überzeugte und sein Bedürfnis nach Unterwerfung hervorrief: einer Idee, deren Überwindung das wichtigste Ereignis des politischen und geistigen Fortschritts war. Die autoritären Ideologien bedrohen jedoch nicht nur die kostbarsten Errungenschaften des Abendlandes, die Achtung vor der Einmaligkeit und Würde des Menschen; sie verbauen auch den Weg zu konstruktiver Kritik an der modernen Gesellschaft und damit den Weg zu nötigen Veränderungen. Das Versagen unserer Kultur liegt nicht im Individualismus und nicht in dem Glauben, daß Tugend und Eigennutz identisch sind, sondern an der entstellten Bedeutung des Begriffes Selbst-Interesse; nicht darin, daß sich die Menschen *zu sehr mit ihren Interessen beschäftigen, sondern daß sie sich nicht genug mit den Interessen ihres wahren Ich beschäftigen; nicht darin, daß sie zu selbstsüchtig sind, sondern daß sie sich selbst nicht genug lieben.*

Wurzeln die Gründe, daß einer unrichtigen Auffassung von Selbst-Interesse nachgelebt wird, tatsächlich so tief in der heutigen Gesellschaft, wie wir es hier andeuteten, dann würden nur sehr geringe Aussichten auf eine Veränderung des Begriffes Selbst-Interesse bestehen – wenn man nicht auf besondere Faktoren hinweisen könnte, die auf eine Veränderung hinwirken.

Der vielleicht wichtigste Faktor ist die innere Unzufriedenheit, die der heutige Mensch in bezug auf die Resultate seiner eigennützigen Interessen empfindet. Die Religion des Erfolges bricht zusammen und wird zur bloßen Fassade. Der soziale Spielraum wird immer begrenzter. Die gescheiterten

Hoffnungen auf eine bessere Welt nach dem Ersten Weltkrieg, die Depression gegen Ende der zwanziger Jahre, die kurz nach dem Zweiten Weltkrieg auftauchende Drohung eines neuen vernichtenden Krieges und die aus dieser Bedrohung entstehende tiefe Unsicherheit erschüttern das Vertrauen in die bisherige Form des Selbst-Interesses. Auch abgesehen von diesen Faktoren vermochte die Vergötterung des Erfolgs das unausrottbare Streben des Menschen nicht zu befriedigen, das ihn danach suchen läßt, er selbst zu sein. Wie so manche Wunschträume erfüllte der Erfolg seine Funktion nur so lange, als sein Reiz stark genug war, um den Menschen vom Nachdenken abzuhalten. Immer größer wird die Zahl derjenigen, denen alles, was sie tun, sinnlos erscheint. Noch stehen sie unter dem Zauber der Schlagworte, die den Glauben an ein irdisches Paradies von Glanz und Erfolg verkünden. Aber der Zweifel, diese fruchtbare Voraussetzung für jeden Fortschritt, hat sie zu quälen begonnen und in ihnen die Frage geweckt, worin das wahre Selbst-Interesse des Menschen besteht.

Diese innere Desillusionierung und die Bereitschaft zu einer Neubewertung des Selbst-Interesses könnte sich kaum auswirken, wenn die wirtschaftlichen Bedingungen unserer Kultur es nicht begünstigten. Ich habe darauf hingewiesen, daß die Konzentration aller menschlichen Energien auf Arbeit und Erfolg eine der notwendigen Voraussetzungen für die Leistungen des modernen Kapitalismus war; jetzt ist ein Stadium erreicht, wo das Problem der *Produktion* im wesentlichen gelöst und die *Organisation* des gesellschaftlichen Lebens zur wichtigsten Aufgabe der Menschheit geworden ist. Der Mensch hat mechanische Energien erschlossen, die ihn von der Notwendigkeit befreien, seine ganzen menschlichen Energien für die materiellen Lebensbedingungen einzusetzen. Einen großen Teil seiner Energien könnte er jetzt den entscheidenden Lebensaufgaben widmen.

Erst wenn diese beiden Voraussetzungen – die subjektive

Enttäuschung über ein kulturell bedingtes Ziel und die so-
zialökonomische Basis für dessen Änderung — vorhanden
sind, kann geistige Selbstbesinnung als dritter entscheiden-
der Faktor wirksam werden. Dies gilt für gesellschaftliche
und psychologische Veränderungen im allgemeinen und für
den Bedeutungswandel des Begriffes Selbst-Interesse im besonderen. Die Zeit ist reif, das narkotisierte Streben nach den
wirklichen Interessen erwacht wieder zum Leben. Sobald der
Mensch erfaßt, was sein Selbst-Interesse ist, hat er den ersten
und schwierigsten Schritt zur Verwirklichung getan.

II. Das Gewissen, Mahnruf des Menschen an sich selbst

«Wer ein Übel, das er getan hat, immerzu beredet und be-
sinnt, hört nicht auf, das Gemeine, das er tat, zu denken,
und was man denkt, darin liegt man, mit der Seele liegt
man ganz und gar darin, was man denkt — so liegt er doch
in der Gemeinheit: der wird gewiß nicht umkehren können, denn sein Geist wird grob und sein Herz stockig werden, und es mag noch die Schwermut über ihn kommen.
Was willst du? Rühr' her den Kot, rühr' hin den Kot,
bleibt's doch immer Kot. Ja gesündigt, nicht gesündigt,
was hat man im Himmel davon? In der Zeit, wo ich darüber grüble, kann ich doch Perlen reihen, dem Himmel zur
Freude. Darum heißt es: ‚Weiche vom Bösen und tue das
Gute' — wende dich vom Bösen ganz weg, sinne ihm nicht
nach und tue das Gute. Unrechtes hast du getan? Tue
Rechtes ihm entgegen.»   Jizchak Meir von Ger [82]

Kein stolzeres Bekenntnis gibt es für einen Menschen, als
wenn er sagt: «Ich handle so, wie mein Gewissen es von mir
verlangt.» Wie die Geschichte lehrt, gab es seit jeher Menschen, die gegen jeden Zwang die Grundsätze der Gerech-

[82] *Time and Eternity*, herausgegeben von N. N. Glatzer, New York 1946,
Schocken Bücher, deutsches Zitat aus: Martin Buber, Die Erzählungen
der Chassidim.

tigkeit, Liebe und Wahrheit verteidigten. Die Propheten, die den Untergang ihres Landes vorhersagten, weil Korruption und Rechtlosigkeit herrschten, handelten ihrem Gewissen gemäß. Sokrates zog den Tod einem Zustand vor, in dem er durch einen Kompromiß mit der Wahrheit sein Gewissen verraten hätte. Gäbe es kein Gewissen, so wäre die Menschheit auf ihrem gefährlichen Weg schon längst im Schlamm versunken.

Aber auch andere behaupten, ihr Tun werde durch das Gebot ihres Gewissens bestimmt: die Männer der Inquisition, die gewissenstreue Menschen auf dem Scheiterhaufen verbrannten; oder die räuberischen Kriegsstifter, die im Namen ihres Gewissens zu handeln vorgaben, wenn sie rücksichtslos ihrer Machtgier folgten. Es gibt wohl kaum eine Grausamkeit oder Gleichgültigkeit gegen andere oder sich selbst, die nicht als Gebot des Gewissens erklärt wurde — woraus hervorgeht, wie gebieterisch das Gewissen beruhigt zu werden verlangt.

Das Gewissen ist in der Vielzahl seiner empirischen Manifestationen tatsächlich etwas Verwirrendes. Sind diese verschiedenen Arten des Gewissens immer ein und dasselbe Gewissen, das sich lediglich seinem *Gehalt* nach unterscheidet? Sind es verschiedene Phänomene, denen nur die Bezeichnung «Gewissen» gemeinsam ist? Oder sollte die Annahme, es gäbe ein Gewissen, sich als unrichtig erweisen, wenn wir das Phänomen empirisch als ein Problem der menschlichen Motivation untersuchen?

Die philosophische Literatur gibt uns für die Beantwortung dieser Fragen manchen Anhaltspunkt. Cicero und Seneca sprachen vom Gewissen als einer inneren Stimme, die unser Verhalten in bezug auf dessen ethischen Wert anklagt oder verteidigt. Der Stoizismus verbindet es mit der Selbsterhaltung (auf sich selber achten), und bei Chrysippus ist es als Bewußtwerdung der Harmonie mit sich selbst beschrieben. Die Scholastik wiederum betrachtete das Gewissen als

156

Vernunftgesetz, *lex rationis,* das dem Menschen von Gott gegeben ist. Es wird unterschieden von «synderesis»: während letzteres die Gewohnheit (oder die Fähigkeit) bedeutet, etwas zu beurteilen und das Rechte zu wollen, wendet das Vernunftgesetz einen allgemein gültigen Grundsatz auf besondere Handlungen an. Der Terminus «synderesis» wurde zwar von neueren Schriftstellern fallengelassen, aber der Ausdruck «Gewissen» häufig im Sinne der scholastischen «synderesis» gebraucht: die Bewußtwerdung sittlicher Grundsätze. Englische Schriftsteller betonten den starken Anteil, den das Gefühl bei einer solchen Bewußtwerdung hat. Shaftesbury zum Beispiel setzte beim Menschen einen «moralischen Sinn» voraus, einen Sinn für Recht und Unrecht; diese gefühlsmäßige Reaktion beruhe auf der Tatsache, daß der menschliche Geist mit der kosmischen Ordnung harmonisch verbunden sei. Butler behauptete, moralische Grundsätze seien ein Bestandteil der menschlichen Konstitution, und erklärte das Gewissen als den dem Menschen innewohnenden Willen zu guten Taten. Nach Adam Smith sind die Gefühle, die wir für andere empfinden, und unsre Reaktion auf deren Billigung oder Ablehnung der Kern des Gewissens. Kant abstrahierte das Gewissen von allen spezifischen Inhalten und setzte es mit dem Pflichtgefühl als solchem gleich. Nietzsche, ein bissiger Kritiker des religiösen «schlechten Gewissens», sah das echte Gewissen in der Selbstbejahung, in der Fähigkeit «zu sich selber Ja zu sagen». Max Scheler hielt das Gewissen für ein Merkmal vernunftgemäßen Urteilens, jedoch eines gefühls- und nicht verstandesbedingten Urteilens.

Wichtige Probleme bleiben trotz dieser Antworten unberührt: Probleme der Motivation, für die uns die Fakten psychoanalytischer Untersuchung einige Erklärungsmöglichkeiten geben könnten. Im folgenden werden wir zwischen «autoritärem» und «humanistischem» Gewissen unterscheiden, eine Differenzierung, die im allgemeinen der Unterscheidung zwischen autoritärer und humanistischer Ethik folgt.

A. Autoritäres Gewissen

Das autoritäre Gewissen ist die Stimme einer nach Innen verlegten äußeren Autorität, also der Eltern, des Staates oder was immer in einer bestimmten Kultur als Autorität gelten mag. Solange das Verhältnis des Menschen zur Autorität äußerlich bleibt und keine sittlichen Folgerungen daraus abgeleitet werden, kann man kaum von einem Gewissen sprechen. Eine solche Verhaltensweise wird nur von Nützlichkeitserwägungen, von der Furcht vor Strafe oder der Hoffnung auf Belohnung bestimmt und ist immer von der unmittelbaren Gegenwart der Autoritäten abhängig: davon, daß diese Autoritäten wissen, was man tut, und daß sie die vermeintliche oder wirkliche Macht haben, Strafen oder Belohnungen auszuteilen. Was die Menschen als ein dem Gewissen entstammendes Schuldgefühl empfinden, ist oft nur Furcht vor der Autorität. Sie fühlen im Grunde nicht *Schuld*, sondern *Angst*. Im Gewissensbereich werden jedoch Autoritäten wie Eltern, Kirche, Staat, öffentliche Meinung bewußt oder unbewußt als ethische und moralische Gesetzgeber angesehen, deren Gesetze und Sicherungsbestimmungen man annimmt und sie damit nach innen verlegt. So werden die Gesetze und Sicherungsbestimmungen der Autorität zu einem Teil des Menschen. Man fühlt sich nicht mehr verantwortlich gegenüber etwas, das außerhalb liegt, sondern gegenüber etwas, das in einem selbst ist: gegenüber seinem *Gewissen*. Das Gewissen ist ein wirksamerer Regulator des Verhaltens als alle Furcht vor äußeren Autoritäten. Denn vor der Autorität kann man davonlaufen, vor sich selbst jedoch nicht und daher auch nicht vor einer nach innen verlegten Autorität, die zu einem Bestandteil des Ich geworden ist. Das autoritäre Gewissen entspricht dem, was Freud als

Über-Ich beschrieben hat. Wie ich noch zeigen werde, ist dies aber nur *eine* Form des Gewissens, möglicherweise sogar nur eine Vorstufe in der Entwicklung des Gewissens.

Während das autoritäre Gewissen sich von der bloßen Furcht vor Strafe und Hoffnung auf Belohnung unterscheidet, da das Verhältnis zur Autorität nach innen verlegt wurde, ist der Unterschied in andern wesentlichen Punkten nicht sehr groß. Die wichtigste Gemeinsamkeit besteht darin, daß auch die Vorschriften des autoritären Gewissens nicht durch eigene *Werturteile* bestimmt werden, sondern ausschließlich dadurch, daß seine Forderungen und Tabus durch die Autorität selbst ausgesprochen werden. Sind diese Vorschriften zufällig gut, so wird das Gewissen das Tun des Menschen zum Guten lenken. Diese Vorschriften wurden aber nicht deswegen Gewissensvorschriften, *weil* sie gut sind, sondern weil es Vorschriften sind, die von der Autorität gesetzt wurden. Sie würden auch dann vom Gewissen aufgenommen, wenn sie schlecht wären. Jemand, der beispielshalber an Hitler glaubte, bildete sich ein, nach seinem eigenen Gewissen zu handeln, wenn er menschenunwürdige Taten beging.

Aber auch wenn das Verhältnis zur Autorität nach innen verlegt wurde, darf man sich dies nicht so vorstellen, als ob damit das Gewissen vollständig von der äußeren Autorität getrennt wäre. Eine vollständige Trennung, wie wir sie bei Zwangsneurosen beobachten, ist eher die Ausnahme als die Regel. Normalerweise fühlt sich ein Mensch mit autoritärem Gewissen sowohl an die äußere Autorität als auch an ihr inneres Echo gebunden. Es besteht also eine ständige Wechselwirkung zwischen beiden. Die Gegenwart einer äußeren Autorität, die einem Menschen Furcht einflößt, ist die Quelle, aus der die nach innen verlagerte Autorität, das Gewissen, ständig gespeist wird. Wenn die Autorität nicht wirklich existierte, das heißt, wenn der Mensch sie nicht zu fürchten brauchte, würde das autoritäre Gewissen schwächer werden und an Macht verlieren. Zugleich aber beeinflußt das Gewissen auch die Vorstellung, die sich der Mensch von der äußeren Autorität macht. Denn ein solches Gewissen wird stets von dem Bedürfnis gefärbt, etwas zu bewundern, ein Ideal zu haben,[83] nach etwas Vollkommenem zu streben, und diese Vorstellung der Vollkommenheit wird auf die äußeren Autoritäten übertragen. So wird das Bild dieser Autoritäten durch den «Ideal-Aspekt» des Gewissens gefärbt. Das ist von großer Bedeutung, weil diese Konzeption, die ein Mensch von den Eigenschaften der Autorität hat, von deren tatsächlichen Eigenschaften abweicht; sie wird mehr und mehr idealisiert und infolgedessen immer geeigneter, wieder nach innen zurückverlegt zu werden.[84] Sehr oft hat diese Wechselwirkung einen unerschütterlichen Glauben an den Idealcharakter der Autorität zur Folge, eine Überzeugung, die gegen jeden ihr widersprechenden empirischen Beweis immun ist.

Der Inhalt des autoritären Gewissens wird aus Geboten und Tabus der Autorität abgeleitet. Seine Stärke wurzelt in Angstgefühlen vor der Autorität und in Bewunderung für sie. *Ein gutes Gewissen ist das Bewußtsein, der (äußeren und nach innen verlegten) Autorität zu gefallen; ein schlechtes Gewissen, ihr zu mißfallen.* Das gute (autoritäre) Gewissen ruft ein Gefühl des Wohlbehagens und der Sicherheit hervor, denn es bedeutet die Zustimmung seitens der Autorität und eine nähere Verbindung zu ihr. Das schlechte Gewissen ruft Furcht und Unsicherheit hervor, weil ein Handeln gegen den Willen der Autorität die Gefahr einschließt, bestraft oder – was weit schlimmer ist – von der Autorität verlassen zu werden.

Um diese Feststellung in ihrer ganzen ragweite zu ver-

---

[83] Von Freud in seiner frühen Konzeption des ‚Ich-Ideals' herausgearbeitet.
[84] Eine detaillierte Analyse zwischen Gewissen und Autorität findet sich in meinen *Studien über Autorität und Familie*, herausgegeben von M. Horkheimer, Paris 1936 (Félix Alcan)

stehen, müssen wir uns nochmals den Charakter des autoritären Menschen vergegenwärtigen. Innere Sicherheit fand er, indem er symbiotisch zum Teil einer Autorität wurde, die er als größer und stärker empfand als sich selbst. Solange er – auf Kosten der eigenen Integrität – ein Teil dieser Autorität ist, glaubt er an ihrer Stärke teilzuhaben. Sein Gefühl der Sicherheit und Identität hängt von dieser Symbiose ab. Von der Autorität verstoßen zu werden, ist dasselbe wie ins Leere gestoßen zu werden und dem Schrecken des Nichts ins Auge zu sehen. Alles erscheint ihm besser als diese Verlassenheit. Gewiß bedeutet ihm die Liebe und Zustimmung der Autorität die größte Befriedigung, aber selbst Strafe ist besser, als verstoßen zu sein, denn auch die strafende Autorität hält noch zu ihm. Hat er «gesündigt», so ist die Bestrafung doch wenigstens ein Beweis, daß die Autorität sich noch immer um ihn kümmert. Die Sünde wird getilgt, indem er die Strafe hinnimmt, und das sichere Zugehörigkeitsgefühl ist wieder hergestellt.

Die biblische Erzählung von Kains Verbrechen und Bestrafung ist eine klassische Schilderung der Tatsache, daß der Mensch das Verstoßenwerden mehr fürchtet als die Strafe. Gott nahm Abels Opfer an, nicht aber Kains Opfer. Ohne daß Gott einen Grund angab, fügte er Kain das Schlimmste zu, was es für einen Menschen gibt, der ohne das Wohlwollen einer Autorität nicht leben kann. Gott schlug Kains Opfer aus und verstieß ihn damit. Kain konnte das nicht ertragen. So tötete er den Nebenbuhler, der ihm das Unentbehrliche genommen hatte. Worin bestand Kains Strafe? Er wurde nicht getötet, ihm widerfuhr kein Leid; vielmehr verbot Gott jedermann, ihn zu töten (das Kainsmal sollte ihn schützen). Er wurde ausgestoßen. Das war seine Strafe, und nachdem Gott ihn verstoßen hatte, wurde er auch von seinen Mitmenschen verstoßen. Und Kain sagte: «Meine Strafe ist größer, als ich ertragen kann.»

Bisher habe ich mich mit der formalen Struktur des autoritären Gewissens beschäftigt. Ich habe dargelegt, daß das gute Gewissen das Bewußtsein bedeutet, den (äußeren und verinnerlichten) Autoritäten zu gefallen; das schlechte Gewissen ist das Bewußtsein, ihnen zu mißfallen. Worin bestehen nun die *Inhalte* des guten oder schlechten autoritären Gewissens? Es ist augenscheinlich, daß jede Übertretung einer von der Autorität gegebenen Vorschrift Ungehorsam und demzufolge auch Schuld ist, ob diese Vorschriften nun gut oder schlecht sind; aber es gibt auch Vergehen, die jeder autoritären Situation eigen sind.

Das schlimmste Vergehen in der autoritären Situation ist Auflehnung gegen die Herrschaft der Autorität. Ungehorsam wird zur Kardinalsünde, Gehorsam zur Kardinaltugend. Gehorsam schließt die Anerkennung der überlegenen Macht und Weisheit der Autorität ein, ihr Recht, entsprechend ihren Machtansprüchen zu befehlen, zu belohnen oder zu strafen. Die Autorität fordert Unterwerfung, und zwar nicht nur aus Furcht vor ihrer Macht, sondern auch aus der Überzeugung ihrer moralischen Überlegenheit und ihres Rechtes. Der Respekt, den man der Autorität schuldet, schließt jeden Zweifel an ihr aus. Die Autorität mag sich zu Erklärungen ihrer Befehle und Verbote, ihrer Belohnungen und Strafen herablassen oder von Erklärungen absehen; aber das Individuum hat niemals das *Recht*, eine Frage zu stellen oder Kritik zu üben. Sollte eine Kritik an der Autorität begründet erscheinen, so kann der Fehler nur bei dem der Autorität unterstellten Individuum liegen, und die bloße Tatsache, daß dieses Individuum Kritik zu üben wagt, ist *eo ipso* der Beweis seiner Schuld.

Die Pflicht, eine Überlegenheit der Autorität anzuerkennen, schließt eine Reihe von Verboten ein. Das Umfassendste ist das Tabu, sich der Autorität gegenüber als *gleichwertig* zu empfinden oder das Gefühl zu haben, daß man es werden könnte; denn das widerspräche ihrer unvergleichlichen Überlegenheit und Einmaligkeit. Adam und Evas Sünde bestand darin, daß sie Gott gleichzuwerden versuchten. Für diese Herausforderung wurden sie bestraft, und zugleich sollte die Strafe vor einer Wiederholung abschrecken: deshalb wurden sie aus dem Garten Eden verbannt.[85] In allen autoritären Systemen wird die Autorität als etwas dargestellt, das sich von den Untergebenen von Grund auf unterscheidet. Sie hat Kräfte, die kein anderer besitzt: Magie, Weisheit, Stärke. Die ihr Unterworfenen besitzen nichts Gleichwertiges. Gleichgültig, welche Vorrechte die Autorität besitzt, ob sie der Beherrscher des Universums oder ein vom Schicksal gesandter einzigartiger Führer ist, die fundamentale Ungleichheit zwischen ihr und dem Menschen ist die wichtigste Grundlage des autoritären Gewissens. Ein besonderes Kennzeichen ihrer Einmaligkeit besteht in dem Privileg, die einzige Instanz zu sein, die keinem andern Willen zu folgen braucht. Sie hat ihren eigenen Willen; sie ist nicht Mittel, sondern Selbstzweck; sie schafft, wird aber nicht geschaffen. Für die autoritäre Orientierung ist die Kraft, zu wollen und zu schaffen, das Privileg der Autorität. Die Untertanen sind Mittel zu den Zwecken der Autorität, sind folglich deren Eigentum und können entsprechend benützt werden. Die Überlegenheit der Autorität wird in Frage gestellt, sobald das Geschöpf nicht mehr nur Gegenstand sein, sondern selber Schöpfer werden will.

Aber der Mensch wollte von jeher produktiv und schöpferisch sein, weil Produktivität die Quelle seiner Stärke, seiner Freiheit und seines Glückes ist. In dem Grade jedoch, wie er sich von den ihn transzendierenden Mächten als abhängig empfindet, ruft seine Produktivität, der Ausdruck seines Willens, Schuldgefühl in ihm hervor. Die Menschen von Babel wurden bestraft, weil sie eine Stadt bauen wollten, die bis

---

85 Der Gedanke, daß der Mensch als «Ebenbild Gottes» geschaffen wurde, übersteigt den autoritären Charakter dieses Teils des Alten Testaments. Er ist tatsächlich der andere Pol, um den sich die jüdisch-christliche Religion entwickelt hat, besonders in ihren mystischen Vertretern.

an den Himmel reichte. Prometheus wurde an den Felsen geschmiedet, weil er den Menschen das Geheimnis des Feuers verriet: das Feuer symbolisierte Produktivität. Der Stolz auf die Macht und Stärke des Menschen wurde von Luther und Calvin als sündiger Hochmut gegeißelt; politische Diktatoren verdammten ihn als verbrecherischen Individualismus. Der Mensch suchte die Götter für das Verbrechen seiner Produktivität durch Opfer zu versöhnen. Er gab ihnen das Beste der Ernte oder der Herde. Auch die Beschneidung ist ein solcher Versöhnungsversuch; ein Teil des Phallus, der das Symbol der männlichen Schöpferkraft ist, wird Gott geopfert, damit der Mensch das Recht behält, sich seiner zu bedienen. Außer den Opfern, mit denen der Mensch – wenn auch nur symbolisch – das Monopol der Götter über die Produktivität anerkennt, zügelt er seine eigenen Kräfte durch Schuldgefühle. Sie wurzeln in der autoritären Überzeugung, daß ein eigener Wille und der Gebrauch der eigenen schöpferischen Kraft einer Auflehnung gegen die Vorrechte der Autorität gleichkommt, die als einzige das Recht hat, Schöpfer zu sein, während die Pflicht des Untertanen darin besteht, «Geschöpf» zu sein. Ein solches Schuldgefühl schwächt den Menschen, vermindert seine Kraft und verstärkt den Wunsch nach Unterwerfung, um damit zu sühnen, daß er sein «eigener Schöpfer und Bildner» sein wollte.

Paradoxerweise geht das autoritäre *schlechte* Gewissen auf das Gefühl der Stärke, der Unabhängigkeit, der Produktivität und des Selbstbewußtseins zurück, während das autoritäre *gute* Gewissen dem Gefühl des Gehorsams, der Abhängigkeit, der Machtlosigkeit und Sündhaftigkeit entspringt. Der Apostel Paulus, Augustin, Luther und Calvin haben dieses gute Gewissen in nicht mißzuverstehender Weise beschrieben. Sich der eigenen Hilflosigkeit bewußt zu sein, sich zu verachten, das Gefühl der eigenen Sündhaftigkeit und Schlechtigkeit auf sich lasten zu fühlen, sind Zeichen der Tugend. Um tugendhaft zu sein, muß man daher ein schlechtes

Gewissen haben, denn das schlechte Gewissen ist ein Symptom, daß der Mensch die Autorität fürchtet und vor ihr erzittert. Das paradoxe Resultat ist also, daß das (autoritäre) *schlechte Gewissen zur Vorbedingung des «guten» Gewissens wird, während das gute Gewissen,* falls man ein solches hätte, *ein Schuldgefühl auslösen müßte.*

Die Verlegung der Autorität nach innen schließt zweierlei ein. Einmal, daß der Mensch sich der Autorität unterwirft; zum andern, daß er die Rolle der Autorität selbst übernimmt, indem er sich mit der gleichen Strenge und Grausamkeit behandelt. Der Mensch wird also nicht nur zum gehorsamen Sklaven, sondern auch zum strengen Zuchtmeister, der sich als seinen eigenen Sklaven behandelt. Die letzte Folgerung ist für das Verständnis des psychologischen Mechanismus des autoritären Gewissens äußerst wichtig. Der in seiner Produktivität mehr oder weniger gehemmte autoritäre Charakter entwickelt ein bestimmtes Maß an Sadismus und Zerstörungstrieb.[86] Diese zerstörerischen Energien werden entladen, indem man die Rolle der Autorität übernimmt und sich selbst als Sklaven beherrscht. In seiner Analyse des Über-Ich gab Freud eine Beschreibung dieser destruktiven Komponenten. Sie wurde durch klinische Beobachtungen, die von andern gemacht wurden, hinlänglich bestätigt. Es ist unwichtig, ob man nun annimmt (wie Freud das in seinen früheren Schriften tat), der Ursprung des Aggressionstriebes sei in einem unbefriedigten Triebleben zu suchen, oder — wie er später annahm — im «Todestrieb». Wichtig aber ist, daß das autoritäre Gewissen von einem Zerstörungstrieb genährt wird, der sich gegen das eigene Ich richtet; destruktive Tendenzen können sich daher unter der Maske der Tugend auswirken. Die psychoanalytische Forschung — insbesondere die Forschung über den Zwangs-Charakter — vermittelte entscheidende Einblicke, welche

---

86 Friedrich Nietzsche, *Zur Genealogie der Moral,* II, 16.

Grausamkeit und Zerstörungssucht vom Gewissen ausgehen kann und wie es einem Menschen ermöglicht, verdrängte Haßgefühle auszuleben, indem es sie gegen ihn selbst richtet. Freud wies überzeugend die Richtigkeit der Nietzscheschen Behauptung nach, Freiheitsberaubung führe dazu, daß die menschlichen Triebe «sich rückwärts gegen den Menschen selbst» wenden. «Die Feindschaft, die Grausamkeit, die Lust an der Verfolgung, am Überfall, am Wechsel, an der Zerstörung – Alles das gegen die Inhaber solcher Instinkte sich wendend: das ist der Ursprung des ‚schlechten Gewissens'.»[87]

Die meisten politischen und religiösen Systeme, die es in der Geschichte der Menschheit gegeben hat, könnten als Illustrationen des autoritären Gewissens dienen. Da ich in meinem Buche *Furcht vor der Freiheit* den Protestantismus und Faschismus bereits unter diesem Gesichtspunkt analysiert habe, werde ich hier keine historischen Beispiele anführen, sondern mich auf die Untersuchung einiger Aspekte des autoritären Gewissens beschränken, die man in unserer Kultur in dem Eltern-Kind-Verhältnis beobachten kann.

Hinsichtlich unserer eigenen Kultur mag die Anwendung des Terminus «autoritäres Gewissen» den Leser überraschen, denn wir haben uns an die Auffassung gewöhnt, daß eine autoritäre Haltung lediglich autoritäre und nicht-demokratische Kulturen charakterisiere. Eine solche Ansicht unterschätzt jedoch die Stärke autoritärer Elemente, insbesondere die Rolle, welche die anonyme Autorität in unserer heutigen Familie und im gesellschaftlichen Leben spielt.[88]

Die psychoanalytische Befragung bietet die beste Gelegenheit zur Erforschung des Problems des autoritären Gewissens, wie es sich im städtischen Mittelstand äußert. Die elter-

---

[87] Friedrich Nietzsche, *Zur Genealogie der Moral,* II, 16.
[88] Siehe auch, was ich in *Furcht vor der Freiheit* (Kapitel 5, Seite 139) über die anonyme Autorität in der demokratischen Gesellschaft geschrieben habe.

liche Autorität und die Art und Weise, in der die Kinder mit ihr fertigwerden, wird als das entscheidende Problem der Neurose enthüllt. Der Analytiker stellt fest, daß viele Patienten überhaupt nicht imstande sind, ihre Eltern zu kritisieren. Ferner gibt es solche, die ihre Eltern zwar kritisieren, doch halten sie plötzlich inne, wenn es sich um solche Eigenschaften handelt, unter denen sie selber leiden. Wieder andere fühlen sich schuldig und sind verängstigt, wenn sie begründete Kritik oder auch Wut gegen einen der Elternteile äußern. Oft ist eine umfangreiche analytische Arbeit notwendig, um einen Menschen überhaupt zu bewegen, sich derjenigen Vorfälle zu erinnern, die ihn zu Kritik und Wut veranlaßten.[89]

Subtiler und noch verborgener sind jene Schuldgefühle, die von dem Erlebnis herrühren, daß das Mißfallen der Eltern erregt wurde. Manchmal steht das Schuldgefühl des Kindes damit in Zusammenhang, daß es seine Eltern nicht genug liebt, vor allem dann, wenn die Eltern erwarten, der Mittelpunkt der kindlichen Gefühlswelt zu sein. Gelegentlich hat ein solches Schuldgefühl seinen Ursprung auch in der Furcht, die elterlichen Erwartungen enttäuscht zu haben. Letzteres ist besonders wichtig, weil es auf eines der für die elterliche Einstellung in der autoritären Familie entscheidendsten Momente hinweist. Trotz dem großen Unterschied zwischen dem römischen pater familias, dessen Familie sein Besitz war, und dem heutigen Vater, ist noch immer das Gefühl weit verbreitet, daß Kinder in die Welt gesetzt werden, um den Eltern Befriedigung zu geben und ihnen einen Ausgleich für die Enttäuschungen des eigenen Lebens zu schaffen. Diese Einstellung fand ihren klassischen Ausdruck in Sophokles *Antigone,* und zwar in Kreons berühmter Rede über die elterliche Autorität:

---

[89] Franz Kafkas Brief an seinen Vater, in dem er zu erklären sucht, weshalb er sich ständig vor ihm fürchtete, ist in dieser Hinsicht ein klassisches Dokument. (Neue Deutsche Rundschau, Heft 3, 1953)

«So muß es aussehn in der Brust, mein Sohn,
Das alles nachsteht väterlichem Rat.
Denn darum wünscht der Mann sich Söhne zu
Erziehn im Hause, die gehorsam sind,
Daß sie dem Feind mit Bösem es vergelten,
Den Freund hingegen gleich dem Vater ehren.
Wer aber pflanzt ein unbrauchbar Geschlecht,
Was hätte andres der erzeugt als Mühsal
Und viel Gelächter denen, die ihn hassen?»[90]

Sogar in unserer nicht-autoritären Kultur kommt es vor, daß Eltern für das, was ihnen im Leben entging, von ihren Kindern gleichsam als Ersatz erwarten, sie müßten ihnen «dienlich sein». Sind die Eltern nicht erfolgreich, dann sollen es die Kinder werden, um ihnen den Ersatz für das eigene Versagen zu schaffen. Fühlen sie sich nicht geliebt (besonders wenn die Eltern einander nicht lieben), dann sollen die Kinder dafür aufkommen; falls sie sich im gesellschaftlichen Leben machtlos fühlen, wollen sie die Genugtuung haben, ihre eigenen Kinder beherrschen zu können. Aber selbst wenn die Kinder diese Erwartungen erfüllen, haben sie noch Schuldgefühle, weil sie nicht genug zu tun glauben und ihre Eltern zu enttäuschen fürchten.

Eine besonders heikle Form des Gefühls, die Eltern zu enttäuschen, ist das Gefühl der *Andersartigkeit*. Herrschsüchtige Eltern verlangen, daß ihre Kinder ihnen in Temperament und Charakter gleichen. Der cholerische Vater zum Beispiel hat keinerlei Sympathie für einen phlegmatischen Sohn. Der Vater, der an praktischen Leistungen interessiert ist, wird über einen Sohn enttäuscht sein, dessen Interesse dem reinen Denken und theoretischen Untersuchungen gilt, und vice versa. Ist der Vater auf Besitz bedacht, interpretiert er die Andersartigkeit seines Sohnes als Minderwertigkeit. Auch der Sohn selbst fühlt sich wegen seiner Andersartigkeit schuldig und minderwertig und versucht sich zu dem zu

[90] Sophokles, *Tragödien*, deutsch von Emil Staiger, Zürich 1944 (Atlantis Verlag)

machen, der er nach dem Willen des Vaters sein sollte; aber er kann es nur dahin bringen, daß er seine eigene Entfaltung lähmt und zu einer höchst unvollkommenen Kopie des Vaters wird. Da er in dem Glauben lebt, er müßte so wie der Vater sein, verursacht ihm sein Versagen ein schlechtes Gewissen. Wenn er sich von diesen Verpflichtungsgefühlen freizumachen und er selbst zu werden versucht, wird der Sohn häufig durch dieses «Verbrechen» wie von einer schweren Bürde niedergedrückt, so daß er am Wege liegen bleibt, noch ehe er das Ziel erreicht. Diese Bürde ist schwer, weil er sich ja nicht nur mit den Eltern auseinandersetzen muß, mit ihren Enttäuschungen, Anschuldigungen und Bitten, sondern auch mit den Denkgewohnheiten der Umwelt, nach denen es etwas Selbstverständliches ist, daß Kinder ihre Eltern «lieben». Obwohl sie auf die autoritäre Familie paßt, scheint die vorhergehende Beschreibung nicht korrekt zu sein, was die heutige amerikanische, insbesondere die städtische Familie betrifft, in der offenkundige Autorität nur selten zu finden ist. Das Bild, das ich gezeichnet habe, trifft jedoch auch hier in wesentlichen Punkten zu. Statt einer offenkundigen finden wir eine anonyme Autorität, die sich zwar nicht in ausdrücklichen Befehlen äußert, aber in stark gefühlsbetonten Erwartungen. Außerdem empfinden die Eltern sich selbst nicht als Autorität; trotzdem repräsentieren sie die anonyme Autorität des Marktes. Sie erwarten, daß ihre Kinder sich einem Lebensstandard anpassen, dem sich beide – Eltern und Kinder – unterwerfen.

Schuldgefühle sind nicht nur eine Folge der Abhängigkeit von einer irrationalen Autorität und von dem Pflichtgefühl, dieser Autorität zu gefallen, sondern das Schuldgefühl verstärkt auch seinerseits wieder die Abhängigkeit. Schuldgefühle haben sich als wirksames Mittel erwiesen, um Abhängigkeit zu schaffen und zu stärken. Darin liegt eine der gesellschaftlichen Funktionen, welche die autoritäre Ethik im Ablauf der Geschichte gehabt hat. Die Autorität als Gesetzgeber läßt ihre Untergebenen wegen ihrer vielen und unvermeidlichen Überschreitungen Schuldgefühle empfinden. Das Bedürfnis, Vergebung für unvermeidliche Überschreitungen zu erhalten, schafft eine endlose Kette von Vergehen, Schuldgefühl und Bedürfnis nach Absolution; sie hält den Untertan in Knechtschaft und macht ihn eher dankbar für die Vergebung als kritisch gegenüber den Forderungen der Autorität. Diese Wechselwirkung zwischen Schuldgefühl und Abhängigkeit fördert die Zuverlässigkeit und Stärke der autoritären Beziehung. Die Abhängigkeit von einer irrationalen Autorität führt zu einer Schwächung des Willens, und was den Willen schwächt, steigert zugleich die Abhängigkeit. Auf diese Weise bildet sich ein Teufelskreis.

Ein Schuldgefühl zu wecken, ist das wirkungsvollste Mittel, um den Willen des Kindes zu schwächen. Das geschieht schon in den ersten Jahren, indem man dem Kind zu verstehen gibt, daß seine Sexualtriebe und deren frühe Manifestationen «schlecht» sind. Da das Kind nicht umhin kann, Sexualtriebe zu haben, wird diese Methode, Schuldgefühle zu wecken, kaum fehl gehen. Ist es den Eltern (und der durch sie repräsentierten Gesellschaft) gelungen, die Assoziation von Geschlechtstrieb und Schuld zu einer permanenten zu machen, entstehen im gleichen Maße und ebenso konstant Schuldgefühle, wie Sexualimpulse auftreten. Aber auch noch andere physische Funktionen werden durch «sittliche» Erwägungen verdorben. Geht das Kind nicht in vorgeschriebener Weise auf die Toilette, ist es nicht so sauber, wie man erwartet, ißt es nicht das, was es essen sollte – dann ist es *schlecht.* Mit fünf oder sechs Jahren hat das Kind ein alles umfassendes Schuldgefühl erworben, da der Konflikt zwischen seinen natürlichen Impulsen und deren moralischer Bewertung durch die Erzieher zu einer Quelle ständiger Schuldgefühle wird.

Liberale und «fortschrittliche» Erziehungssysteme haben diese Situation nicht entscheidend verändert. Offene Autorität wurde durch anonyme ersetzt, offene Befehle durch «wissenschaftlich» begründete Formeln. Es heißt also nicht mehr «tu das nicht», sondern «du tust das sicher nicht gern». In Wirklichkeit dürfte diese anonyme Autorität in mancherlei Hinsicht einen weit stärkeren Druck ausüben als die offene. Das Kind merkt nicht, daß es geleitet wird (und die Eltern nicht, daß sie befehlen); es kann nicht zurückschlagen und dadurch ein Gefühl der Unabhängigkeit entwickeln. Im Namen der Wissenschaft, des gesunden Menschenverstandes und der Zusammenarbeit wird das Kind beschwatzt und überzeugt. Wer könnte sich gegen solche objektiven Prinzipien wehren?

Ist der Wille des Kindes erst einmal gebrochen, so wird sein Schuldgefühl noch auf andere Weise verstärkt. Dunkel wird es sich seiner Unterwerfung und Niederlage bewußt und muß einen Sinn darin suchen. Es braucht eine Erklärung, weil es sich mit einer verwirrenden und schmerzlichen Erfahrung nicht abfinden kann. Im Prinzip ist seine Erklärung in diesem Falle die gleiche wie die des unberührbaren Inders oder des leidenden Christen: seine Niederlage und Schwäche wird als gerechte Strafe für seine Sünden «erklärt». Der Freiheitsverlust wird als Beweis der Schuld angesehen, und diese Überzeugung steigert das durch kulturelle und elterliche Bewertungssysteme hervorgerufene Schuldgefühl.

Die natürliche Reaktion des Kindes gegen den Druck der elterlichen Autorität ist die Auflehnung, die das Kernproblem von Freuds «Oedipus Komplex» bildet. Freud nahm an, daß – sagen wir – der kleine Junge wegen seiner sexuellen Regungen, die er der Mutter gegenüber empfindet, zum Nebenbuhler des Vaters wird und daß die neurotische Entwicklung in dem Unvermögen besteht, mit der Angst, die in dieser Nebenbuhlerschaft ihren Ursprung hat, fertigzuwerden. Mit dem Hinweis auf diesen Konflikt zwischen Kind und elterlicher Autorität und dem Unvermögen des Kindes, diesen Konflikt zufriedenstellend zu lösen, rührte Freud an die eigentlichen Wurzeln der Neurose. Nach meiner Auffassung wird dieser Konflikt allerdings nicht in erster Linie durch die geschlechtliche Rivalität verursacht, sondern erfolgt aus der Reaktion des Kindes gegen den Druck der elterlichen Autorität, die als solche ein wesentlicher Bestandteil der patriarchalischen Gesellschaft ist.

Insofern gesellschaftliche und elterliche Autorität den Willen, die Spontaneität und das Unabhängigkeitsbestreben des Kindes zu brechen suchen, wird sich das Kind gegen die durch seine Eltern repräsentierte Autorität zur Wehr setzen. Denn es ist nicht auf die Welt gekommen, um sich brechen zu lassen. Es kämpft nicht nur um seine Befreiung *vom Druck,* sondern auch für seine Freiheit, es selbst zu sein: es will ein vollkommen selbstständiges menschliches Wesen sein und kein Automat. Für manche Kinder ist dieser Kampf um die Freiheit erfolgreicher als für andere, aber nur wenige können sich vollständig durchsetzen. Die Narben, welche die Niederlage des Kindes im Kampf gegen irrationale Autorität zurückläßt, sind die Ursachen jeder Neurose. Sie bilden eine Symptomengruppe, deren wichtigste Merkmale folgende sind: Schwächung oder Lähmung der Originalität und Spontaneität; die Schwächung des Ich und die Einsetzung eines Pseudo-Ich, in welchem das Gefühl des «Ich bin» abgestumpft und durch die Erfahrung ersetzt wird, das Ich sei die Totalsumme dessen, was andere erwarten; ferner die Ersetzung der Autonomie durch Heteronomie; die Undurchsichtigkeit oder – um H. S. Sullivans Ausdruck zu gebrauchen – die parataktische Natur aller interpersoneller Erfahrungen. Das wichtigste Symptom der Niederlage im Kampf um das eigene Ich ist das schlechte Gewissen. War der Versuch, dem autoritären Netz zu entschlüpfen, erfolglos, dann ist dieser erfolglose Fluchtversuch ein Beweis der Schuld. Das gute Gewissen kann nur durch abermalige Unterwerfung wiedergewonnen werden.

B. Humanistisches Gewissen *

Das humanistische Gewissen ist nicht die nach innen verlegte Stimme einer Autorität, der wir gefallen wollen und der zu mißfallen wir fürchten; es ist die eigene Stimme, die in jedem Menschen spricht und die von keinen äußeren Strafen und Belohnungen abhängt. Worin besteht das Wesen dieser Stimme? Weshalb hören wir sie, und weshalb können wir gegen sie taub werden?

Das humanistische Gewissen ist die Reaktion unserer Gesamtpersönlichkeit auf deren richtiges oder gestörtes Funktionieren; keine Reaktion auf das Funktionieren dieser oder jener Fähigkeit, sondern auf alle Fähigkeiten, die unsere menschliche und individuelle Existenz ausmachen. Das Gewissen beurteilt, ob wir als menschliche Wesen funktionieren. Gewissen ist (wie die Wortwurzel *con-scientia* anzeigt) die *Kenntnis über uns selbst,* die Kenntnis über unsere Erfolge oder über unser Versagen in der Kunst des Lebens. Obgleich Gewissen zwar *Kenntnis* ist, so ist es doch mehr als ein bloßes Wissen des abstrakten Denkens. Es hat eine gefühlsbetonte Qualität, da es die Reaktion unserer Gesamtpersönlichkeit und nicht nur die unseres Geistes ist. Es braucht uns gar nicht zum Bewußtsein zu kommen, was das Gewissen uns sagt, um von ihm beeinflußt zu werden.

Handlungen, Gedanken und Gefühle, die ein richtiges Funktionieren und die Entfaltung unserer Gesamtpersönlichkeit fördern, rufen ein Gefühl der inneren Zustimmung, der Richtigkeit hervor. Das charakterisiert das humanistische «gute Gewissen». Anderseits rufen Handlungen, Gedanken und Gefühle, die für unsere Gesamtpersönlichkeit schädlich sind, ein Gefühl der inneren Unruhe und des Unbehagens hervor. Das charakterisiert das «schlechte Gewissen». *Gewissen ist also die Re-Aktion unsres Selbst auf uns selbst.* Es ist

* Um «humanistic conscience» genau wiederzugeben, wurde «humanistisches Gewissen» wie im Original an Stelle des üblichen Ausdrucks «autonomes Gewissen» gesetzt. Anm. d. Ü.

die Stimme unseres wahren Ich, die uns mahnt, produktiv zu leben und uns voll und harmonisch zu entwickeln – das heißt, *zu dem zu werden, was wir nach unseren Möglichkeiten sein könnten.* Es ist der Wächter unserer Integrität; es bedeutet «für sich gut sagen dürfen und mit Stolz, also auch zu sich Ja sagen dürfen».[91] Wenn Liebe als Bejahung der Möglichkeiten des geliebten Menschen, als Fürsorge und als Achtung für seine Einmaligkeit definiert werden darf, dann kann mit Recht auch das humanistische Gewissen als die *Stimme unserer liebenden Besorgtheit um uns selbst* bezeichnet werden.

Das humanistische Gewissen ist nicht nur der Ausdruck unseres wahren Ich, es ist gleichzeitig der Ausdruck unserer entscheidenden moralischen Erfahrung im Leben. In unserem Gewissen zeigt sich die Kenntnis unserer Lebensziele und der Prinzipien, durch die wir sie erreichen; sowohl der Prinzipien, die wir selbst entdeckt haben, als auch solcher, die wir von andern gelernt und als gut befunden haben.

Das humanistische Gewissen ist ein Ausdruck der Interessiertheit des Menschen an sich und an seiner Integrität. Das autoritäre Gewissen dagegen beschränkt sich auf den Gehorsam des Menschen, auf seine Selbstaufopferung, seine Pflicht oder gesellschaftliche Anpassung. Das Ziel des humanistischen Gewissens ist Produktivität und demzufolge Glück, denn Glück ist eine notwendige Folge produktiven Lebens. Sich selber zu verkrüppeln, indem man sich zum Werkzeug anderer macht – gleichgültig, wie sehr sie dessen würdig erscheinen mögen – «selbstlos», unglücklich, entmutigt zu sein, widerspricht den Forderungen des Gewissens. Jede Verletzung der Integrität und des richtigen Funktionierens unserer Persönlichkeit ist gegen unser Gewissen, ob es sich nun um unser Denken oder unsere Taten, ja sogar um Vorliebe und Abneigung im Essen oder um das sexuelle Verhalten handelt.

[91] Friedrich Nietzsche, *Zur Genealogie der Moral,* II, 2. – S. auch Heideggers Umschreibung des Gewissens in *Sein und Zeit,* Halle 1927, S. 54–60.

Aber wird unsere Analyse des Gewissens nicht durch die Tatsache widerlegt, daß bei vielen Menschen die Stimme des Gewissens zu schwach ist, um gehört zu werden und das Handeln bestimmen zu können? Tatsächlich liegt hier die Ursache der moralischen Unsicherheit des Menschen. Spräche das Gewissen stets laut und vernehmlich genug, so würden nur wenige von ihrem moralischen Ziel abgelenkt werden. Eine der Antworten ergibt sich aus der Natur des Gewissens selbst: da es die Funktion hat, der Hüter des wahren menschlichen Selbst-Interesses zu sein, ist das Gewissen in dem Maße lebendig, wie der Mensch sich nicht ganz verloren hat und das Opfer seiner eigenen Gleichgültigkeit und seines Zerstörungstriebes geworden ist. Das Verhältnis zwischen Produktivität und Gewissen ist ein wechselseitiges. Je produktiver der Mensch lebt, desto stärker ist das Gewissen und desto mehr fördert es die Produktivität. Je weniger produktiv der Mensch lebt, desto schwächer wird das Gewissen. Das Paradoxe und Tragische der menschlichen Situation liegt darin, daß das Gewissen dann am schwächsten ist, wenn der Mensch seiner am meisten bedarf.

Eine weitere Antwort, weshalb das Gewissen relativ unwirksam ist: wir wollen nicht darauf hören oder – was sogar noch mehr Gewicht hat – wir wissen nicht, wie wir darauf hören sollen. Oft leben die Menschen in der Illusion, daß ihr Gewissen mit lauter Stimme sprechen und daß seine Aussage klar und bestimmt sein werde. Sie warten auf seine Stimme und hören nichts. Wenn aber die Stimme des Gewissens schwach ist, dann ist sie undeutlich; man muß lernen, auf sie zu hören und ihre Mitteilung zu verstehen, um entsprechend handeln zu können.

Die Sprache des Gewissens zu verstehen, ist jedoch keineswegs leicht, und dies vor allem aus zwei Gründen. Wir müssen, um die Stimme unseres Gewissens zu hören, auf uns selbst hören können, und gerade das bereitet den meisten Menschen in unserer Kultur Schwierigkeiten. Wir hören auf jede Stimme und auf jeden, wer es auch sein mag, nur nicht auf uns selbst. Wir sind in jedem Augenblick dem Getöse der Meinungen und Gedanken ausgeliefert, die aus allen Ecken auf uns einhämmern: Filme, Zeitungen, Radio, müßiges Geschwätz. Wenn wir uns absichtlich daran verhindern wollten, jemals auf uns selbst zu hören, so könnten wir kaum wirksamer vorgehen.

Auf sich zu hören, ist schwierig, weil diese Kunst noch eine andere Gabe voraussetzt, die beim heutigen Menschen selten geworden ist: mit sich allein sein zu können. Wir haben tatsächlich eine Angst vor dem Alleinsein entwickelt; die trivialste, ja anstößigste Gesellschaft und die sinnlosesten Beschäftigungen ziehen wir dem Alleinsein vor; der Gedanke, uns selber ins Gesicht sehen zu müssen, scheint uns einen Schrecken einzujagen. Ist es deshalb, weil wir uns selbst für eine so schlechte Gesellschaft halten? Ich glaube, die Furcht vor dem Alleinsein entspringt der Verwirrung, oft bis zum Entsetzen gesteigert, weil wir uns selbst so altbekannt und zugleich so fremd sind; vor dieser Begegnung fürchten wir uns und suchen ihr zu entfliehen. Damit versäumen wir die Gelegenheit, auf uns selbst zu hören, und lernen unser Gewissen auch weiterhin nicht kennen.

Die schwache, undeutliche Stimme unseres Gewissens zu hören, ist auch deswegen schwierig, weil diese Stimme nicht direkt, sondern nur indirekt zu uns spricht und weil wir uns oft nicht darüber klar sind, daß es unser Gewissen ist, was uns keine Ruhe gibt. Wir fühlen uns vielleicht nur bedrückt (oder sogar krank) und erklären es mit Ursachen, die in keinem offensichtlichen Zusammenhang mit dem Gewissen stehen. Eine der häufigsten indirekten Reaktionen des vernachlässigten Gewissens ist ein unbestimmtes Schuldgefühl, ein Unbehagen oder einfach nur Müdigkeit oder Unlust. Manchmal deutet man sich solche Empfindungen als Schuldgefühl, weil man dieses oder jenes nicht getan habe, obwohl die Versäumnisse, deretwegen man sich schuldig fühlt, in

Wirklichkeit kein echtes moralisches Problem darstellen. Ist aber das echte, wenn auch unbewußte Schuldgefühl zu stark geworden, so daß es nicht mehr durch oberflächliche Deutungen zum Schweigen gebracht werden kann, dann findet es seinen Ausdruck in tieferen und intensiveren Ängsten und sogar in körperlicher oder geistiger Erkrankung.

Eine Form, die eine solche Angst annehmen kann, ist die Furcht vor dem Tode. Nicht die normale Furcht vor dem Sterbenmüssen, die jeder Mensch im Gedanken an den Tod erlebt, sondern ein Schrecken vor dem Sterben, der manche Menschen ständig verfolgt. Das Gefühl, nicht gelebt zu haben, ist die Ursache dieser irrationalen Furcht vor dem Tode. Sie ist der Ausdruck unseres schlechten Gewissens, da wir das Leben vergeudet und die Gelegenheit versäumt haben, von unsern Fähigkeiten produktiven Gebrauch zu machen. Das Sterben ist bitter, doch der Gedanke, sterben zu müssen, ohne gelebt zu haben, ist nicht zu ertragen. Mit dieser irrationalen Furcht vor dem Tode hängt auch die Furcht vor dem Altern zusammen, von der eine noch weit größere Anzahl Menschen in unserer Kultur verfolgt wird. Auch hier wieder gibt es eine durchaus vernünftige und normale Abneigung gegen das Altern, die sich jedoch wesentlich von dem albtraumartigen Grauen «zu alt zu sein» unterscheidet. Häufig können wir, besonders in der Analyse, Menschen beobachten, die schon in jungen Jahren von der Furcht vor dem Alter besessen sind; sie sind überzeugt, das Nachlassen der physischen Kräfte bedeute eine Schwächung ihrer Gesamtpersönlichkeit, ihrer Gefühls- und Verstandeskräfte. Diese Vorstellung ist eine Einbildung, die sich trotz allen Gegenbeweisen behauptet. Sie gedeiht in unserer Kultur durch den Umstand, daß auf sogenannte jugendliche Eigenschaften wie Beweglichkeit, Anpassungsfähigkeit und physische Kraft so großer Wert gelegt wird: auf Eigenschaften, die man in einer Welt braucht, wo es mehr auf Erfolg im Wettbewerb ankommt als auf die Entwicklung des eigenen Charakters. An vielen

Beispielen läßt sich jedoch nachweisen, daß ein Mensch, der vor dem Altwerden produktiv lebt, durchaus nicht nachläßt; die geistigen und emotionalen Kräfte, die er im Laufe eines produktiven Lebens entwickelte, wachsen sogar trotz dem Abnehmen der physischen Kräfte weiter. Der unproduktive Mensch aber verfällt tatsächlich seiner Gesamtpersönlichkeit, sobald seine physische Kraft, die seiner Aktivität zugrunde lag, abnimmt. Der Verfall der Persönlichkeit im Alter ist ein Symptom dafür, daß dieser Mensch nicht produktiv lebte. Die Furcht vor dem Altern ist ein – häufig unbewußter – Ausdruck des Gefühls, unproduktiv zu leben; es ist die Reaktion unseres Gewissens auf unsere Selbstverstümmelung. In manchen Kulturen besteht ein größeres Bedürfnis nach den besonderen Werten des Alters – zum Beispiel Weisheit und Lebenserfahrung – und daher auch größerer Respekt davor. In solchen Kulturen können wir eine Haltung finden, wie sie so schön in der nachfolgenden Äußerung des japanischen Malers Hokusai formuliert ist:

«Als Fünfjähriger hatte ich bereits eine leidenschaftliche Neigung, die Dinge in ihrer Gestalt zu zeichnen. Mit fünfzig Jahren hatte ich unzählige Bilder veröffentlicht, aber nichts von allem, was ich vor meinem siebzigsten Jahr leistete, war der Rede wert. Im Alter von dreiundsiebzig Jahren habe ich das wirkliche Wesen der Natur, der Tiere, Pflanzen, Vögel, Fische und Insekten ein wenig besser erfassen gelernt. Daher werde ich, wenn ich achtzig bin, weitere Fortschritte gemacht haben; mit neunzig werde ich in das Geheimnis der Dinge eindringen; mit hundert werde ich sicherlich eine wunderbare Stufe erreichen; und wenn ich hundertzehn Jahre alt bin, wird alles, was ich tue, auch nur ein Punkt oder ein Strich, lebendig sein.
Geschrieben im Alter von fünfundsiebzig Jahren von mir, einstmals Hokusai, heute Gwakio Rojin, dem alten Mann, der aufs Zeichnen versessen ist.»[92]

Die Angst vor Mißbilligung ist, wenn auch nicht so dramatisch wie die irrationale Furcht vor dem Tode und dem Alter,

[92] J. La Farge, *A Talk About Hokusai*, o. O. 1896 (W. C. Martin)

doch ein kaum weniger bezeichnender Ausdruck eines unbewußten Schuldgefühls. Auch in diesem Falle haben wir es mit der irrationalen Entstellung eines an sich normalen Verhaltens zu tun: jeder Mensch hat natürlicherweise den Wunsch, von seinen Mitmenschen akzeptiert zu werden. Der heutige Mensch aber will von jedem akzeptiert werden und fürchtet sich deshalb davor, in seinem Denken, Fühlen und Handeln vom kulturellen Vorbild abzuweichen. Der Grund dieser irrationalen Furcht vor Mißbilligung ist unter anderem ein unbewußtes Schuldgefühl. Wenn der Mensch sich selbst nicht billigen kann, weil er in der Erfüllung eines produktiven Lebens versagt, dann muß die Zustimmung anderer an die Stelle der eigenen treten. Dieses Verlangen, die Zustimmung anderer zu erhalten, kann nur verstanden werden, sofern man es als moralisches Problem begreift, als Ausdruck eines alles durchdringenden, wenn auch unbewußten Schuldgefühls.

Fast sieht es aus, als ob der Mensch sich mit Erfolg dagegen verschließen könnte, die Stimme seines Gewissens zu hören. Aber es gibt einen Zustand, wo dieser Versuch scheitert: im Schlaf. Hier ist der Mensch von allem Lärm abgeschlossen, der am Tage auf ihn einhämmert. Er ist nur noch für seine innere Erfahrung aufnahmefähig, die sich sowohl aus vielen irrationalen Tendenzen als auch aus Werturteilen und Einsichten bildet. Oft ist der Schlaf die einzige Gelegenheit, wo der Mensch sein Gewissen nicht zum Schweigen bringen kann. Das Tragische ist, daß wir im Schlaf unser Gewissen zwar reden hören, doch nicht handeln können, und wenn wir wieder handeln können, dann haben wir vergessen, was wir im Traum wußten.

Der folgende Traum mag als Beispiel dienen. Einem bekannten Schriftsteller wurde eine Stellung angeboten, bei der er seine Integrität als Schriftsteller gegen viel Geld und Ruhm veräußert hätte. Während er noch darüber nachdachte, ob er dieses Angebot annehmen sollte oder nicht, hatte er folgenden Traum: Am Fuße eines Berges sieht er zwei äußerst erfolgreiche Männer, die er ihrer opportunistischen Haltung wegen verachtet. Die beiden fordern ihn auf, die schmale Straße zum Berggipfel hinaufzufahren. Er befolgt ihren Rat, und als er beinahe beim Gipfel angelangt ist, stürzt sein Wagen über den Straßenrand hinunter. Er kommt dabei um. Die Botschaft dieses Traumes bedarf keiner Erläuterung. Der Schriftsteller erfuhr im Schlaf, daß die Übernahme der angebotenen Stellung seine Vernichtung bedeuten würde; natürlich nicht seinen physischen Tod, wie es die Symbolsprache des Traumes ausdrückt, sondern seine Vernichtung als integrales und produktives menschliches Wesen.

Ich habe das autoritäre und das humanistische Gewissen getrennt behandelt, um ihre charakteristischen Eigenschaften aufzeigen zu können, aber in Wirklichkeit sind sie natürlich nicht voneinander geschieden und schließen sich in einer einzigen Person nicht gegenseitig aus. Vielmehr hat jeder Mensch tatsächlich beide «Gewissen». Das Problem besteht darin, ihr Kräfteverhältnis und ihre Wechselwirkung zu ermitteln.

Oft werden Schuldgefühle bewußt in Begriffen des autoritären Gewissens ausgedrückt, obgleich sie ihrer Dynamik nach im humanistischen Gewissen wurzeln. Das autoritäre Gewissen ist in diesem Falle sozusagen eine Rationalisierung des humanistischen Gewissens. Jemand kann sich bewußt schuldig fühlen, weil er der Autorität mißfällt, während er sich unbewußt schuldig fühlt, weil er nicht so lebt, wie er es von sich erwartet. Als Beispiel: Ein Mann wäre gern Musiker geworden und wurde statt dessen Kaufmann, um den Wünschen seines Vaters gerecht zu werden. In geschäftlichen Dingen ist er ziemlich erfolglos, und der Vater äußert seine Enttäuschung über den Mißerfolg des Sohnes. Der Sohn ist entmutigt, fühlt sich außerstande, etwas zu leisten, und entschließt sich, die Hilfe eines Psychoanalytikers in Anspruch zu nehmen. In der Analyse spricht er zunächst ausführlich über sein Versagen und über seine Depressionen. Bald erkennt er jedoch, daß seine Depressionen auf die Schuldgefühle zurückgehen, die er wegen der Enttäuschung seines Vaters empfindet. Als der Analytiker die Echtheit dieser Schuldgefühle bezweifelt, wird der Patient ärgerlich. Bald danach sieht er sich im Traum als äußerst erfolgreichen Geschäftsmann, der von seinem Vater gelobt wird. Er sieht also etwas, das sich im wirklichen Leben nie ereignete. An dieser Stelle des Traumes erfaßt den Träumer plötzlich eine Panik und ein Trieb, sich das Leben zu nehmen, und er erwacht. Er ist über seinen Traum erschrocken und überlegt, ob er sich vielleicht nicht doch über die wirklichen Ursachen seiner Schuldgefühle getäuscht hat. So entdeckt er, daß die eigentliche Ursache seiner Schuldgefühle nicht darin zu suchen ist, daß er seinen Vater nicht zufriedenstellte, sondern in seinem Gehorsam und in seinem Unvermögen, sich selbst zu genügen. Sein Schuldgefühl ist soweit als Ausdruck seines autoritären Gewissens durchaus echt, aber es verdeckt die Schuldgefühle, die er gegenüber sich selbst empfindet und deren er sich nicht bewußt war. Die Ursachen dieser Verdrängung sind nicht schwer zu erkennen, da die Vorbilder unserer Kultur einer solchen Verdrängung Vorschub leisten: es ist sinnvoll, sich schuldig zu fühlen, weil man sein Ich vernachlässigt. Ein weiterer Grund ist die Furcht, man könnte durch die Erkenntnis der wirklichen Schuld gezwungen werden, sich zu emanzipieren und sein eigenes Leben ernst zu nehmen, anstatt weiterhin zwischen der Angst vor dem verärgerten Vater und den Versuchen, ihn zufriedenzustellen, hin und her zu pendeln.

Ein weiteres Bezugsverhältnis zwischen autoritärem und humanistischem Gewissen besteht darin, daß zwar die Inhalte der Normen identisch sind, aber daß sie aus verschiedenen Motiven anerkannt werden. So sind zum Beispiel die Gebote, nicht zu töten, nicht zu hassen, nicht neidisch zu sein und seinen Nächsten zu lieben, Normen sowohl der autoritären wie auch der humanistischen Ethik. Man darf es wohl so formulieren, daß auf der ersten Entwicklungsstufe des Gewissens eine Autorität diese Gebote gibt, die dann später nicht aus Unterwerfung unter den Willen der Autorität befolgt werden, sondern aus dem Verantwortungsbewußtsein sich selbst gegenüber. Julian Huxley wies nach, daß die Aneignung des autoritären Gewissens eine notwendige Phase in der Evolution der Menschheit darstellte, ehe Vernunft und Freiheit so weit entwickelt waren, daß ein humanistisches Gewissen möglich wurde. Andere haben den gleichen Gedankengang auf die Entwicklung des Kindes übertragen. Obgleich Huxleys historische Analyse richtig war, bin ich nicht der Ansicht, daß bei dem in einer nicht autoritären Gesellschaft lebenden Kinde das autoritäre Gewissen als unumgängliche Voraussetzung für die Bildung des humanistischen Gewissens vorhanden sein muß; aber erst die zukünftige Entwicklung der Menschheit wird die Gültigkeit dieser Annahme beweisen oder verwerfen.

Wenn das Gewissen auf eine strenge und unerschütterliche irrationale Autorität zurückgeht, kann die Entwicklung des humanistischen Gewissens nahezu gänzlich unterbunden werden. Der Mensch lebt dann in vollkommener Abhängigkeit von Mächten, die außerhalb seines Ich liegen, und hört auf, sich um sein eigenes Dasein zu sorgen oder sich dafür verantwortlich zu fühlen. Es interessiert ihn nur noch die Billigung oder Mißbilligung dieser Mächte, die durch den Staat, einen Führer oder die nicht weniger mächtige öffentliche Meinung repräsentiert werden. Selbst ein im humanistischen Sinne unmoralisches Verhalten kann im autoritären Sinne als Pflicht empfunden werden. Das beiden gemeinsame Gefühl, «etwas tun zu müssen», ist ein trügerischer Faktor, weil er sich sowohl auf das Schlimmste wie auf das Beste im Menschen beziehen kann.

Ein großartiges Beispiel dieser verwickelten Wechselbeziehung zwischen autoritärem und humanistischem Gewissen bietet Kafkas *Prozeß*. Der Held des Buches, K., befindet sich wegen eines ihm nicht bewußten Verbrechens «eines Morgens in Haft». Das Jahr, das ihm noch zum Leben bleibt, wird er im Zustand des Nicht-Wissens belassen. K. versucht, seine Sache vor einem geheimnisvollen Gerichtshof zu vertreten, dessen Gesetze und Verfahren er nicht kennt. Er bemüht sich verzweifelt, die Unterstützung schlauer Anwälte zu bekommen, die Hilfe von Frauen, die zum Gerichtshof Beziehungen haben, oder irgendeines beliebigen Menschen − aber alles umsonst. Er wird schließlich zum Tode verurteilt und hingerichtet.

Die Sprache des Romans ist traumhaft symbolisch. Alle Ereignisse sind konkret und scheinbar realistisch, obwohl sie sich in Wirklichkeit auf innere Erfahrungen beziehen, die durch äußere Geschehnisse symbolisiert werden. Die Erzählung beschreibt das Schuldbewußtsein eines Menschen, der sich von ihm unbekannten Autoritäten angeklagt glaubt und sich schuldig fühlt, weil er ihnen nicht genehm ist; aber diese Autoritäten sind ihm so unerreichbar, daß er nicht einmal erfahren kann, weswegen sie ihn anklagen oder wie er sich verteidigen könnte. Aus dieser Perspektive betrachtet, vertritt der Roman einen der Theologie Calvins äußerst ähnlichen Standpunkt. Der Mensch wird verurteilt oder gerettet, ohne die Gründe zu begreifen. Zu zittern und sich Gottes Barmherzigkeit anzuvertrauen, ist alles, was er tun kann. Der in dieser Interpretation angedeutete theologische Standpunkt entspricht dem Calvinischen Schuldbegriff, der den extremen Typus des autoritären Gewissens repräsentiert. In einem Punkte allerdings unterscheiden sich die Autoritäten im *Prozeß* fundamental von dem Gott Calvins. Statt herrlich und majestätisch sind sie korrupt und schmutzig. Symbolisiert ist das in K.'s Widerspenstigkeit diesen Autoritäten gegenüber. Er glaubt sich durch sie zermalmt und fühlt sich schuldig, aber zugleich haßt er sie und spürt, daß sie keinerlei moralisches Prinzip vertreten. Diese Mischung von Unterwerfung und Auflehnung ist charakteristisch für viele Menschen, die sich Autoritäten, besonders der verinnerlichten Autorität ihres Gewissens, unterwerfen und sich dann wieder gegen sie auflehnen.

K.'s Schuldgefühl ist zugleich eine Reaktion seines humanistischen Gewissens. Er entdeckt, daß er «verhaftet» worden ist: dies bedeutet, daß er in seinem eigenen Wachstum und in seiner Entwicklung gehindert wurde. Er empfindet seine Leere und Sterilität. In wenigen Sätzen beschreibt Kafka meisterhaft die Unproduktivität von K.'s Leben. So lebt er:

«In diesem Frühjahr pflegte K. die Abende in der Weise zu verbringen, daß er nach der Arbeit, wenn dies noch möglich war — er saß meistens bis neun Uhr im Büro —, einen kleinen Spaziergang allein oder mit Beamten machte und dann in eine Bierstube ging, wo er an einem Stammtisch mit meist älteren Herren gewöhnlich bis elf Uhr beisammensaß. Es gab aber auch Ausnahmen von dieser Einteilung, wenn K. zum Beispiel vom Bankdirektor, der seine Arbeitskraft und Vertrauenswürdigkeit sehr schätzte, zu einer Autofahrt oder zu einem Abendessen in seiner Villa eingeladen wurde. Außerdem ging K. einmal in der Woche zu einem Mädchen namens Elsa, die während der Nacht bis in den späten Morgen als Kellnerin in einer Weinstube bediente und während des Tages nur vom Bett aus Besuche empfing.»[93]

K. fühlt sich schuldig, ohne zu wissen warum. Er läuft vor sich selber davon und bemüht sich um den Beistand anderer, während nur das Begreifen der wirklichen Ursache seines Schuldgefühls und die Entfaltung seiner eigenen Produktivität ihn retten könnte. Dem Aufseher, der ihn verhaftete, stellt er alle möglichen Fragen über den Gerichtshof und seine Aussichten im Prozeß. Er erhält den einzigen Rat, der in einer solchen Situation überhaupt gegeben werden kann. Der Aufseher sagt: «Wenn ich nun aber auch Ihre Fragen

[93] Franz Kafka, *Der Prozeß*, S. Fischer Verlag, Seite 27.

nicht beantworte, so kann ich Ihnen doch raten, denken Sie weniger an uns und an das, was mit Ihnen geschehen wird, denken Sie lieber mehr an sich.»

Bei anderer Gelegenheit wird sein Gewissen durch den Gefängniskaplan repräsentiert, der ihm zeigt, daß er sich über sich selbst Rechenschaft ablegen muß und daß weder Bestechung noch Mitleid sein moralisches Problem lösen können. K. aber kann in dem Priester nur eine weitere Autorität sehen, die sich für ihn verwenden könnte, und es beschäftigt ihn nur, ob der Priester unwillig über ihn ist oder nicht. Als er den Priester zu beschwichtigen sucht, schreit er von der Kanzel herunter: «'Siehst Du denn nicht zwei Schritte weit?' Es war im Zorn geschrien, aber gleichzeitig wie von einem, der jemanden fallen sieht und, weil er selbst erschrocken ist, unvorsichtig, ohne Willen schreit.» Aber auch dieser Schrei rüttelt K. nicht auf. Er fühlt sich noch schuldiger, weil er den Kaplan in Zorn versetzt zu haben glaubt. Der Geistliche beendet die Zwiesprache mit den Worten: «Warum sollte ich also etwas von dir wollen. Das Gericht will nichts von dir. Es nimmt dich auf, wenn du kommst, und es entläßt dich, wenn du gehst.» Dieser Satz bezeichnet das Wesentliche des humanistischen Gewissens. Keine den Menschen transzendierende Macht kann sittliche Forderungen an ihn stellen. Der Mensch ist vor sich selber dafür verantwortlich, ob er sein Leben gewinnt oder verliert. Zurückkehren zu sich kann er nur, wenn er die Stimme seines Gewissens versteht. Kann er das nicht, so muß er untergehen; niemand kann ihm helfen, nur er selbst. K. muß sterben, weil er die Stimme des Gewissens nicht versteht. Im Augenblick der Hinrichtung ahnt er zum erstenmal, wo sein wirkliches Problem liegt. Er empfindet seine eigene Unproduktivität, seinen Mangel an Liebe und Glauben.

«Seine Blicke fielen auf das letzte Stockwerk des an den Steinbruch angrenzenden Hauses. Wie ein Licht aufzuckt, so fuhren die Fensterflügel eines Fensters auseinander, ein Mensch, schwach

und dünn in der Ferne und Höhe, beugte sich mit einem Ruck
weit vor und streckte die Arme noch weiter aus. Wer war es? Ein
Freund? Ein guter Mensch? Einer, der teilnahm? Einer, der helfen wollte? War es ein einzelner? Waren es alle? War noch
Hilfe? Gab es noch Einwände, die man vergessen hatte? Gewiß
gab es solche. – *Logik ist zwar unerschütterlich, aber einem Menschen, der leben will, widersteht sie nicht.* Wo war der Richter,
den er nie gesehen hatte? Wo war das hohe Gericht, bis zu dem
er nie gekommen war? Er hob die Hände und spreizte alle Finger.»[94]

Zum erstenmal sieht K. im Geiste die Zusammengehörigkeit
der Menschen, die Möglichkeit der Freundschaft und die
Verpflichtung, die der Einzelne sich selbst gegenüber hat. Er
stellt die Frage, worüber dieser Gerichtshof eigentlich zu
Gericht saß. Der Gerichtshof aber, nach dem er jetzt fragt,
ist nicht die irrationale Autorität, an die er glaubte, sondern
das Gericht seines Gewissens. Dieses Gewissen ist der eigentliche Ankläger, den er bisher nicht erkannte. K. war sich nur
seines autoritären Gewissens bewußt und versuchte sich mit
den Autoritäten auseinanderzusetzen, die es vertritt. Mit der
Selbstverteidigung gegen ein ihn transzendierendes Wesen
war er so beschäftigt, daß er sein wirkliches moralisches Problem vollständig aus den Augen verloren hatte. Bewußt fühlt
er sich schuldig, weil er von Autoritäten angeklagt wird,
doch schuldig *ist er,* weil er sein Leben vergeudete und sich
nicht ändern konnte, da er seine Schuld nicht begriff. Das
Tragische ist, daß er erst in dem Augenblick, als es bereits zu
spät ist, die Vision dessen hat, was hätte sein können.
   Der Unterschied zwischen dem humanistischen und dem
autoritären Gewissen besteht nicht darin, daß letzteres durch
die kulturelle Überlieferung geformt wird, während das erstere sich selbsttätig entwickelt. Vielmehr gleicht das Gewissen in dieser Hinsicht unsern Sprach- und Denkfähigkei-
ten, die sich ebenfalls nur im gesellschaftlichen und kulturel-

[94] Ebenda, Seite 271–272.

len Zusammenhang entwickeln, obwohl sie dem Menschen als Möglichkeiten innewohnen. Die menschliche Rasse hat in den letzten fünf- oder sechstausend Jahren ihrer kulturellen Entwicklung in religiösen und philosophischen Systemen Sittengesetze aufgestellt, nach denen sich das Gewissen jedes Einzelnen orientieren muß, wenn er nicht wieder von vorne anfangen will. Da aber hinter jedem System bestimmte Interessen stehen, neigten deren Repräsentanten dazu, den Unterschied der einzelnen Systeme stärker hervorzuheben als den allen gemeinsamen Kern. Vom menschlichen Standpunkt aus sind jedoch die gemeinsamen Elemente dieser Lehren wichtiger als ihre Unterschiede. Begreifen wir das Einschränkende und Verzerrende dieser Lehren als Ergebnis der besonderen historischen, sozialökonomischen und kulturellen Situation ihrer Entstehungszeit, so werden wir verblüffende Übereinstimmungen bei allen Denkern finden, denen die Entwicklung und das Glück des Menschen am Herzen lag.

III. Freude und Glück

> Die Glückseligkeit ist nicht der Lohn der Tugend, sondern die Tugend selbst. Wir erfreuen uns ihrer nicht deshalb, weil wir die Lüste hemmen, sondern umgekehrt, weil wir uns jener erfreuen, deshalb können wir unsere Lüste hemmen.
>
> Spinoza, *Ethik*

A. Freude als Wertkriterium

Einfachheit ist der Vorzug der autoritären Ethik. Ihre Kriterien für Gut und Böse sind die Gebote der Autorität, und die Tugend des Menschen besteht darin, ihnen zu gehorchen. Die humanistische Ethik hat sich mit den Schwierigkeiten auseinanderzusetzen, die ich im vorhergehenden bereits dargelegt habe: Da nur der Mensch selbst über Werte zu richten hat, wird der Anschein erweckt, als ob Freude oder Schmerz zum letzten Schiedsrichter über Gut und Böse werden. Wäre dies die einzige Alternative, dann könnte das humanistische Prinzip tatsächlich keine Grundlage für irgendwelche Sittengesetze abgeben. Denn wir sehen, daß manche Menschen Freude empfinden, wenn sie sich betrinken, Reichtümer sammeln, berühmt werden und jemanden Leid zufügen können, während es andern Vergnügen macht, wenn sie lieben, ihren Besitz mit Freunden teilen, nachdenken oder malen können. Gibt es für unser Leben einen Beweggrund, durch den Tier und Mensch, der Gute und Schlechte, der Gesunde und Kranke in gleicher Weise bewegt werden? Selbst dann, wenn wir das Prinzip der Freude auf diejenigen Freuden beschränken, die den rechtmäßigen Interessen anderer nicht schaden, dürfte dieses Prinzip kaum als Maxime des Handelns geeignet sein.

Es ist jedoch ein Trugschluß, daß eine Alternative zwischen Unterwerfung unter die Autorität und Bejahung der Freude als Maxime besteht. Ich will auf Grund einer empirischen Analyse der Freude, der inneren Befriedigung, des Glücks und der Lust zu erklären suchen, daß es sich hierbei um verschiedene, zum Teil sogar sich widersprechende Phänomene handelt. Diese Analyse zeigt, daß Glück und Lust, obgleich sie in gewissem Sinne *subjektive* Erfahrungen darstellen, doch das Ergebnis von Wechselwirkungen mit *objektiven* Voraussetzungen sind, von denen sie abhängen. Sie dürfen also nicht mit einer nur subjektiven Freude verwechselt werden. Diese objektiven Voraussetzungen können wir summarisch als Produktivität bezeichnen.

Die Bedeutung der qualitativen Analyse der Freude wurde schon in den frühesten Anfängen des humanistischen ethischen Denkens erkannt. Das Problem konnte allerdings nicht gelöst werden, weil man die unbewußte Dynamik der Freudeerfahrung nicht erkannte. Die psychoanalytische Forschung hat neue Fakten aufgedeckt und kann neue Antworten zu diesem alten Problem der humanistischen Ethik geben. Zum besseren Verständnis dieser Erkenntnisse und deren Anwendung auf die reine Ethik scheint ein kurzer Überblick über einige der bedeutendsten ethischen Theorien in bezug auf Freude und Glück angebracht.

Der Hedonismus behauptet, faktisch wie auch normativ sei die Freude für alle menschlichen Handlungen das leitende Prinzip. Aristippos, der erste Vertreter der hedonistischen Schule, nahm an, das Erlangen von Freude und das Vermeiden von Schmerz sei das Ziel des Lebens und sei gleichzeitig das Kriterium der Tugend. Unter Freude verstand Aristippos die Freude des Augenblicks.

Dieser radikale – und naive – hedonistische Standpunkt hatte den Vorzug, daß er kompromißlos auf den Wert der Einzelpersönlichkeit und auf die konkrete Konzeption der «Freude» hinwies, indem er Glück und unmittelbare Erfahrung gleichsetzte.[95] Die Hedonisten erkannten dagegen nicht, daß ihre Voraussetzung absolut subjektivistisch war. Der erste Versuch, den hedonistischen Standpunkt zu revidieren, und zwar durch Einführung *objektiver* Kriterien für den Begriff der Freude, geschah durch *Epikur*. Dieser hielt zwar daran fest, daß Freude das Ziel des Lebens sei, kam aber gleichzeitig zu der Feststellung, daß wohl jede Freude in sich gut sei, nicht aber alle Freuden brauchbar seien, denn es gebe Freuden, die später mehr Ärger als Freude verursachen. Nur die *richtige* Freude könne zu einem weisen und rechtschaffenen Leben beitragen. «Wahre» Freude bestehe in Seelenfrieden und Freisein von Furcht und könne nur von dem Menschen erreicht werden, der Vernunft und Voraussicht besitze und daher bereit sei, auf die Lust des Augenblicks um einer beständigen und ruhigen Befriedigung willen zu verzichten. Epikur will zeigen, daß seine Konzeption der Freude als des eigentlichen Lebensziels zu-

---

[95] Siehe: H. Marcuse, *Zur Kritik des Hedonismus,* Zeitschrift für Sozialforschung VII, 1938.

sammenhängt mit der Tugend des Maßhaltens, des Mutes, der Rechtschaffenheit und der Freundschaft. Da aber für Epikur «das Gefühl die Regel ist, an der wir alles Gute messen», kam er doch nicht über jene grundsätzliche theoretische Schwierigkeit hinweg, die subjektive Erfahrung der Freude mit dem objektiven Kriterium von «rechter» und «falscher» Freude in Einklang zu bringen. Sein Bemühen, eine Harmonie zwischen subjektiven und objektiven Kriterien zu schaffen, ging nicht über die *Behauptung* hinaus, daß eine solche Übereinstimmung existiere.

Nicht-hedonistische humanistische Philosophen setzten sich mit dem gleichen Problem auseinander, indem sie die Kriterien «Wahrheit» und «Allgemeinheit» beizubehalten suchten, ohne das Glück des Einzelnen als letztes Lebensziel aus dem Auge zu verlieren.

Der erste, der die Kriterien «Echtheit» und «Falschheit» auf Wünsche und Freude bezog, war *Platon*. Wie das Denken, so kann auch die Freude *echt* oder *falsch* sein. Platon leugnet nicht die Tatsache des subjektiven Freudegefühls, aber er weist darauf hin, daß die Empfindung der Freude «täuschen» kann, weil Freude ebenso wie das Denken eine Funktion des Erkennens ist. Platon vertritt diese Auffassung mit der Theorie, daß die Freude ihren Ursprung nicht nur in einem isolierten sinnlichen Teil des Menschen habe, sondern in der Gesamtpersönlichkeit. Er folgert, daß *gute Menschen echte Freuden haben, schlechte Menschen dagegen falsche*.

Aristoteles hält wie Platon daran fest, daß die subjektive Freude kein Kriterium für ein tugendhaftes Handeln und damit auch kein Kriterium für seinen Wert sein könne. Er sagt, «weil böse Menschen etwas als Lust empfinden, darf man nicht annehmen, daß es außer jenen auch andere als Lust empfinden, genau so wenig wie das, was einem Kranken heilsam, süß oder bitter erscheint, oder das, was dem Augenleidenden weiß erscheint, deshalb auch anderen dasselbe bedeutet.»[96] Schimpfliche Freuden sind keine echten Freuden, «ausgenommen dem verderbten Geschmack», während Freuden, die objektiv diesem Begriffe entsprechen, Begleiterscheinungen jener «Tätigkeiten sind, die dem Menschen ziemen».[97] Für Aristoteles gibt es zwei rechtmäßige Arten der Freude: jene, die mit dem bei der Erfüllung unserer Bedürfnisse und der Verwirklichung unserer Fähigkeiten sich abspielenden Vorgang, und jene, die mit der Ausübung der von uns erworbenen Fähigkeiten verknüpft sind. Letzteres ist die höhere Art der Freude. Freude ist eine für den natürlichen Zustand unseres Daseins typische Lebendigkeit (energia). Die befriedigendste und vollkommenste Freude ist eine Qualität, die dem aktiven Gebrauch erworbener oder verwirklichter Fähigkeiten zukommt. Sie schließt Lust und Spontaneität, eine durch nichts behinderte Aktivität ein, wobei «durch nichts behindert» gleichbedeutend ist mit «nicht gehemmt» oder «durch nichts beschränkt». Somit vervollkommnet Freude unser tätiges Verhalten und demzufolge auch das Leben. Freude und Leben sind einander verbunden, keines ist ohne das andere denkbar. Die größte und dauerndste Glückseligkeit ist eine Folge höchster menschlicher Betätigung, die dem Göttlichen verwandt ist: die Betätigung der Vernunft. Soweit der Mensch etwas Göttliches in sich trägt, wird er dementsprechend handeln.[98] Aristoteles kommt zu einem Begriff der *wahren* Freude, der mit dem subjektiven Freudeerlebnis des gesunden und reifen Menschen identisch ist.

Spinozas Theorie der Freude ähnelt in gewisser Hinsicht der Platonischen und der Aristotelischen; sie geht allerdings noch weit darüber hinaus. Auch er glaubte, Freude sei die Folge eines rechten und tugendhaften Lebens, nicht aber ein Zeichen von Sündhaftigkeit, wie die gegen die Freude einge-

96 Aristoteles, *Ethik,* Buch 10, Kapitel 2
97 Ebenda
98 Ebenda, siehe Buch 7, Kapitel 11 bis 13; Buch 10, Kapitel 4, 7, 8

stellten Schulen behaupten. Er erweiterte diese Theorie, indem er eine mehr auf Erfahrung beruhende und das Wesentliche kennzeichnende Definition des Begriffs «Freude» gab, die auf seiner anthropologischen Gesamtkonzeption basierte. Spinozas Begriff der Freude steht in Beziehung zur Potenz (innewohnende Kraft, Leistungs- und Wirkungsfähigkeit). «Freude ist Übergang des Menschen von geringerer zu größerer Vollkommenheit; Unlust ist Übergang des Menschen von größerer zu geringerer Vollkommenheit.»[99] Größere oder geringere Vollkommenheit ist dasselbe wie größeres oder geringeres Vermögen, die eigenen Fähigkeiten zu verwirklichen und sich dem «Modell der menschlichen Natur» weiter anzunähern. Freude ist nicht das *Ziel* des Lebens, begleitet aber unfehlbar die produktive Aktivität des Menschen. «Glückseligkeit ist nicht der Lohn der Tugend, sondern die Tugend selbst.»[100] Das Entscheidende an Spinozas Auffassung der Glückseligkeit liegt in seiner dynamischen Konzeption der Kraft. Goethe, Guyau, Nietzsche, um nur einige bedeutende Namen zu nennen, bauten ihre sittlichen Anschauungen auf dem gleichen Grundgedanken auf – daß Freude kein primäres Aktionsmotiv ist, sondern eine Begleiterscheinung der produktiven Aktivität.

In der Ethik *Spencers* finden wir eine der umfassendsten und systematischsten Untersuchungen des Lustprinzips, die für unsere weiteren Erörterungen einen vortrefflichen Ausgangspunkt bieten.

Der Schlüssel zu Spencers Lust-Schmerz-Prinzip ist sein Evolutionsbegriff. Er behauptet, Lust und Schmerz hätten die biologische Funktion, den Menschen anzuregen, das zu tun, was sowohl ihm als Einzelwesen wie auch der menschlichen Rasse nützt; sie seien daher unerläßliche Faktoren im Evolutionsprozeß. «Schmerzen sind die Korrelate von Handlungen, die dem Organismus schädlich sind, während Lust

[99] Spinoza, *Ethik,* III, Affekte, Def. II, III
[100] Ebenda, V, Lehrsatz 42.

die Korrelate von Handlungen sind, die sein Wohlbefinden fördern.»[101] «Das Individuum oder die Gattung werden am Leben erhalten, indem sie das Angenehme suchen oder das Unangenehme meiden.»[102] Obgleich Lust ein subjektives Erlebnis sei, dürfe sie doch nicht nur nach dem Verhältnis ihrer subjektiven Elemente beurteilt werden; sie habe auch einen objektiven Aspekt, nämlich den des physischen und geistigen Wohlbefindens des Menschen. Spencer gibt zu, daß in unserer heutigen Kultur viele Fälle «pervertierter» Lust- oder Schmerzerlebnisse vorkommen, und erklärt dieses Phänomen aus den Widersprüchen und Unvollkommenheiten der Gesellschaft. Ferner behauptet er, «mit der vollkommenen Anpassung der Menschheit an das gesellschaftliche Niveau wird auch die Erkenntnis der Wahrheit Hand in Hand gehen, daß Handlungen nur dann vollkommen richtig sein können, wenn sie abgesehen davon, daß sie im besonderen und allgemeinen einem künftigen Glück förderlich sind, auch unmittelbar als angenehm empfunden werden; umgekehrt ist das unmittelbar, nicht mittelbar empfundene Unangenehme ein Begleitumstand unrichtiger Handlungen.»[103] Er sagt, daß diejenigen, die dem Schmerz eine günstige, beziehungsweise der Freude eine nachteilige Wirkung zuschreiben, sich einer Verdrehung schuldig machen, welche die Ausnahme als Recht erscheinen lasse.

Spencers Lehre der biologischen Funktion der Freude entspricht seiner soziologischen Theorie. Eine Umbildung der menschlichen Natur für die Anforderungen des gesellschaftlichen Lebens müßte *alle* notwendigen Betätigungen erfreulich machen, während sie Betätigungen, die im Widerspruch zu diesen Anforderungen stehen, unerfreulich macht.[104]

101 H. Spencer, *The Principles of Ethics*, New York 1902 (D. Appleton Co.), Bd. I
102 Ebenda, Seite 79, 82.
103 Ebenda, Seite 99
104 Ebenda, Seite 183

Und weiterhin, «daß die Freude, die bei der Erreichung eines Zweckes mitwirkt, selbst zum Zweck wird».[105]

Die Konzeptionen von Platon, Aristoteles, Spinoza und Spencer haben folgendes gemeinsam:

1. das subjektive Erlebnis der Freude ist an sich kein ausreichendes Wertkriterium;
2. das Glück und das Gute stehen miteinander in Beziehung;
3. ein objektives Kriterium für die Wertbestimmung der Freude ist möglich.

Als Kriterium für die rechte Freude wies Platon auf den «guten Menschen» hin; Aristoteles auf «das Wirken des Menschen»; Spinoza, wie Aristoteles, auf die Verwirklichung der menschlichen Natur durch Gebrauch der dem Menschen innewohnenden Kräfte; Spencer auf die biologische und gesellschaftliche Evolution des Menschen.

Die bisher erwähnten Theorien über die Freude und ihre Funktion in der Ethik hatten den Mangel, daß sie nicht auf präzisierten Studien und Beobachtungen basierten. Die Psychoanalyse mit ihrer minutiösen Erforschung der unbewußten Motive und der Dynamik des Charakters schuf die Grundlage für solche präzisierten Studien und Beobachtungen und ermöglichte es, die Untersuchung der Freude als einer Lebensnorm über den traditionellen Rahmen hinaus zu ergänzen.

Die Psychoanalyse bestätigt die von den Gegnern der hedonistischen Ethik vertretene Auffassung, daß ein subjektives Befriedigungsgefühl an sich täuschen kann und kein gültiges Wertkriterium ist. Die Einblicke der Psychoanalyse in das Wesen der masochistischen Triebe beweisen die Richtigkeit der antihedonistischen Position. Alle masochistischen Triebe können beschrieben werden als *Begierde nach dem, was der Gesamtpersönlichkeit schädlich ist.* In seinen ausgeprägteren Formen ist Masochismus der Wunsch nach physischem

[105] Ebenda, Seite 159

194

Schmerz und der durch diesen Schmerz entstehende Freude. Als Perversion ist Masochismus mit sexueller Erregung und Befriedigung verbunden, wobei der Wunsch nach Schmerz bewußt ist. «Moralischer Masochismus» besteht in dem Wunsch, psychisch verletzt, erniedrigt und beherrscht zu werden. Meist ist dieser Wunsch nicht bewußt, er wird vielmehr als Treue, Liebe oder Selbstverleugnung oder auch als Bejahung der Naturgesetze, des Schicksals oder anderer den Menschen transzendierender Mächte gedeutet. Die Psychoanalyse zeigt, wie tief masochistische Triebe verdrängt und wie gut sie rational ausgelegt werden können.

Masochistische Phänomene sind jedoch nur ein besonders auffallendes Beispiel für unbewußte, objektiv schädliche Triebe; alle Neurosen können als die Folge unbewußter Triebe angesehen werden, die einen Menschen schädigen und seine Entwicklung hemmen. Das Verlangen nach etwas Schädlichem ist das Wesen geistiger Krankheit. Jede Neurose bestätigt daher, daß die Freude zu den wirklichen Interessen des Menschen im Widerspruch stehen kann.

Die Freude an der Befriedigung eines neurotischen Triebes ist oft − aber durchaus nicht immer − unbewußt. Die masochistische Perversion ist ein Beispiel bewußter Freude an einem neurotischen Trieb. Der Sadist, dem es Befriedigung gibt, andere zu demütigen, oder der Geizige, der sich am gehamsterten Geld erfreut, können bewußt oder unbewußt Freude an der Befriedigung ihrer Süchte empfinden. Ob eine solche Freude bewußt empfunden oder verdrängt wird, hängt von zwei Faktoren ab: erstens von den Kräften im Menschen, die sich seinen irrationalen Trieben widersetzen; zweitens davon, in welchem Maße der Sittenkodex der Gesellschaft die Lust an solchen Freuden billigt oder ächtet. Die Verdrängung der Freude kann zweierlei bedeuten. Die oberflächlichere und häufigere Form der Verdrängung ist diejenige, bei der zwar bewußt Freude empfunden wird, doch nicht im Zusammenhang mit den irrationalen

Trieben als solchen, sondern eher mit einem rational gefärbten Ausdruck derselben. Der Geizige zum Beispiel glaubt deshalb Befriedigung zu empfinden, weil er umsichtig für seine Familie gesorgt habe; der Sadist hält die Ursache seiner Freude für sittliche Entrüstung. Die radikalere Form der Verdrängung dagegen läßt keine bewußte Freude zu. Viele Sadisten werden aufrichtig bestreiten, daß es ihnen Freude macht, andere gedemütigt zu sehen. Aber die Analyse ihrer Träume und freien Assoziationen deckt das Vorhandensein einer unbewußten Freude auf.

Schmerz und Unglück können ebenfalls unbewußt sein, und ihre Verdrängung kann die gleichen Formen annehmen, die soeben in bezug auf die Freude geschildert wurden. Ein Mensch fühlt sich unglücklich, weil er nicht den Erfolg hat, den er wünscht, oder weil seine Gesundheit geschwächt ist, oder infolge irgendwelcher anderer Lebensumstände; die fundamentale Ursache kann jedoch die ihm fehlende Produktivität sein, die Inhaltslosigkeit seines Lebens, seine Liebesunfähigkeit oder irgendwelche anderen *inneren* Defekte. Er legt sein Unglück rational aus und empfindet es daher nicht im Zusammenhang mit den wirklichen Ursachen. Aber auch hier geschieht die tiefergreifende Verdrängung des Unglücks dort, wo das Unglück überhaupt nicht bewußt wird. In diesem Fall hält sich ein Mensch für vollkommen glücklich, während er in Wirklichkeit unglücklich und unzufrieden ist.

Gegen die Konzeption von unbewußtem Glück und Unglück kann der wichtige Einwand erhoben werden, daß Glück und Unglück mit unserm bewußten Gefühl identisch seien; Freude oder Qual zu empfinden, ohne es zu wissen, sei dasselbe, wie wenn man keine Freude oder keine Qual empfinde. Diesem Einwand kommt mehr als eine nur theoretische Bedeutung zu. Er ist durch die sich daraus ergebenden gesellschaftlichen und sittlichen Folgerungen von größter Wichtigkeit. Wenn Sklaven sich keines Kummers über ihr

Schicksal bewußt werden, wie könnte dann ein Außenstehender im Namen des menschlichen Glücks gegen die Sklaverei sein? Wenn der moderne Mensch so glücklich ist, wie er vorgibt, beweist dies dann nicht, daß wir die bestmögliche aller Welten eingerichtet haben? Genügt die Illusion des Glücks nicht, oder, besser gesagt, ist die «Illusion des Glücks» nicht ein sich selbst widersprechender Begriff?

Diese Einwände übergehen die Tatsache, daß sowohl Glück wie Unglück mehr sind als nur ein Geisteszustand. Glück und Unglück drücken in Wirklichkeit die Verfassung des gesamten Organismus, der Gesamtpersönlichkeit aus. Glück steht im Zusammenhang mit einer Zunahme an Vitalität, an Intensität des Fühlens und Denkens und an Produktivität. Unglück steht im Zusammenhang mit einer Abnahme dieser Fähigkeiten und Funktionen. Glück und Unglück sind so sehr ein Zustand unserer Gesamtpersönlichkeit, daß körperliche Reaktionen oft mehr darüber verraten als bewußte Gefühle. Das angespannte Gesicht eines Menschen, Gleichgültigkeit, Müdigkeit oder physische Symptome wie Kopfschmerz, ja sogar schwerere Krankheitserscheinungen, sind häufige Ausdrücke von Unglück, so wie physisches Wohlbefinden eines der «Glücks-Symptome» sein kann. Unser Körper läßt sich über den Stand unseres Glücks nicht so leicht täuschen wie unser Geist, und man darf den Gedanken nicht von der Hand weisen, daß vielleicht eines Tages das Vorhandensein und Ausmaß von Glück oder Unglück aus einer Untersuchung der chemischen Prozesse im Körper ermittelt werden kann. In gleicher Weise steht auch die Funktion unserer geistigen und emotionalen Fähigkeiten unter dem Einfluß unseres Glücks oder Unglücks. Die Schärfe unseres Verstandes und die Intensität unseres Fühlens sind davon abhängig. Unglück schwächt die psychischen Funktionen oder lähmt sie sogar. Glück stärkt sie. Das subjektive Glücksempfinden, sofern es nicht das gesamte Wohlbefinden des Menschen einschließt, ist lediglich ein illusorischer Gedanke *über* ein Gefühl und hat mit echtem Glück nichts gemein.

Freude oder Glück, die nur im Kopfe eines Menschen existieren und nicht den Zustand seiner Gesamtpersönlichkeit darstellen, möchte ich Pseudo-Freude oder Pseudo-Glück nennen. Zum Beispiel: Jemand verreist und ist bewußt glücklich. Dieses Gefühl hat er vielleicht nur deshalb, weil Glück das ist, was er von einer Vergnügungsreise erwartet; in Wirklichkeit kann er unbewußt enttäuscht und unglücklich sein. Ein Traum mag ihm die Wahrheit enthüllen, vielleicht erkennt er auch später, daß sein Glück nicht echt war. Pseudo-Schmerz kann man in vielen Situationen beobachten, in denen konventionellerweise Trauer oder Unglück erwartet und deshalb auch gefühlt wird. Pseudo-Freude und Pseudo-Schmerz sind in Wirklichkeit nur angebliche Gefühle. Es sind eher *Gedanken über Gefühle* als echte emotionale Erlebnisse.

B. Formen der Freude

Eine Analyse des qualitativen Unterschiedes zwischen den verschiedenen Arten der Freude gibt uns, wie bereits angedeutet, den Schlüssel für das Problem des Verhältnisses zwischen Freude und sittlichen Werten.[106]

Eine Art der Freude, die von Freud und anderen für das Wesentliche jeder Freude gehalten wurde, ist das Gefühl, das die *Befreiung von einer schmerzhaften Spannung* begleitet. Hunger, Durst und der Trieb nach sexueller Befriedigung, Schlafbedürfnis und der Wunsch nach körperlicher Bewegung haben ihren Ursprung in dem nach physikalisch-chemischen Gesetzen geregelten Organismus. Das objektive,

---

[106] Heutigen Tages dürfte es sich wohl erübrigen, auf Benthams Fehlschluß hinzuweisen, daß alle Freuden qualitativ gleich, doch quantitativ verschieden seien. Es gibt wohl kaum einen Psychologen, der diese Auffassung noch vertritt, obgleich die populäre Vorstellung von «sich amüsieren» stets einschließt, daß alle Freuden die gleiche Qualität haben.

physiologische Bedürfnis, diese Ansprüche zu befriedigen, wird subjektiv als Verlangen empfunden. Sofern diese Bedürfnisse längere Zeit unbefriedigt bleiben, macht sich eine schmerzhafte Spannung bemerkbar. Ist diese Spannung behoben, so wird die Befreiung als Freude empfunden, oder wie ich es nennen möchte, als *Befriedigung*.[107] Es gehört zum Wesen aller physiologisch bedingten Bedürfnisse, daß mit ihrer Befriedigung auch die Spannung endet, die auf den im Organismus vor sich gehenden physiologischen Veränderungen beruht. Wenn wir hungrig sind und essen, dann haben unser Organismus – und wir – bei einem gewissen Punkt genug und würden weitere Nahrungsaufnahme als unangenehm empfinden. Die Zufriedenheit über die Lösung der schmerzhaften Spannung ist die allgemeinste und psychologisch am leichtesten zu erlangende Freude. Sie kann auch zu einer der intensivsten Freuden werden, wenn die Spannung lange angehalten hat und dadurch intensiv geworden ist. Die Bedeutung dieser Freude steht außer Zweifel, und ebenso die Tatsache, daß sie im Leben vieler Menschen nahezu die einzige Form der Freude ist, die sie erleben.

Eine andere Art Freude, die sich zwar von der beschriebenen Art unterscheidet, doch gleichfalls durch Lösung einer Spannung verursacht wird, hat ihren Ursprung in psychischer Spannung. Ein Mensch kann das Empfinden haben, ein Wunsch entspringe einem Verlangen seines Körpers, während in Wirklichkeit dieser Wunsch durch irrationale psychische Bedürfnisse bestimmt wird. Er kann großen Hunger haben, der nicht durch die normalen, physiologisch bedingten Bedürfnisse seines Organismus, sondern durch psychische Bedürfnisse hervorgerufen wird: er will damit ein Gefühl der Angst oder Depression beschwichtigen (obgleich dies auch ein begleitender Umstand abnormer physikalisch-che-

---

[107] *Befriedigung* = *satisfaction*. Dieses Wort, von *satis-facere* = *zufriedenstellen* abgeleitet, erscheint für die Bezeichnung dieser Art Freude höchst angemessen.

mischer Prozesse sein kann). Es ist allgemein bekannt, daß ein Bedürfnis zu trinken oft gar nichts mit Durst zu tun hat, sondern psychisch bedingt ist.

Die Ursache eines starken Sexualtriebes braucht ebenfalls nicht immer physiologisch, sondern kann auch psychisch sein. Ein unsicherer Mensch, der sich selber seinen Wert beweisen muß, der anderen seine Unwiderstehlichkeit zeigen oder sie sexuell beherrschen will, wird leicht ein starkes sexuelles Verlangen verspüren und daher eine schmerzhafte Spannung, falls seine Wünsche nicht befriedigt werden. Er wird annehmen, daß die Intensität seiner Triebe einem Verlangen seines Körpers entspricht, während in Wirklichkeit dieses Verlangen durch seine psychischen Bedürfnisse ausgelöst wird. Neurotische Schläfrigkeit ist ein weiteres Beispiel für ein Bedürfnis, bei dem man das Empfinden hat, es werde wie normale Müdigkeit durch körperliche Bedingungen hervorgerufen, obgleich es psychischen Bedingungen, wie verdrängte Angst, Furcht oder Zorn, entspringt.

Diese Bedürfnisse gleichen den normalen, physiologisch bedingten Bedürfnissen insofern, als beide auf einen Mangel oder auf eine Unzulänglichkeit zurückzuführen sind. In dem einen Fall beruht die Unzulänglichkeit auf normalen chemischen Prozessen innerhalb des Organismus; im anderen ist sie das Ergebnis einer gestörten psychischen Funktion. In beiden Fällen verursacht die Unzulänglichkeit Spannungen, und die Lösung dieser Spannungen bringt Freude. Alle anderen irrationalen Wünsche, die sich nicht in Form von körperlichen Bedürfnissen äußern (wie Ruhmsucht, Herrschsucht, der Wunsch, sich jemandem zu unterwerfen, oder Neid und Eifersucht), wurzeln gleichfalls im Charakter eines Menschen und sind die Folge einer Lähmung oder Verzerrung der Persönlichkeit. Die in der Befriedigung dieser Leidenschaften empfundene Freude wird ebenso wie im Falle der neurotisch bedingten körperlichen Wünsche durch die Lösung einer psychischen Spannung verursacht.

Obwohl die Freude an der Befriedigung echter physiologischer und irrationaler psychischer Bedürfnisse darauf beruht, daß eine Spannung sich löst, bestehen doch wesentliche qualitative Unterschiede. Physiologisch bedingte Wünsche, wie Hunger, Durst usw., sind gestillt, sobald die physiologisch bedingte Spannung behoben ist, und treten erst wieder auf, wenn die physiologischen Bedürfnisse sich von neuem einstellen; ihrem Wesen nach sind sie also einem bestimmten Rhythmus unterworfen. Die irrationalen Wünsche dagegen sind unersättlich. Das Bedürfnis des neidischen, habgierigen oder sadistischen Menschen verschwindet auch dann nicht – oder höchstens nur vorübergehend –, wenn es befriedigt ist. Es liegt im Wesen dieser irrationalen Wünsche, daß sie nicht «befriedigt» werden können. Sie entstehen aus einem Unbefriedigtsein im Menschen selbst. Der Mangel an Produktivität und die daraus resultierende Kraftlosigkeit und Angst sind die Wurzel dieser leidenschaftlichen Süchte und irrationalen Wünsche. Selbst dann, wenn ein Mensch seine Machtgier und seinen Zerstörungstrieb befriedigen könnte, würde es nichts an seiner Angst und an seiner Verlassenheit ändern, und daher würde die Spannung weiter bestehen. Die Einbildungskraft, an sich eine herrliche Gabe, wird zum Fluch. Da der Betreffende sich von seinen Ängsten nicht erlöst sieht, stellt er sich vor, daß noch stärkere Befriedigungen seine Gier heilen und sein inneres Gleichgewicht wieder herstellen würden. Aber die Gier ist ein Faß ohne Boden, und der Gedanke, durch ihre Befriedigung von ihr erlöst zu werden, ist eine Fata Morgana. Gier hat ihre Wurzeln nicht, wie so häufig angenommen wird, in der animalischen Natur des Menschen, sondern in seinem Geist und seiner Einbildungskraft.

Wir haben gesehen, daß Freuden, die in der Erfüllung physiologischer Bedürfnisse und neurotischer Wünsche begründet sind, durch Beseitigung einer schmerzhaften Spannung entstehen. Während jedoch die der ersten Kategorie wirklich befriedigend wirken, also normal und als solche eine Voraussetzung des Glücks sind, bringen letztere höchstens vorübergehend Linderung, was auf eine pathologische Funktion und auf ein fundamentales Unglücklichsein hinweist. Im Gegensatz zu der «Befriedigung», welche die Erfüllung normaler physiologischer Wünsche ist, möchte ich daher Freuden, die ihre Ursache in der Erfüllung irrationaler Wünsche haben, «irrationale Freuden» nennen.

Für die Ethik ist der Unterschied zwischen irrationaler Freude und Glück um vieles wichtiger als derjenige zwischen irrationaler Freude und Befriedigung. Um diese Unterscheidungen zu verstehen, mag es angebracht sein, wenn wir hier den Begriff des psychologischen *Mangels* im Gegensatz zum *Überfluß* einführen.

Unerfüllte körperliche Bedürfnisse erzeugen eine Spannung, deren Lösung Befriedigung schafft. Der Mangel ist also die Basis dieser Befriedigung. In anderem Sinn wurzeln auch irrationale Wünsche in einem Mangel: in der Unsicherheit und Angst eines Menschen, die ihn dazu zwingt, andere zu hassen, zu beneiden oder sich ihnen zu unterwerfen; die Freude an der Erfüllung dieser Begierden beruht auf dem fundamentalen Mangel an Produktivität. Beide, sowohl die physiologischen wie die irrationalen psychischen Bedürfnisse, sind Teilerscheinungen eines Mangelsystems.

Außer dem Mangel gibt es aber auch *Überfluß*. Obwohl sogar im Tier überschüssige Energie vorhanden ist, die sich im Spiel ausdrückt,[108] ist Überfluß doch im wesentlichen ein menschliches Phänomen. Es ist der Bereich der Produktivität, der inneren Aktivität. Dieser Bereich kann nur in dem Maß vorhanden sein, wie der Mensch nicht für seinen bloßen Unterhalt arbeiten und dafür den größten Teil seiner Energien aufbrauchen muß. Die Evolution der menschlichen Rasse ist

---

[108] Dieses Problem ist in G. Ballys ausgezeichneter Studie, *Vom Ursprung und von den Grenzen der Freiheit* (Basel 1945, B. Schwabe Co.), analysiert worden.

durch die Ausdehnung des Überflusses charakterisiert, jener überschüssigen Energien, welche für Zwecke zur Verfügung stehen, die über die bloßen Bedürfnisse hinausreichen. Alle spezifisch *menschlichen* Errungenschaften entspringen dem Überfluß.

In jedem Tätigkeitsbereich gibt es den Unterschied zwischen Mangel und Überfluß und demzufolge auch zwischen Befriedigung und Glück, sogar hinsichtlich elementarer Funktionen wie Hunger und Sexualität. Die Befriedigung physiologischer Bedürfnisse, wie etwa großer Hunger, bringt Freude, denn sie löst eine Spannung. Die Freude, welche durch Befriedigung des Hungers entsteht, ist eine andere als die, welche von der Befriedigung des Appetits herrührt. Appetit ist das Vorgefühl einer genußreichen Erfahrung des Geschmacks. Im Unterschied zum Hunger verursacht er keine Spannung. Geschmack in diesem Sinne ist ein Ergebnis der kulturellen Entwicklung und Verfeinerung, wie etwa musikalischer oder künstlerischer Geschmack, und kann sich nur dank eines Überflusses entwickeln. Das gilt sowohl im kulturellen wie auch im psychologischen Sinne des Wortes. Hunger ist eine Mangelerscheinung; seine Befriedigung ist eine Notwendigkeit. Appetit ist eine Erscheinung des Überflusses; seine Befriedigung ist keine Notwendigkeit, sondern ein Ausdruck von Freiheit und Produktivität. Die damit verbundene Lust kann als Freude bezeichnet werden.[109]

Hinsichtlich des Geschlechtstriebes kann man ähnlich wie zwischen Hunger und Appetit unterscheiden. Freuds Trieblehre geht davon aus, daß es sich um ein Bedürfnis handelt, das ausschließlich auf eine physiologisch bedingte Spannung

---

[109] Da ich hier lediglich den Unterschied zwischen der auf Mangel beruhenden Freude und der auf Überfluß beruhenden Freude darlegen will, brauche ich auf weitere Einzelheiten des Hunger-Appetit-Problems nicht einzugehen. Es genügt der Hinweis, daß echter Hunger auch zum Appetit gehört. Die physiologische Basis der Essensfunktion berührt uns in der Weise, daß ein Nichtvorhandensein von Hunger auch den Appetit auf ein Minimum reduzieren würde. Worauf es jedoch ankommt, ist die Akzentuierung der Motivation.

zurückgeht und das, wie auch der Hunger, durch Befriedigung gestillt wird. Freud übersieht jedoch, daß es sexuelle Wünsche und Freuden gibt, die dem Appetit entsprechen, also lediglich im Bereich des Überflusses existieren und somit ein ausschließlich menschliches Phänomen sind. Der sexuell «hungrige» Mensch ist nach Beseitigung der Spannung befriedigt, wobei es gleichgültig ist, ob diese physiologischer oder psychischer Natur ist, und diese Befriedigung bewirkt seine Freude.[110] Sexuelle Lust aber, die wir Freude nennen, hat ihren Ursprung im Überfluß und in der Freiheit und ist ein Ausdruck sensueller und emotionaler Produktivität.

Man nimmt weithin an, daß Lust und Glück mit jenem Glück identisch seien, das mit der Liebe im Zusammenhang steht. Viele halten die Liebe für die einzige Quelle allen Glücks. Wir müssen aber auch bei der Liebe, wie bei allen andern menschlichen Betätigungen, zwischen der produktiven und der nichtproduktiven Form unterscheiden. Nichtproduktive oder irrationale Liebe kann, wie ich bereits gezeigt habe, irgendeine Art masochistischer oder sadistischer Symbiose sein, bei der sich das Verhältnis zwischen den Partnern nicht auf gegenseitige Achtung und Integrität aufbaut, sondern wo beide voneinander abhängen, weil sie nicht in sich selbst beruhen können. Diese Liebe geht wie alle andern irrationalen Triebe auf einen Mangel zurück, auf den Mangel an Produktivität und innerer Sicherheit. Produktive Liebe — das engste Verhältnis zwischen zwei Menschen, in dem zugleich die Integrität jedes einzelnen gewahrt wird — ist ein Phänomen des Überflusses. Die Fähigkeit dazu ist ein Zeugnis menschlicher Reife. Freude und Glück sind die Begleiterscheinungen der produktiven Liebe.

---

[110] Der klassische Ausspruch *«Omne animal triste post coitum»* («Alle Tiere sind nach dem Geschlechtsverkehr traurig»), ist, soweit es sich auf menschliche Wesen bezieht, eine adäquate Beschreibung der sexuellen Befriedigung im Sinne der Mangelerscheinung.

In allen Tätigkeitsbereichen bestimmt der Unterschied zwischen Mangel und Überfluß die Qualität des Freude-Erlebnisses. Jeder Mensch erlebt Befriedigungen, irrationale Freuden und Lust. Die Menschen unterscheiden sich jedoch durch den Raum, den jede dieser Freuden in ihrem Leben einnimmt. Befriedigung und irrationale Freude erfordern keine emotionale Anstrengung; sie setzen lediglich die Fähigkeit voraus, die Bedingungen für die Lösung dieser Spannungen zu schaffen. Echte Freude ist eine Leistung; sie setzt eine innere Anstrengung voraus, nämlich die der produktiven Aktivität.

Glück ist eine aus der inneren Produktivität des Menschen entstehende Leistung, kein Geschenk der Götter. Glück und Freude ist nicht die Befriedigung eines auf physiologischem oder psychologischem Mangel beruhenden Bedürfnisses; nicht die Beseitigung einer Spannung, sondern die Begleiterscheinung aller produktiven Aktivität im Denken, Fühlen und Handeln. Freude und Glück unterscheiden sich nicht in der Qualität, sondern nur insofern, als Freude sich auf einen einzelnen Akt bezieht, während man vom Glück sagen kann, es sei eine stetige oder integrierende Freude-Erfahrung. Wir können von «Freuden» in der Mehrzahl sprechen, von «Glück» jedoch nur in der Einzahl.

Glück deutet darauf hin, daß der Mensch die Lösung des Problems der menschlichen Existenz gefunden hat: die produktive Verwirklichung seiner Möglichkeiten und somit zugleich das Einssein mit der Welt und das Bewahren der Integrität seines Ich. Indem er seine Energie produktiv verbraucht, steigert er seine Kräfte: er «brennt, ohne verzehrt zu werden».

Glück ist das Kriterium der Tüchtigkeit in der Kunst des Lebens, also der Tugend im Sinne der humanistischen Ethik. Oft wird Glück als logisches Gegenteil von Kummer oder Schmerz bezeichnet. Physische oder geistige Leiden sind ein Bestandteil des menschlichen Daseins; daß man sie erlebt, ist unvermeidlich. Sich um jeden Preis vor Schmerz zu schützen, kann nur mit vollständiger Isolierung erkauft werden, wodurch auch die Möglichkeit, Glück zu erleben, ausgeschlossen wird. Das Gegenteil von Glück ist also nicht Kummer oder Schmerz, sondern die Depression, die aus innerer Sterilität und Unproduktivität entsteht.

Bisher haben wir uns mit den Formen des Freude-Erlebens beschäftigt, welche die engste Beziehung zur Ethik haben: Befriedigung, irrationale Freude, Lust und Glück. In aller Kürze wären noch zwei weitere, weniger komplexe Formen der Freude zu betrachten. Bei der einen handelt es sich um die Freude, die bei der Bewältigung irgendeiner übernommenen Aufgabe erlebt wird. Ich schlage hierfür den Ausdruck «Genugtuung» vor. Etwas zu erreichen, das man sich vorgenommen hatte, schafft Genugtuung, auch wenn die Aktivität selbst nicht unbedingt produktiv ist; es beweist die eigene Kraft und die Fähigkeit, sich erfolgreich mit der Außenwelt auseinanderzusetzen. Genugtuung hängt kaum von einer besonderen Aktivität ab. Ein Mensch kann ebensoviel Genugtuung in einer guten Tennispartie wie in geschäftlichen Erfolgen finden. Wesentlich ist nur, daß die Aufgabe, die er durchführen will, eine gewisse Schwierigkeit bietet und daß er ein befriedigendes Ergebnis erreicht.

Die andere, noch zu erörternde Form der Freude basiert nicht auf Anstrengung, sondern auf Entspannung; sie begleitet mühelose, doch angenehme Beschäftigungen. Die wichtige biologische Funktion der Entspannung besteht darin, daß sie den Rhythmus des Organismus, der ja nicht ständig aktiv sein kann, reguliert. Das Wort «Vergnügen» ohne jede weitere Qualifikation ist eine sehr treffende Bezeichnung für diese sich aus Entspannung ergebende Art des Wohlgefühls.

In unserer Untersuchung gingen wir vom problematischen Charakter der hedonistischen Ethik aus, die behauptet, Freude sei das *Ziel* des Lebens und daher an sich etwas Gutes.

Durch unsere Analyse der verschiedenen Formen der Freude sind wir in der Lage, unsere Auffassung über die ethische Bedeutung der Freude zu formulieren. Befriedigung als Lösung einer physiologisch bedingten Spannung ist weder gut noch schlecht. Soweit es die ethische Bewertung betrifft, ist sie ebenso neutral wie Genugtuung und Vergnügen. Irrationale Freude und Glück sind Erlebnisse von ethischer Bedeutung. Irrationale Freude ist ein Zeichen von Gier, ein Zeichen des Versagens bei der Lösung der menschlichen Lebensprobleme. Glück dagegen beweist einen teilweisen oder totalen Erfolg in der «Kunst des Lebens». Glück ist die größte Leistung des Menschen; es ist die Antwort seiner Gesamtpersönlichkeit auf eine produktive Orientierung sich selbst und der Außenwelt gegenüber.

Der Hedonismus war nicht imstande, das Wesen der Freude erschöpfend zu analysieren; er erweckte daher den Anschein, als ob das, was im Leben am leichtesten ist – nämlich irgendeine Art der Freude zu empfinden – zugleich auch das Wertvollste wäre. Etwas Wertvolles aber ist niemals leicht. Dank dieses hedonistischen Irrtums lag es nahe, gegen Freiheit und Glück zu argumentieren und zu behaupten, daß gerade der Verzicht auf Freude ein Beweis für Rechtschaffenheit wäre. Die humanistische Ethik kann Glück und Lust durchaus als wichtigste Tugenden annehmen, aber damit stellt sie dem Menschen nicht die leichteste, sondern die *schwerste Aufgabe: sie fordert die volle Entfaltung seiner Produktivität.*

C. Mittel und Zweck als Problem

Freude als Zweck oder Freude als Mittel: das sich aus dieser Gegenüberstellung ergebende Problem ist von besonderer Bedeutung für die heutige Gesellschaft, die über der besessenen Beschäftigung mit den Mitteln oft den Zweck vergißt.

Das Problem «Zweck und Mittel» wurde von Spencer äußerst klar erfaßt. Er setzte voraus, daß Freude, die mit einem Zweck verbunden sei, notwendigerweise auch die Mittel, die zu diesem Zweck hinführen, erfreulich mache. Spencer nimmt an, daß in einem Stadium, wo die Menschheit sich den sozialen Verhältnissen vollkommen angepaßt habe, «Handlungen nur dann vollkommen richtig sein können, wenn sie abgesehen davon, daß sie im allgemeinen oder im besonderen einem zukünftigen Glück dienen, auch unmittelbar Freude bereiten; umgekehrt ist Schmerz, und zwar nicht nur der mittelbare, sondern der unmittelbare, eine Begleiterscheinung von unrichtigen Handlungen.» [111]

Im ersten Augenblick klingt Spencers Annahme plausibel. Plant jemand beispielsweise eine Vergnügungsreise, so sind die Vorbereitungen hierfür vermutlich freudiger Art. Aber dies trifft nicht immer zu, denn es gibt auch viele vorbereitende Handlungen zu einem erstrebten Zweck, die nicht angenehm sind. Muß ein Kranker sich einer schmerzhaften Behandlung unterziehen, so macht der Endzweck, nämlich seine Genesung, die Behandlung als solche nicht angenehm; ebensowenig angenehm sind die Schmerzen einer Niederkunft. Um einen erstrebten Zweck zu erreichen, nehmen wir manches Unerfreuliche auf uns, nur weil die *Vernunft* uns sagt, daß wir es tun müssen. Bestenfalls darf man behaupten, daß die Unannehmlichkeit durch die Aussicht auf die daraus entstehende Freude mehr oder weniger verringert wird; diese Aussicht auf das Ziel kann die mit den Mitteln verbundene Unannehmlichkeit sogar aufwiegen.

Aber das Problem Mittel und Zweck ist damit noch nicht erschöpft. Wichtiger sind andere Aspekte dieses Problems, die nur verstanden werden können, wenn man auch unbewußte Motivierungen berücksichtigt.

Ein Beispiel für die Beziehung zwischen Mittel und

---

[111] *Principles of Ethics,* Bd. I, Seite 99

Zweck, das Spencer gibt, kann uns gute Dienste leisten. Er beschreibt die Freude, die ein Geschäftsmann empfindet, wenn seine Bücher beim Abschluß bis auf den Penny stimmen. «Würde man ihn fragen», sagt Spencer, «warum dieses ganze umständliche Verfahren sein müsse, das mit dem eigentlichen Geldverdienen nichts zu tun habe und noch weniger mit Lebensgenuß, so wird seine Antwort lauten, daß eine korrekte Buchführung den Sinn habe, eine Voraussetzung zum Zwecke des Geldverdienens zu erfüllen; die Voraussetzung werde in sich selbst zum unmittelbaren Zweck, zu einer Pflicht, die man tun müsse, damit auch die weitere Pflicht erfüllt werden könne, ein Einkommen zu erzielen, und somit auch die Pflicht, sich selbst und seine Familie zu erhalten.»[112] Nach Spencer ergibt sich die Freude an den Mitteln (in unserem Beispiele also an der Buchhaltung) aus der Freude am Zweck: Lebensgenuß oder «Pflicht». Spencer erkannte zweierlei Probleme nicht. Das augenfälligere der beiden ist, daß der *bewußt* wahrgenommene Zweck etwas anderes sein kann als der *unbewußt* wahrgenommene. Ein Mensch kann *meinen,* sein Ziel (oder sein Motiv) sei Lebensgenuß oder die Pflichterfüllung seiner Familie gegenüber, während sein reales, wenn auch unbewußtes Ziel die Macht ist, die er mittels des Geldes erreicht, oder die Freude, die er aus dem Hamstern desselben zieht.

Das zweite – und wichtigere – Problem folgt aus der Annahme, daß die Freude, die in Beziehung zu den Mitteln steht, notwendigerweise auf der Freude beruht, die in Beziehung zum Zweck steht. Natürlich ist es möglich, daß die Freude am Zweck, also die zukünftige Verwendung des Geldes, auch die zu diesem Zweck führenden Mittel (die Buchhaltung) angenehm macht, wie Spencer annimmt. Die Freude an der Buchhaltung kann aber auch ganz andere Gründe haben, so daß die Beziehung zum angenommenen

[112] Ebenda, Seite 161

Zweck eine angebliche ist. Ein Beispiel hierfür wäre ein Geschäftsmann, der seine Buchhaltertätigkeit wie ein Besessener genießt und höchst beglückt ist, wenn seine Konten bis auf den Penny stimmen. Untersuchen wir seine Freude, so werden wir feststellen, daß er ein von Ängsten und Zweifeln erfüllter Mensch ist; an der Buchhaltung empfindet er nur deshalb Freude, weil er dabei «tätig» ist, ohne Entscheidungen treffen oder Risiken auf sich nehmen zu müssen. Stimmt die Bilanz, dann freut er sich, weil die Richtigkeit der Zahlen eine symbolische Antwort auf seine Zweifel ist, die er sich selbst und dem Leben gegenüber hegt. Für ihn hat die Buchhaltung dieselbe Funktion wie für einen andern das Patiencespiel oder für einen dritten das Abzählen der Fenster an einem Haus. *Die Mittel wurden unabhängig vom Ziel.* Sie haben die Rolle des Zwecks usurpiert. *Das angebliche Ziel existiert nur noch in der Einbildung.*

Das – im Hinblick auf Spencers Erläuterung – beste Beispiel für ein Mittel, das sich selbständig machte und zu einer Freude wurde (nicht wegen der Freude am Zweck, sondern wegen bestimmter Faktoren, die nichts mit dem Zweck zu tun haben), ist die Bedeutung der Arbeit, wie sie sich, besonders unter dem Einfluß des Calvinismus, in den Jahrhunderten nach der Reformation herausbildete.

Das zur Erörterung stehende Problem berührt einen der wundesten Punkte der heutigen Gesellschaft. Gehört doch die Tatsache zu den charakteristischsten psychologischen Merkmalen des modernen Lebens, daß Tätigkeiten, die eigentlich Mittel zum Zweck sind, mehr und mehr zu Zwecken wurden, während die ursprünglichen Zwecke nur noch ein unwirkliches Schattendasein führen. Die Menschen arbeiten, um Geld zu verdienen; sie verdienen Geld, um es für erfreuliche Dinge zu verwenden. Die Arbeit ist das Mittel, die Freude der Zweck. Aber was geschieht in Wirklichkeit? Die Menschen arbeiten, um mehr Geld zu verdienen; sie verwenden dieses Geld, um noch mehr Geld zu verdienen, und der Zweck – die Freude am Leben – wird aus dem Auge verloren. Die Menschen sind immer in Eile und erfinden alles mögliche, um mehr Zeit zu gewinnen. Dann benutzen sie die eingesparte Zeit, um weiter herumzuhetzen und noch mehr Zeit zu sparen, bis sie schließlich so erschöpft sind, daß sie mit der eingesparten Zeit nichts mehr anfangen können. Wir sind in einem Netz von Mitteln gefangen und haben die Zwecke aus den Augen verloren. Wir haben den Rundfunk, der jedem das Beste an Musik und Literatur bringen könnte. Was wir statt dessen hören, ist zum größten Teil Kitsch auf dem Niveau eines Schundmagazins oder Reklame, die für Verstand und Geschmack eine Beleidigung darstellt. Wir besitzen die wunderbarsten Instrumente und Mittel, die der Mensch je hatte, aber wir halten nicht inne, um uns zu fragen, *wofür sie da sind.*[113]

Die Überbetonung der Zwecke bewirkt in mannigfacher Hinsicht eine Störung des harmonischen Gleichgewichtes zwischen Mittel und Zweck. Eine der Störungen besteht darin, daß nur noch der Zweck Gewicht hat und die Rolle der Mittel nicht genügend berücksichtigt wird. Die Folge dieser Störung ist, daß die Zwecke abstrakt und unwirklich werden und schließlich nur noch Luftschlösser sind. Auf diese Gefahr hat Dewey ausdrücklich hingewiesen. Die Isolierung der Zwecke kann auch neue gegenteilige Wirkung haben: der Zweck wird zwar ideologisch beibehalten, dient aber nur als Deckmantel, damit der Nachdruck auf diejenigen Tätigkeiten gelegt werden kann, die angeblich Mittel zu diesem Zweck sind. Dieser Mechanismus steht unter dem Leitsatz: «Der Zweck heiligt die Mittel.» Die Befürworter dieses Prinzips übersehen, daß die Anwendung destruktiver Mittel ihre eigenen Konsequenzen hat, die in Wirklichkeit den Zweck verändern, selbst wenn er ideologisch beibehalten wird.

---

113 A. de Saint-Exupéry hat in seinem *Kleinen Prinzen* eine ausgezeichnete Beschreibung gerade dieser Situation gegeben. Rauch Verlag, Wiesbaden.

Hinsichtlich des Problems Mittel-Zweck ist Spencers Grundgedanke über die gesellschaftliche Funktion angenehmer Tätigkeiten von großer *soziologischer* Bedeutung. Im Zusammenhang mit seiner Auffassung, das Freude-Erlebnis habe die biologische Funktion, Tätigkeiten, die dem menschlichen Wohlbefinden dienen, angenehm und somit auch anziehend zu machen, kommt er zu der Feststellung, daß «eine Umbildung der menschlichen Natur zwecks Eignung für die Anforderungen des gesellschaftlichen Lebens letztlich alle notwendigen Tätigkeiten erfreulich machen muß, während sie jede Tätigkeit, die diesen Anforderungen widerspricht, unerfreulich macht.»[114] Er fährt fort: «angenommen, sie stehe mit der Erhaltung des Lebens in Einklang, dann kann es keine Tätigkeit geben, die bei ihrer weiteren Ausübung nicht zu einer Quelle der Freude wird. Daher wird Freude jede Bewegung oder Handlung begleiten, für die eine gesellschaftliche Notwendigkeit besteht.»[115]

Spencer berührt hier einen der wichtigsten Mechanismen des gesellschaftlichen Lebens: jede Gesellschaft tendiert dahin, die Charakterstruktur ihrer Glieder in der Weise zu formen, *daß sie das tun wollen, was sie zur Erfüllung ihrer gesellschaftlichen Funktion tun müssen.* Spencer übersieht allerdings, daß in einer Gesellschaft, deren Interesse dem wirklichen menschlichen Interesse ihrer Mitglieder abträglich ist, auch solche Tätigkeiten befriedigend werden können, die dem Menschen schaden, doch der Funktion dieser besonderen Gesellschaft nützen. Sogar Sklaven lernten, mit ihrem Los zufrieden zu sein; Tyrannen, an der Grausamkeit Lust zu empfinden. Der Zusammenhalt jeder Gesellschaft beruht darauf, daß es kaum eine Tätigkeit gibt, die nicht befriedigend gestaltet werden kann. Aus dieser Tatsache ergibt sich, daß das von Spencer beschriebene Phänomen sowohl zu einer Hemmung als auch zu einer Förderung des sozialen

114 Principles of Ethics, Bd. I, Seite 138
115 Ebenda, Seite 186

Fortschritts werden kann. Es geht also darum, daß man die Bedeutung und die Funktion jeder besonderen Tätigkeit versteht, ebenso die von ihr hergeleitete Befriedigung, und zwar in Begriffen, die der Natur des Menschen und den geeigneten Lebensbedingungen entsprechen. Wie bereits ausgeführt wurde, besteht ein Unterschied zwischen der Befriedigung, die von irrationalen Trieben herrührt, und der Freude an Tätigkeiten, die dem Wohlbefinden des Menschen dienen. Eine solche Befriedigung ist kein Wertkriterium. Spencer hat recht mit seiner Behauptung, daß jedes gesellschaftlich nützliche Tun zur Quelle der Freude werden *kann,* aber er irrt in der Annahme, daß die mit solchen Tätigkeiten verbundene Freude ihren sittlichen Wert beweise. Objektiv gültige Gesetze, wie sie Spencer entdecken wollte, kann man nur finden, wenn man die Natur des Menschen analysiert und die Widersprüche aufdeckt, die zwischen seinen *wirklichen* Interessen und den Interessen bestehen, die ihm von einer gegebenen Gesellschaft *aufgezwungen* wurden. Spencers Optimismus bezüglich seiner eigenen Gesellschaft und deren Zukunft, ferner das Fehlen einer Psychologie, die das Phänomen irrationaler Begierden und deren Befriedigung behandelt, hatten zur Folge, daß Spencer unabsichtlich zum Wegbereiter jenes heute so populär gewordenen ethischen Relativismus wurde.

IV. *Glaube als Charakterzug*

> Glaube besteht darin, das anzunehmen, wozu meine Seele ,ja' sagt; Unglaube, es zu verleugnen.
>
> Emerson

Glaube gehört nicht zu den Begriffen, die in das geistige Klima unserer heutigen Welt zu passen scheinen. Als Gegensatz zum rationalen und wissenschaftlichen Denken assoziiert man Glaube gemeinhin mit Gott und mit religiösen Doktrinen. Beim rationalen und wissenschaftlichen Denken setzt man voraus, daß es sich auf den Tatsachenbereich beziehe, der sich von einem die Tatsachen transzendierenden Bereich unterscheide, wo für wissenschaftliches Denken kein Raum sei und nur der Glaube herrsche. Für viele ist diese Trennung unhaltbar. Kann der Glaube nicht mit dem rationalen Denken in Einklang gebracht werden, dann muß er als anachronistisches Überbleibsel früherer Kulturstufen ausgeschieden und durch Wissenschaft ersetzt werden, die sich mit klaren und nachprüfbaren Tatsachen und Theorien befaßt.

Die moderne Einstellung gegen den Glauben verbreitete sich nach langem Kampf gegen die Autorität der Kirche und deren Anspruch, jede Art des Denkens beherrschen zu wollen. So hängt der Skeptizismus in Glaubensfragen aufs engste mit dem Fortschritt der Vernunft zusammen. Dieses konstruktive Element des modernen Skeptizismus hat jedoch eine entgegengesetzte Seite, die nicht genügend beachtet wurde.

Unsere Einblicke in die Charakterstruktur des modernen Menschen und in die heutigen sozialen Verhältnisse führen zu der Erkenntnis, daß der allgemeine Mangel an Glauben nicht mehr den fortschrittlichen Aspekt hat wie in früheren Generationen. Damals war der Kampf gegen den Glauben ein Kampf für die Befreiung aus entwürdigenden geistigen Fesseln. Es war ein Kampf gegen den irrationalen Glauben, ein Ausdruck des Vertrauens in die Vernunft und die Fähigkeit des Menschen, eine von den Prinzipien der Freiheit, Gleichheit und Brüderlichkeit bestimmte gesellschaftliche Ordnung zu errichten. Heute dagegen ist das Fehlen eines Glaubens der Ausdruck tiefer Verwirrung und Verzweiflung. Für die Entwicklung des Denkens waren Skeptizismus und Rationalismus einst fortschrittliche Kräfte, heute sind es Rationalisierungen für Relativismus und Ungewißheit. Die Annahme, das Sammeln immer neuer Tatsachen müsse zur Erkenntnis der Wahrheit führen, ist zu einem Aberglauben geworden. Die Wahrheit selbst wurde für gewisse Kreise zu einem metaphysischen Begriff und die Aufgabe der Wissenschaft zu einer Funktion, die sich auf das Zusammentragen von Informationen zu beschränken hat. Hinter einer Fassade angeblicher rationaler Gewißheiten steht eine tiefe Unsicherheit, welche die Menschen geneigt macht, jede Philosophie, mit der man auf sie einwirken will, anzunehmen oder mit ihr Kompromisse einzugehen.

Kann der Mensch ohne Glauben leben? Muß nicht schon der Säugling den «Glauben an die Brust seiner Mutter» haben? Müssen wir nicht alle einen Glauben an unsere Mitmenschen haben, an jene, die wir lieben, und an uns selbst? Können wir leben, ohne an die für unser Leben gültigen Gesetze zu glauben? Ohne Glauben wird der Mensch steril, hoffnungslos und bis ins Innerste seines Seins verängstigt.

War also der Kampf gegen den Glauben vergeblich, blieben die Errungenschaften der Vernunft unwirksam? Müssen wir uns wieder der Religion zuwenden, oder müssen wir uns damit abfinden, ohne Glauben zu leben? Ist Glaube notwendigerweise eine Sache des Glaubens an Gott oder an religiöse Lehren? Steht er in so engem Zusammenhang mit der Religion, daß er deren Schicksal teilen muß? Steht Glaube zwangsläufig im Gegensatz zu rationalem Denken oder ist er von diesem zu trennen? Ich werde nachzuweisen suchen, daß diese Fragen beantwortet werden können, indem man den Glauben als eine *Grundhaltung* des Menschen betrachtet, als einen Charakterzug, der sämtliche Erlebnisse durchdringt und ihn befähigt, der Wirklichkeit illusionslos ins Gesicht zu sehen und trotzdem in seinem Glauben zu leben. Es ist schwierig, Glauben nicht primär als Glauben *an* etwas aufzufassen, sondern als Glauben im Sinne einer inneren Haltung, deren spezifischer Inhalt von sekundärer Bedeutung ist. Vielleicht erleichtert es das Verständnis, wenn man daran erinnert, daß der Terminus «Glaube», wie er im Alten Testament gebraucht wird – «Emunah» – «Standhaftigkeit» bedeutet. Er bezeichnet somit eine bestimmte Eigenschaft des menschlichen Erlebens, also mehr einen Charakterzug als den Inhalt eines Glaubens an etwas.

Das Problem wird klarer, wenn man zuvor das Problem des Zweifels erörtert. Auch unter «Zweifel» versteht man gewöhnlich Zweifel oder Verwirrung hinsichtlich dieser oder jener Annahme, dieser oder jener Idee, diesem oder jenem Menschen. «Zweifel» kann aber ebenfalls als *Haltung* beschrieben werden, die einen Menschen so vollkommen durchdringt, daß der besondere Gegenstand, auf den sich der Zweifel richtet, von sekundärer Bedeutung ist. Um das Phänomen «Zweifel» zu erfassen, muß man zwischen *rationalem* und *irrationalem* Zweifel differenzieren. Ich werde später hinsichtlich des Phänomens «Glaube» im gleichen Sinne unterscheiden.

Irrationaler Zweifel ist keine verstandesmäßige Reaktion auf eine falsche oder mißverstandene Annahme, sondern vielmehr ein Zweifel, der das Leben eines Menschen gefühlsmäßig und intellektuell beeinflußt. Für ihn gibt es in keiner Lebenssphäre eine Erfahrung, die ihm Gewißheit ist; alles erscheint zweifelhaft, nichts sicher.

Die extremste Form des irrationalen Zweifels ist die neurotische Zweifelsucht. Der Mensch, der davon besessen ist, wird zwangsweise getrieben, alles zu bezweifeln, worüber er nachdenkt, oder von allem verwirrt zu werden, was er tut. Der Zweifel bezieht sich häufig auf die wichtigsten Fragen und Lebensentscheidungen. Oft tritt er jedoch auch bei ganz nebensächlichen Entscheidungen auf, beispielsweise, welcher Anzug getragen werden oder ob eine Einladung angenommen werden soll. Irrationaler Zweifel ist immer quälend und ermüdend, ganz gleich, worauf er sich bezieht und ob es sich um nebensächliche oder wichtige Dinge handelt.

Die psychoanalytische Erforschung des Mechanismus

zwangsbedingten Zweifelns hat erwiesen, daß es sich hierbei um die Äußerungen rational ausgelegter unbewußter Gefühlskonflikte handelt, die aus einem Mangel an Einheitlichkeit und aus einem intensiven Gefühl der Macht- und Hilflosigkeit entstehen. Nur dann, wenn man die Ursachen des Zweifels erkennt, kann man die Willenslähmung überwinden, die aus dem Gefühl der Kraftlosigkeit hervorgeht. Wird eine solche Einsicht nicht erreicht, so schafft sich der Betreffende Ersatzlösungen, die zwar unbefriedigend sind, aber wenigstens die quälenden manifesten Zweifel beseitigen. Eine dieser Ersatzlösungen ist zwangsbedingte Geschäftigkeit, die zeitweilig Erleichterung bringt. Eine weitere besteht in der Annahme irgendeines «Glaubens», in dem der Mensch sozusagen mit seinen Zweifeln untertaucht.

Die typische Form des heute herrschenden Zweifels ist jedoch nicht die eben beschriebene aktive Haltung, sondern eher eine Gleichgültigkeit, bei der *alles möglich* und *nichts sicher* ist. Es gibt immer mehr Menschen, die in bezug auf alles – sei es Politik, Arbeit, Moral – Verwirrung fühlen und die, was weit schlimmer ist, diese Verwirrung für einen normalen Zustand halten. Sie fühlen sich isoliert, ratlos und ohnmächtig. Das Leben erfahren sie nicht in ihren eigenen Denkbegriffen, Gefühlen und Sinneswahrnehmungen, sondern in Begriffen solcher Erfahrungen, die man von ihnen erwartet. Während in diesen automatisierten Menschen der aktive Zweifel verschwunden ist, sind Gleichgültigkeit und Relativismus an seine Stelle getreten.

Im Gegensatz zum irrationalen Zweifel stellt der *rationale Zweifel* alle Voraussetzungen in Frage, deren Gültigkeit vom Glauben an eine Autorität, nicht aber von der eigenen Erfahrung abhängt. Dieser Zweifel ist ein wichtiger Faktor in der Persönlichkeitsentwicklung. Das Kind nimmt zunächst alle Ideen seiner Eltern an, weil es deren Autorität nicht bezweifelt. Es entwickelt ein kritisches Bewußtsein, sobald es sich von ihnen emanzipiert und das eigene Ich ent-

faltet. Im Heranwachsen beginnt das Kind den Wahrheits-
gehalt der Märchen anzuzweifeln, die es vorher, ohne zu fragen, hingenommen hatte. Seine kritischen Fähigkeiten nehmen im gleichen Maße zu, wie es sich von der elterlichen
Autorität freimacht und erwachsen wird.

Historisch gesehen, ist der rationale Zweifel eine der entscheidendsten Triebkräfte des modernen Denkens. Von ihm
hat die moderne Philosophie, wie auch die Wissenschaft, ihre
fruchtbarsten Anregungen erhalten. Auch hier, wie in der
Entwicklung des Einzelnen, ist das Aufkommen des rationalen Zweifels mit der wachsenden Emanzipation von der
Autorität verknüpft, sei es der Kirche oder des Staates.

Hinsichtlich des *Glaubens* möchte ich im gleichen Sinne
differenzieren, wie es hinsichtlich des Zweifels geschehen
ist: also zwischen irrationalem und rationalem Glauben. Unter irrationalem Glauben verstehe ich den Glauben an einen
Menschen, eine Idee oder ein Symbol. Es ist ein Glaube, der
auf keiner eigenen Denk- oder Gefühlserfahrung beruht,
sondern die gefühlsmäßige Unterwerfung unter eine irrationale Autorität zur Grundlage hat.

Ehe wir weitergehen, muß auf den Zusammenhang zwischen Unterwerfung und intellektuellen, beziehungsweise
emotionalen Prozessen näher eingegangen werden. Es ist
hinreichend bewiesen, daß ein Mensch, der seine innere Unabhängigkeit aufgegeben und sich einer Autorität unterworfen hat, dahin tendiert, die Erfahrung der Autorität an die
Stelle der eigenen zu setzen. Das einleuchtendste Beispiel
hierfür ist die hypnotische Situation. Ein Mensch unterwirft
sich der Autorität eines andern, und im Zustand des hypnotischen Schlafes ist er bereit, das zu denken und zu fühlen,
was der Hypnotiseur ihn denken und fühlen läßt. Sogar nach
dem hypnotischen Schlaf wird er den Suggestionen des Hyp-
notiseurs folgen, während er seinem eigenen Urteil und seiner eigenen Initiative zu folgen glaubt. Suggeriert der Hypnotiseur zum Beispiel jemandem, daß er zu einer festgesetz-

ten Stunde frieren wird und einen Mantel anziehen soll, so wird der Betreffende dieses suggerierte Gefühl auch in der nachhypnotischen Situation empfinden und entsprechend handeln. Er wird dabei überzeugt sein, daß seine Gefühle und Handlungen nur durch die Wirklichkeit und seine eigene Willensentscheidung veranlaßt werden.

Die hypnotische Situation ist zwar das überzeugendste Experiment, an dem man das wechselseitige Verhältnis zwischen Unterwerfung unter eine Autorität und Denkvorgängen demonstrieren kann, doch davon abgesehen gibt es genügend relativ alltägliche Situationen, in dem sich der gleiche Mechanismus kundtut. Die Art, wie Menschen auf einen Führer reagieren, der über eine starke Suggestivkraft verfügt, mag als Beispiel einer halbhypnotischen Situation gelten. Auch hier beruht das bedingungslose Hinnehmen seiner Ideen nicht auf einer Überzeugung der Zuhörer, die sich auf Grund eigenen Nachdenkens oder eigener kritischer Erwägungen hinsichtlich der vorgetragenen Ideen gebildet hat. Die eigentliche Ursache ist ihre gefühlsmäßige Unterwerfung unter den Redner. Sie haben die Illusion, daß sie verstandesmäßig mit seinen Ideen übereinstimmen und ihm deshalb Gefolgschaft leisten. In Wirklichkeit ist die Reihenfolge umgekehrt: sie pflichten seinen Ideen bei, weil sie sich auf halbhypnotische Weise seiner Autorität unterworfen haben. In seinen Hinweisen auf die Zweckmäßigkeit abendlicher Propagandaveranstaltungen gab Hitler eine ausgezeichnete Beschreibung dieses Vorgangs. Er sagte: «Der überragenden Redekunst einer beherrschenden Apostelnatur wird es nun (am Abend) leichter gelingen, Menschen dem neuen Wollen zu gewinnen, die selbst bereits eine Schwächung ihrer Widerstandskraft in natürlicher Weise erfahren haben, als solche, die noch im Vollbesitz ihrer geistigen und willensmäßigen Spannkraft sind.»[110]

[110] Adolf Hitler, *Mein Kampf*, Gesamtausgabe München 1933, Seite 531.

Für den irrationalen Glauben hat der Satz «*Credo quia absurdum est*»[117] – «Ich glaube, weil es sinnlos ist» – seine psychologische Gültigkeit. Macht jemand eine Feststellung, die rational begründet ist, dann tut er etwas, das im Prinzip auch jeder andere tun könnte. Wagt er jedoch, eine rational sinnlose Feststellung zu machen, dann beweist er damit, daß er die Möglichkeiten des gesunden Menschenverstandes überschritten hat und eine magische Kraft besitzt, die ihn über den Durchschnittsmenschen erhebt.

In der Fülle historischer Beispiele für einen irrationalen Glauben ist vielleicht der Bibelbericht der Judenbefreiung vom ägyptischen Joch eine der markantesten Bemerkungen zum Glaubensproblem. Im ganzen Bericht werden die Juden als Menschen beschrieben, die zwar unter der Versklavung leiden, sich aber vor einer Rebellion fürchten und die Sicherheit ihres Sklavendaseins nicht aufgeben wollen. Sie verstehen nur die Sprache der Gewalt. Diese Gewalt fürchten sie, unterwerfen sich ihr jedoch. Gegen Gottes Auftrag, sich selber als Vertreter Gottes auszugeben, wendet Moses ein, die Juden würden an keinen Gott glauben, dessen Namen sie nicht einmal kennen. Obwohl er keinen Namen annehmen will, erklärt Gott sich bereit, den Wunsch der Juden nach Gewißheit zu erfüllen. Moses weist darauf hin, daß auch ein Name noch keine ausreichende Sicherheit biete, um die Juden zu bewegen, an Gott zu glauben. Gott macht eine weitere Konzession. Er lehrt Moses, Wunder zu vollbringen, «damit sie glauben, Gott sei ihm erschienen, der Gott ihrer Väter, der Gott Abrahams, der Gott Isaaks, der Gott Jakobs». Die tiefe Ironie dieses Satzes ist nicht zu überhören. Hätten die Juden den Glauben gehabt, den Gott von ihnen erwartete, dann wäre dieser Glaube in ihrer eigenen Erfahrungswelt oder in der Geschichte ihres Volkes verwurzelt gewesen. Sie waren aber zu Sklaven geworden, ihr Glaube war ein

[117] Eine volkstümliche, wenn auch etwas entstellte Fassung eines Satzes Tertullians.

Sklavenglaube. Er beruhte auf Unterwerfung unter eine Gewalt, die ihre Macht durch Magie beweist. Sie konnten also nur durch andere Magie beeinflußt werden, die sich in nichts von der Magie unterschied, die von den Ägyptern gebraucht wurde, sondern nur stärker war als diese.

Die drastischste heutige Erscheinungsform des irrationalen Glaubens ist der Glaube an Diktatoren. Seine Verfechter bemühen sich, die Echtheit dieses Glaubens durch die Betonung der Tatsache zu beweisen, daß Millionen bereit sind, dafür zu sterben. Wenn Glaube als blinde Anhängerschaft an einen Menschen oder an eine Sache definiert werden kann und wenn er an der Bereitschaft gemessen werden kann, dafür zu sterben, dann ist allerdings der Prophetenglaube an Gerechtigkeit und Liebe und der Glaube ihrer Gegner an die Gewalt grundsätzlich das gleiche Phänomen; es unterscheidet sich lediglich hinsichtlich des Objektes. Dann besteht zwischen dem Glauben der Freiheitskämpfer und demjenigen der Unterdrücker nur insofern ein Unterschied, als es ein Glaube an verschiedene Ideen ist.

Irrationaler Glaube ist die fanatische Überzeugung, die man von einer Person oder Sache hat. Sie wurzelt in der Unterwerfung unter eine persönliche oder unpersönliche Autorität. Rationaler Glaube dagegen ist eine feste Überzeugung, die auf produktiver verstandes- und gefühlsmäßiger Aktivität beruht. Für das rationale Denken, in dem der Glaube angeblich keinen Raum hat, ist der rationale Glaube eine wichtige Komponente. Wie kommt beispielsweise der Wissenschaftler zu einer neuen Entdeckung? Beginnt er damit, daß er ein Experiment nach dem andern macht, Tatsache auf Tatsache zusammenträgt, ohne eine Vorstellung von dem zu haben, was er finden will? Selten ist eine wichtige Entdeckung auf irgendeinem Gebiet in dieser Weise gemacht worden. Ebenso selten sind die Menschen zu wichtigen Folgerungen gelangt, wenn sie nur Phantasiegebilden nachjagten. Auf jedem Gebiete menschlichen Strebens beginnt der schöpferische Denkvorgang oftmals mit dem, was man als «rationale Vision» bezeichnen kann. Auch eine solche Vision ist wiederum das Resultat vorangegangener Forschungen, Überlegungen und Beobachtungen. Wenn es dem Wissenschaftler gelingt, ausreichende Fakten zu sammeln oder eine mathematische Formel auszuarbeiten (oder beides), um seine ursprüngliche Vision plausibel zu machen, dann darf man sagen, daß er eine begrifflich-wissenschaftliche Hypothese erreicht hat. Auf Grund einer sorgfältigen Analyse der Hypothese werden die daraus sich ergebenden Folgerungen und die sie stützenden Erfahrungstatsachen beurteilt. Das führt zu einer adäquateren Hypothese, eventuell sogar zu ihrer Einbeziehung in eine weitreichende Theorie.

Die Geschichte der Wissenschaft kennt viele Beispiele eines Glaubens an die Vernunft und einer Vision der Wahrheit. Kopernikus, Kepler, Galilei und Newton, sie alle waren von einem unerschütterlichen Glauben an die Vernunft erfüllt. Seines Glaubens wegen wurde Bruno verbrannt und Spinoza exkommuniziert. Für jeden Schritt von der Konzeption einer rationalen Vision bis zur Formulierung einer Theorie ist der *Glaube* notwendig: der Glaube an die Vision als ein vernunftgemäß gültiges Ziel, der Glaube an die Hypothese als eine wahrscheinliche und plausible Behauptung, und der Glaube an die endliche Theorie, wenigstens bis eine allgemeine Zustimmung hinsichtlich ihrer Gültigkeit erzielt worden ist. Dieser Glaube beruht auf der eigenen Erfahrung, auf dem Vertrauen zur eigenen Denkkraft, auf der eigenen Beobachtung und Urteilsfähigkeit. Während irrationaler Glaube bedeutet, daß etwas als wahr angenommen wird, nur weil es eine Autorität oder Majorität behauptet, stützt sich rationaler Glaube auf eine unabhängige Überzeugung, deren Grundlage das eigene produktive Beobachten und Denken ist.

Denken und Urteilen sind nicht die einzigen Erfahrungsbereiche, in denen rationaler Glaube sich bekundet. In der

Sphäre menschlicher Beziehungen ist er ein unerläßlicher Bestandteil jeder bedeutsamen Freundschaft oder Liebe. An einen Menschen glauben heißt, daß man der Zuverlässigkeit und Unwandelbarkeit seiner Grundhaltungen, des Kerns seiner Persönlichkeit gewiß ist. Ich meine damit nicht, daß ein Mensch seine Ansichten nicht ändern dürfe, sondern daß seine grundsätzlichen Motivationen sich gleichbleiben; daß zum Beispiel seine Fähigkeit zur Würde und sein Respekt vor der menschlichen Würde anderer ein Teil seines Ich sind, der keiner Änderung unterworfen ist.

Im gleichen Sinne glauben wir an uns selbst. Wir sind uns der Existenz unseres Ich bewußt. Das heißt, wir sind uns eines Kerns unserer Persönlichkeit bewußt, der unveränderlich ist und trotz wechselnder Verhältnisse und gewisser Meinungs- und Gefühlswandlungen unser ganzes Leben hindurch bleibt. Dieser Kern ist die Realität, die hinter dem Wort «Ich» steht und auf dem die Überzeugung von unserer eigenen Identität beruht. Haben wir nicht den Glauben an das Fortbestehen unseres Ich, dann ist das Gefühl unserer Identität bedroht und wir werden von andern abhängig, deren Anerkennung zur Basis unseres Identitätsgefühls mit uns selbst wird. Nur wer an sich glaubt, kann andern die Treue halten, denn nur er kann dessen gewiß sein, daß er auch zu einem späteren Zeitpunkt derselbe sein wird wie heute und daher so fühlen und handeln können wird, wie er es jetzt von sich annimmt. Der Glaube an uns selbst ist eine Voraussetzung unserer Fähigkeit, etwas zu versprechen, und da der Mensch – wie Nietzsche sagte – mit dieser Fähigkeit definiert werden kann, ist der Glaube eine Bedingung des menschlichen Daseins überhaupt.

Eine weitere Bedeutung des Glaubens an den Menschen bezieht sich auf unseren Glauben an die Möglichkeiten anderer, unserer selbst und der Menschheit. Die rudimentärste Form dieses Glaubens ist der Glaube der Mutter an ihr neu-geborenes Kind: der Glaube, daß es leben, wachsen, gehen und sprechen wird. Die Entwicklung des Kindes verläuft allerdings in dieser Hinsicht in solcher Gesetzmäßigkeit, daß die Hoffnung auf Erfüllung keinen Glauben zu erfordern scheint. Anders verhält es sich mit Entwicklungsmöglichkeiten, die eventuell ausbleiben können: die Möglichkeiten des Kindes, zu lieben, glücklich zu sein, seine Vernunft zu gebrauchen, und spezifischere Möglichkeiten, wie etwa künstlerische Gaben. Diese Keime wachsen und werden sichtbar, sofern günstige Entwicklungsbedingungen gegeben sind; sie können erstickt werden, sofern die entsprechenden Bedingungen fehlen. Eine der wichtigsten dieser Bedingungen ist, daß die im Leben des Kindes entscheidenden Menschen an diese Möglichkeiten glauben. Das Vorhandensein oder Nichtvorhandensein eines solchen Glaubens bestimmt den Unterschied zwischen Erziehung und Behandlung. Erziehung ist identisch mit der Hilfe, die man dem Kinde gibt, damit es seine Möglichkeiten verwirklichen kann.[118] Das Gegenteil von Erziehung ist Behandlung. Ihr fehlt der Glaube an das Reifen der kindlichen Möglichkeiten; sie beruht auf der Überzeugung, daß aus einem Kinde nur dann etwas Rechtes werden kann, wenn die Erwachsenen ihm das aufpfropfen, was erwünscht ist, und ihm das abstutzen, was unerwünscht zu sein scheint. An einem Roboter braucht man nicht zu glauben, denn in ihm ist kein Leben.

Der Glaube an andere erreicht seine höchste Stufe im Glauben an die *Menschheit*. In der westlichen Welt sprach sich dieser Glaube in den religiösen Begriffen der jüdisch-christlichen Religion aus, ins Weltliche abgewandelt fand er seinen stärksten Ausdruck in den fortschrittlichen politi-

---

[118] Das lateinische Wort *educatio* zeigt das deutlich. Seine Wortwurzel ist *e-ducere*, wörtlich herausführen oder etwas hervorbringen, was potentiell vorhanden ist. Erziehung in diesem Sinne führt zur *Existenz*, was wörtlich herausstehen heißt. Mit anderen Worten: sich aus dem Stadium der Möglichkeit in das Stadium der offenkundigen Wirklichkeit erhoben haben.

schen und sozialen Ideen der letzten einhundertfünfzig Jahre. Ähnlich wie der Glaube an das Kind basiert auch dieser Glaube auf der Idee, die menschlichen Möglichkeiten seien derart, daß sie unter geeigneten Wachstumsbedingungen eine gesellschaftliche Ordnung herbeiführen können, die von den Prinzipien Gleichheit, Gerechtigkeit und Liebe bestimmt wird. Bisher hat der Mensch den Aufbau einer solchen Ordnung noch nicht zustande gebracht, und die Überzeugung, daß es ihm gelingen wird, erfordert daher einen festen Glauben. Wie jeder rationale Glaube, ist auch dieser kein Wunschdenken, sondern er stützt sich auf den Beweis der bisherigen Errungenschaften der Menschheit und auf die innere Erfahrung jedes Individuums, auf sein eigenes Erleben von Vernunft und Liebe.

Während also irrationaler Glaube die Unterwerfung unter eine Macht bedeutet, die als überwältigend stark, allwissend und allmächtig empfunden wird, und während er im Verzicht auf die eigene Stärke besteht, basiert rationaler Glaube auf der entgegengesetzten Erfahrung. Wir haben diesen Glauben an einen Gedanken, weil dieser Gedanke das Ergebnis unserer eigenen Beobachtung und unseres Denkens ist. Wir glauben an die Möglichkeiten der andern, an die eigenen Möglichkeiten und an die Möglichkeiten der Menschheit, weil wir – jedoch nur in dem Maße, in dem wir es erlebt haben – das Reifen unserer eigenen Möglichkeiten erfahren haben, die Wirklichkeit des Reifens in uns selbst, die Stärke unsrer eigenen Vernunft und Liebeskraft. *Die Basis des rationalen Glaubens ist Produktivität.* Im Glauben leben, heißt produktiv leben und die einzige Gewißheit haben, die existiert: die Gewißheit, die aus produktiver Betätigung entsteht, die Gewißheit, daß jeder von uns tätiges Subjekt ist, dem diese Möglichkeiten eines tätigen Verhaltens eigen sind. Daraus folgt, daß der Glaube an die Macht (im Sinne von Beherrschung) und die Anwendung der Macht das Gegenteil des echten Glaubens ist. Der Glaube an eine bestehende Macht ist identisch mit dem Unglauben, daß bisher noch nicht verwirklichte Möglichkeiten reifen könnten. Er ist eine Vorhersage der Zukunft, die sich nur auf die augenscheinliche Gegenwart stützt; aber er erweist sich als grobe Fehlrechnung, die in ihrer Einschätzung der menschlichen Möglichkeiten und des menschlichen Wachstums tief irrational ist. Es gibt keinen rationalen Glauben an die Macht. Es gibt nur eine Unterwerfung unter sie, und auf seiten der Machthaber den Willen, diese Macht zu erhalten. Vielen scheint Macht das Realste zu sein; die Geschichte der Menschheit aber hat bewiesen, daß sie die unbeständigste aller menschlichen Errungenschaften ist. Da Glaube und Macht einander ausschließen, werden alle Religionen und politischen Systeme, die ursprünglich auf rationalen Glauben aufgebaut waren, im Lauf der Zeit korrupt und büßen ihre Kraft ein, sofern sie sich auf die Macht stützen oder sich mit ihr verbünden.

Eine Fehlkonzeption, die sich auf den Glauben bezieht, muß hier noch erwähnt werden. Es wird oft angenommen, Glaube sei ein Zustand, in dem man passiv auf die Verwirklichung eigener Hoffnungen warte. Wie sich aus unserer Darstellung ergibt, ist dies zwar charakteristisch für den irrationalen Glauben, trifft aber niemals auf den rationalen Glauben zu. In dem Maße, wie rationaler Glaube in unserer eigenen Produktivität begründet ist, drückt er nichts Passives aus, sondern eine echte innere Aktivität. Ein alte jüdische Legende erzählt das äußerst anschaulich. Als Moses seinen Stab in das Rote Meer warf, teilten sich entgegen dem erwarteten Wunder die Wasser nicht, um den Juden einen trockenen Durchgang zu schaffen. Doch als der erste in das Wasser sprang, da geschah das versprochene Wunder, und die Wogen wichen zurück.

Am Anfang dieser Untersuchung differenzierte ich zwischen Glauben als Haltung, beziehungsweise als Charakterzug, und dem Glauben an bestimmte Ideen oder Menschen.

Bisher haben wir uns nur mit dem Glauben im Sinne der ersten Kategorie beschäftigt. Es ergibt sich nunmehr die Frage, ob es ein Bezugsverhältnis gibt zwischen dem Glauben als Charakterzug und den Objekten, an die man glaubt. Aus unserer Analyse des rationalen Glaubens im Gegensatz zum irrationalen folgt, daß ein solcher Zusammenhang besteht. Da rationaler Glaube auf unserer eigenen produktiven Erfahrung beruht, kann seine Grundlage nicht etwas sein, das die menschliche Erfahrung *transzendiert*. Weiter folgt daraus, daß wir nicht von rationalem Glauben sprechen können, wenn ein Mensch nicht im Bewußtsein seiner eigenen Erfahrung an die Ideen Liebe, Vernunft und Gerechtigkeit glaubt, sondern nur deshalb, weil es ihm so beigebracht wurde. Religiöser Glaube kann beides sein. Einige Sekten vor allem, die an der Macht der Kirche nicht teilhatten, und einige mystische Religionsströmungen, die auf die menschliche Liebesfähigkeit und Gottähnlichkeit hinwiesen, erhielten und pflegten in der Form religiöser Symbolik die Haltung eines rationalen Glaubens. Was für die Religion gilt, ist auch für den Glauben in seinen weltlichen Formen gültig, insbesondere für den Glauben an politische und soziale Ideen. Die Vorstellungen von Freiheit oder Demokratie entarten zu einem irrationalen Glauben, sobald sie nicht mehr das produktive Erlebnis des Einzelnen zur Grundlage haben, sondern nur von Parteien oder Staaten repräsentiert werden, die den Einzelnen zwingen, an diese Ideen zu glauben. Zwischen dem mystischen Glauben an Gott und einem atheistischen rationalen Glauben an die Menschheit besteht ein wesentlich geringerer Unterschied als zwischen dem Glauben des ersteren und dem eines Calvinisten, dessen Gottglaube in der Überzeugung seiner eigenen Machtlosigkeit und seiner Furcht vor der Macht Gottes wurzelt.

Der Mensch kann nicht ohne Glauben leben. Die entscheidende Frage unserer eigenen und der kommenden Generationen ist, ob dieser Glaube ein irrationaler Glaube an

Führer, Maschinen und Erfolg sein wird oder der auf dem Erlebnis unserer eigenen produktiven Aktivität beruhende Glaube an den Menschen.

V. Die sittlichen Kräfte im Menschen

Der Wunder sind viele,
der Wunder größtes aber ist der Mensch.
Sophokles, *Antigone*

A. Ist der Mensch gut oder böse?

Der Mensch kann erkennen, was gut ist, und kann gemäß seiner natürlichen Fähigkeiten und seiner Vernunft handeln: dieser Standpunkt der humanistischen Ethik würde unhaltbar, wenn das Dogma von der angeborenen natürlichen Schlechtigkeit des Menschen richtig wäre. Die Gegner der humanistischen Ethik behaupten, die Menschennatur sei so, daß sie ihn geneigt mache, sich den Mitmenschen gegenüber feindlich, neidisch und eifersüchtig zu verhalten und sich der Faulheit hinzugeben, außer er werde durch Furcht gebändigt. Viele Vertreter der humanistischen Ethik widersprachen diesem Einwand, indem sie betonten, der Mensch sei seinem Wesen nach gut und der Zerstörungstrieb sei kein integraler Teil seiner Natur.

Die Kontroverse dieser beiden Auffassungen ist eines der Hauptthemen abendländischen Denkens. Für Sokrates war Unwissenheit, nicht aber die natürliche Veranlagung des Menschen die Quelle alles Bösen; Laster war in seinen Augen Irrtum. Das Alte Testament erzählt dagegen, daß die Geschichte des Menschen mit einem Akt der Sünde beginnt, und daß sein «Mühen von Kind an böse sei». Im frühen Mittelalter ging der Kampf zwischen den beiden Auffassungen um die Frage, wie der biblische Mythos von Adams Fall interpretiert werden müsse. Augustin lehrte, seit Adams Fall sei die Natur des Menschen verderbt; jede Generation käme mit dem Fluch zur Welt, der durch den ersten Ungehorsam des Menschen verursacht worden sei. Nur Gottes Gnade, durch die Kirche und ihre Sakramente übermittelt, könne den Menschen retten. Pelagius, Augustins großer Gegner, vertrat die Auffassung, Adams Sünde sei nur persönlich und habe niemanden außer ihn betroffen. Demzufolge komme jeder mit Kräften zur Welt, die so unverdorben seien wie Adams Kräfte vor dem Fall; die Sünde sei nur eine Folge von Versuchungen und schlechtem Beispiel. Augustin gewann, und dieser Sieg sollte auf Jahrhunderte den Menschengeist bestimmen – und verdunkeln.

Das späte Mittelalter bezeugte einen wachsenden Glauben an die Würde des Menschen, an seine Macht und die ihm angeborene Tugend. Die Denker der Renaissance, aber auch Theologen des dreizehnten Jahrhunderts, wie Thomas von Aquin, bekundeten diesen Glauben, obwohl ihre Auffassungen über den Menschen in entscheidenden Punkten von einander abwichen und Thomas von Aquin nie in den Radikalismus der Pelagianischen «Häresie» verfiel. Die Gegenthese, also die Idee von der dem Menschen angeborenen Schlechtigkeit, wurde in Luthers und Calvins Lehren ausgesprochen, was den Augustinischen Standpunkt von neuem belebte. Einerseits bestanden sie auf der geistigen Freiheit des Menschen und auf dessen Recht und Pflicht, Gott unmittelbar und ohne Mittlerschaft eines Priesters ins Angesicht zu schauen, anderseits betonten sie die dem Menschen angeborene Schlechtigkeit und seine Machtlosigkeit. Nach ihrer Auffassung war das größte Hindernis, das sich der Erlösung des Menschen entgegenstellt, sein Stolz; er könne diesen Stolz lediglich durch Schuldgefühl, Reue, bedingungslose Unterwerfung unter Gott und durch den Glauben an Gottes Barmherzigkeit überwinden.

Diese beiden Einstellungen durchzogen auch weiterhin das moderne Denken. Die Idee von der Würde des Men-

schen und seiner Kraft wurde von der Aufklärungsphilosophie gelehrt, ebenso von fortschrittlichen und liberalen Denkern des neunzehnten Jahrhunderts, am radikalsten von
Nietzsche. Die Idee von der Wertlosigkeit und Nichtigkeit
des Menschen fand einen neuen, diesmal vollkommen ver-
weltlichten Ausdruck in jenen autoritären Systemen, die den
Staat oder die «Gesellschaft» zum obersten Herrscher machten; das Individuum dagegen sollte seine eigene Bedeutungslosigkeit erkennen und seine Erfüllung im Gehorsam
und in der Unterwerfung finden. Diese beiden Ideen werden
in den demokratischen und autoritären Philosophien zwar
klar von einander geschieden, aber ihre weniger extremen
Formen vermischen sich im Denken und vor allem im Ge-
fühlsleben unserer Kultur. Wir sind heute Anhänger beider
Auffassungen, der Augustinschen *und* der Pelagianischen,
der Lutherischen *und* der des Pico della Mirandola, der von
Hobbes *und* der von Jefferson. Wir glauben bewußt an die
Macht und Würde des Menschen, aber wir glauben auch –
häufig unbewußt – an die Machtlosigkeit und Schlechtigkeit
des Menschen, insbesondere an unsere eigene, die wir mit
dem Hinweis auf die «Natur des Menschen» zu erklären
suchen.[119]

In Freuds Schriften haben die beiden entgegengesetzten
Ideen in psychologisch-theoretischen Begriffen ihren Niederschlag gefunden. Freud war in mancher Hinsicht ein typi-
scher Vertreter des Rationalismus. Er glaubte an die Vernunft und an das Recht des Menschen, seine natürlichen Ansprüche gegen gesellschaftliche Konventionen und gegen
kulturellen Druck zu verteidigen. Zu gleicher Zeit vertrat
er jedoch die Auffassung, daß der Mensch von Natur aus
faul und sich selber gegenüber zügellos sei und zu einer
gesellschaftlich nützlichen Tätigkeit gezwungen werden

[119] R. Niebuhr, der Exponent der heutigen neo-orthodoxen Theologie, hat
die Lutherische Auffassung erneut expliziert und paradoxerweise mit
einer fortschrittlichen politischen Philosophie verknüpft.

müsse.[120] Die radikalste Formulierung des dem Menschen angeborenen Destruktionstriebes findet sich in Freuds Theorie des «Todestriebes». Freud war nach dem Ersten Weltkrieg von der Gewalt destruktiver Leidenschaften so beeindruckt, daß er seine ältere Theorie, nach der es zwei Triebe gab, den Geschlechts- und den Selbsterhaltungstrieb, revidierte und dem irrationalen Destruktionstrieb eine dominierende Funktion zuerkannte. Er betrachtete den Menschen als das Schlachtfeld, auf dem zwei gleich starke Kräfte aufeinandertreffen, der Lebenstrieb und der Todestrieb. Diese hielt er für biologische Kräfte, die in allen Organismen und also auch im Menschen anzutreffen seien. Richte sich der Todestrieb gegen Objekte außerhalb des Organismus, dann manifestiere er sich als Zerstörungstrieb; bleibe er innerhalb des Organismus, so ziele er auf Selbstzerstörung hin.

Freuds Theorie ist dualistisch. Er sieht den Menschen weder als vorwiegend gut noch als vorwiegend böse an, sondern als ein Wesen, das von zwei gleich starken gegensätzlichen Kräften getrieben wird. Derselbe dualistische Standpunkt war in vielen Religionen und philosophischen Systemen ausgesprochen worden. Leben und Tod, Liebe und Haß, Tag und Nacht, Weiß und Schwarz, Ormuzd und Ahriman sind nur einige der vielen symbolischen Formulierungen dieser Polarität. Eine solche dualistische Theorie hat für den Erforscher der menschlichen Natur in der Tat etwas Verlockendes. Sie läßt Raum für das Gute im Menschen, erklärt aber auch den gewaltigen Zerstörungswillen des Menschen, der nur von einem oberflächlichen, willkürlichen Denken übersehen werden kann. Die dualistische Position ist jedoch nur der Ausgangspunkt, nicht aber die Antwort auf unser psychologisches und ethisches Problem. Sollen wir diesen Dualismus so verstehen, als seien Lebens- und Zerstörungstrieb gleich starke, dem Menschen angeborene Möglichkeiten? In

---

[120] Die beiden entgegengesetzten Auffassungen Freuds finden sich in seiner Schrift *Die Zukunft einer Illusion*.

diesem Falle sähe sich die humanistische Ethik dem Problem gegenübergestellt, wie es möglich sein könnte, das Destruktive der menschlichen Natur ohne Zwangsmaßnahmen und ohne autoritäre Befehle zu zügeln.

Oder können wir eine dem Prinzip der humanistischen Ethik besser entsprechende Antwort finden, und kann die Polarität zwischen dem Lebens- und Destruktionstrieb in anderem Sinne verstanden werden? Ob wir diese Fragen beantworten können, hängt von unserem Einblick in das Wesen der Feindseligkeit und des Destruktionstriebes ab. Ehe wir darauf eingehen, wäre es zweckmäßig, sich zunächst klarzumachen, welche Bedeutung diese Antwort für das eigentliche ethische Problem hat.

Die Wahl zwischen Leben und Tod ist in der Tat die fundamentale Alternative der Ethik. Es ist die Alternative zwischen Produktivität und Destruktion, zwischen Potenz und Impotenz, zwischen Tugend und Laster. Vom Standpunkt der humanistischen Ethik richten sich alle schlechten Triebe gegen das Leben, während alles Gute der Erhaltung und Entfaltung des Lebens dient.

Um dem Problem des Destruktionstriebes näherzukommen, müssen wir zunächst zwischen zwei Arten des Hasses unterscheiden, dem rationalen, «reaktiven», und dem irrationalen, «ckarakterbedingten» Haß. Der *reaktive, rationale* Haß ist die Reaktion eines Menschen auf die Bedrohung seiner eigenen Freiheit, seines Lebens oder seiner Ideen, oder der eines andern Menschen. Seine Prämisse ist die Achtung vor dem Leben. Rationaler Haß hat eine wichtige biologische Funktion: er ist das affektive Äquivalent einer Handlung, die dem Schutz des Lebens dient; er tritt als Reaktion auf vitale Bedrohungen zutage und verschwindet, sobald die Bedrohung beseitigt ist. *Er steht nicht im Gegensatz zum Lebenstrieb, sondern ist dessen Begleitumstand.*

Anders ist der *charakterbedingte* Haß. Er bedeutet einen Charakterzug, eine ständige Bereitwilligkeit zu hassen, und gehört zu einem Menschen, dessen Einstellung eher von vornherein feindselig ist, als daß er auf einen äußeren Anlaß mit Haß reagiert. Irrationaler Haß kann durch die gleiche tatsächliche Bedrohung ausgelöst werden, die auch den reaktiven Haß erregt; oft aber handelt es sich um einen grundlosen Haß, der sich bei jeder Gelegenheit ausdrückt und rational als reaktiver Haß ausgelegt wird. Der Hassende scheint dabei ein Gefühl der Erleichterung zu empfinden, als begrüßte er die Gelegenheit, das in ihm schlummernde Gefühl der Feindseligkeit zum Ausdruck zu bringen. In seinem Gesicht kann man beinahe Freude über die Befriedigung seines Hasses lesen.

Die Ethik interessiert sich in erster Linie für das Problem des irrationalen Hasses, also jener Leidenschaft, die Leben zerstören oder lähmen will. Irrationaler Haß wurzelt im Charakter eines Menschen, das Objekt ist von sekundärer Bedeutung. Er richtet sich sowohl gegen andere wie gegen die eigene Person, obgleich man sich des Hasses gegen andere häufiger bewußt wird als des Hasses gegen sich selbst. Der Selbsthaß wird verstandesmäßig gewöhnlich als Aufopferung, Selbstlosigkeit oder Asketentum ausgelegt, auch als Selbstanklage und Minderwertigkeitsgefühl.

Reaktiver Haß tritt häufiger auf, als es scheint; denn oft reagiert ein Mensch mit Haß auf die Bedrohung seiner Integrität und Freiheit, wobei die Bedrohungen nicht immer offenkundig, sondern versteckt, oft sogar als Liebe und Schutz getarnt und ausgesprochen sind. Trotzdem bleibt der charakterbedingte Haß ein Phänomen von solcher Ausdehnung, daß die dualistische Theorie von Liebe und Haß als den beiden fundamentalen Kräften den Tatsachen zu entsprechen scheint. Muß ich also die Richtigkeit der dualistischen Theorie anerkennen? Um diese Frage zu beantworten, müssen wir das Wesen dieses Dualismus noch eingehender prüfen. Sind die guten und bösen Kräfte wirklich gleich stark? Gehören sie beide zum ursprünglichen Rüstzeug des

Menschen, oder wäre zwischen beiden noch eine andere Beziehung denkbar?

Nach Freud ist der Destruktionstrieb allen menschlichen Wesen eigen; er unterscheidet sich hauptsächlich im Hinblick auf das Objekt der Zerstörung – ob es andere oder wir selbst sind. Aus diesem Grundsatz müßte sich die Folgerung erheben, daß der gegen die eigene Person gerichtete Destruktionstrieb in umgekehrtem Verhältnis zu dem Destruktionstrieb steht, der sich gegen andere richtet. Diese Annahme wird jedoch durch die Tatsache widerlegt, daß die Menschen sich nach dem Grad ihres totalen Destruktionstriebes unterscheiden, gleichgültig, ob dieser sich primär gegen sie selbst oder gegen andere richtet. Man findet keinen starken Destruktionstrieb gegen andere bei Menschen, die eine geringe Feindseligkeit gegen sich selbst haben; vielmehr können wir beobachten, daß Feindschaft gegen sich und gegen andere miteinander in Verbindung stehen. Ferner stellen wir fest, daß im Menschen die lebenszerstörenden Kräfte im entgegengesetzten Verhältnis zu den lebensfördernden stehen: je stärker die einen, desto schwächer die andern, und vice versa. Diese Tatsache bietet einen Schlüssel zum Verständnis der lebenszerstörenden Energie; allem Anschein nach verhält sich der Grad des Zerstörungstriebes proportional zu den Blokkierungen der menschlichen Entfaltung. Ich denke nicht an das gelegentliche Scheitern dieses oder jenes Wunsches, sondern an die Blockierung der sensuellen, emotionalen, physischen und intellektuellen menschlichen Fähigkeiten – also an das, was die produktiven Möglichkeiten vereitelt. Wird dem eigentlichen Lebenszweck, nämlich zu wachsen und zu leben, entgegengearbeitet, dann macht die gehemmte Energie einen *Umwandlungsprozeß* durch und bildet sich in lebenszerstörende Energie um. *Der Destruktionstrieb ist die Folge eines ungelebten Lebens.* Die individuellen und gesellschaftlichen Bedingungen, die eine solche Blockierung der lebensfördernden Energie bewirken, bringen den Destruktionstrieb hervor, der seinerseits zur Quelle der verschiedensten Manifestationen des Bösen wird.

Trifft es zu, daß der Destruktionstrieb sich als Folge gehemmter produktiver Energie entwickeln muß, dann darf er wohl mit Recht als eine im Wesen des Menschen enthaltene Möglichkeit bezeichnet werden. Folgt nun daraus, daß beides, sowohl das Gute wie auch das Böse, gleich starke Möglichkeiten im Menschen sind? Zur Beantwortung dieser Frage muß untersucht werden, was Möglichkeit oder Potentialität bedeutet. Sage ich, etwas existiere «potentiell», so bedeutet dies nicht nur, daß es in der Zukunft existieren wird, sondern daß sein zukünftiges Bestehen schon in der Gegenwart vorbereitet ist. Heißt das nun, daß der zukünftige Status *zwangsläufig* entstehen muß, wenn der gegenwärtige existiert? Sicherlich nicht. Wenn wir sagen, der Baum sei potentiell im Keim vorhanden, so heißt das nicht, daß sich aus jedem Keim ein Baum entwickeln *muß*. Die Verwirklichung einer Potentialität hängt von dem Vorhandensein gewisser Bedingungen ab, im Falle des Keimes zum Beispiel von geeignetem Boden, Wasser und Sonne. Tatsächlich hat der Begriff «Potentialität» nur einen Sinn im Zusammenhang mit den spezifischen Bedingungen, die zur Verwirklichung erforderlich sind. Die Feststellung, daß der Baum potentiell schon im Keim vorhanden ist, muß also in dem Sinne spezifiziert werden, daß aus dem Keim ein Baum wächst, *vorausgesetzt*, daß die besonderen Bedingungen vorhanden sind, die der Keim zum Wachstum braucht. Fehlen diese Bedingungen, ist also zum Beispiel der Boden zu feucht und für das Wachstum des Keimes ungeeignet, dann wird sich der Keim nicht zum Baum entwickeln, sondern verfaulen. Fehlt einem Tier die Nahrung, dann wird es seine Wachstumsmöglichkeit nicht verwirklichen, sondern eingehen. Man darf also behaupten, daß es für den Keim oder auch für das Tier zwei Arten von Potentialität gibt; aus jeder von beiden folgen in einem späteren Entwicklungsstadium bestimmte Resultate.

Die eine ist die *primäre Potentialität*. Sie verwirklicht sich, falls die entsprechenden Bedingungen gegeben sind. Die andere ist eine *sekundäre Potentialität*. Sie verwirklicht sich, sofern die Bedingungen im Gegensatz zu den existentiellen Bedürfnissen stehen. Sowohl die primäre wie auch die sekundäre Potentialität gehört zum Wesen eines Organismus. Die sekundäre Potentialität manifestiert sich mit derselben Notwendigkeit wie die primäre. Wir gebrauchen die Begriffe «primär» und «sekundär», um darauf hinzuweisen, daß die Entfaltung der als «primär» bezeichneten Potentialität unter normalen Bedingungen eintritt, und daß die als «sekundär» bezeichnete Potentialität nur im Fall anomaler, pathogenischer Bedingungen in Erscheinung tritt.

Vorausgesetzt, unsere Annahme wäre richtig, daß der Destruktionstrieb eine sekundäre Potentialität im Menschen ist, die nur dann in Erscheinung tritt, wenn ihm die Verwirklichung seiner primären Potentialität nicht gelingt, dann wäre damit erst einer der Einwände gegen die humanistische Ethik beantwortet. Wir haben dargelegt, daß der Mensch nicht zwangsläufig böse ist, sondern nur dann böse wird, wenn die für sein Wachstum geeigneten Bedingungen fehlen. Das Böse führt kein unabhängiges Eigenleben; es ist das Nichtvorhandensein des Guten, das Scheitern eines Verwirklichungsversuchs.

Wir haben uns nun mit einem weiteren Einwand gegen die humanistische Ethik zu beschäftigen: mit der Behauptung, daß die für die Entfaltung des Guten geeigneten Bedingungen auch Lohn und Strafe einschließen müßten, weil der Mensch von sich aus keinen Antrieb zur Entfaltung seiner Fähigkeiten besitze. Ich will im folgenden zu zeigen suchen, daß jedes normale Individuum von sich aus die Neigung hat, sich zu entwickeln, zu wachsen und produktiv zu werden, und daß die Lähmung dieser Tendenz an sich schon Symptom einer geistigen Erkrankung ist. Geistige oder körperliche Gesundheit sind keine Ziele, zu denen der Einzelne von außen gezwungen werden muß, sondern der Antrieb dazu ist im Individuum vorhanden, und für die Unterdrückung sind starke Umweltkräfte nötig, die ihm entgegenwirken.[121]

Die Annahme, der Mensch besitze einen angeborenen Wachstums- und Integrationstrieb, bedeutet nicht, daß es sich hierbei um einen abstrakten Trieb nach Vervollkommnung handelt, um eine besondere Gabe, mit der die Menschen ausgestattet sind. Vielmehr ergibt es sich aus seiner Natur selbst, aus dem Prinzip, *daß die Fähigkeit zu handeln auch das Bedürfnis schafft, diese Fähigkeit zu nutzen, und daß Funktionsstörung und Unglück entstehen, wenn die Fähigkeit nicht benutzt wird.* In bezug auf physiologische Funktionen des Menschen ist die Richtigkeit dieses Prinzips leicht erkennbar. Der Mensch hat die Fähigkeit zu gehen und sich zu bewegen; würde er an der Nutzung dieser Fähigkeit verhindert, so wären schwere körperliche Schäden oder Krankheit die Folge. Frauen haben die Fähigkeit, Kinder zu gebären und zu stillen; wenn eine Frau nicht Mutter wird, wenn sie ihre Fähigkeit, ein Kind zu gebären und zu lieben, nicht betätigen kann, so erfährt sie eine Verkümmerung, die nur durch eine gesteigerte Verwertung ihrer Fähigkeiten in andern Lebensbereichen ausgeglichen werden kann. Freud hat auf einen weiteren Mangel an Verausgabung hingewiesen, der zu Krankheitserscheinungen führen kann. So erkannte er, daß eine Blockierung der sexuellen Energie oft die Ursache neurotischer Störungen ist. Obwohl Freud die Bedeutung der sexuellen Befriedigung überschätzte, so ist seine Theorie doch ein tiefer *symbolischer* Ausdruck der Tatsache, daß der Mensch krank und unglücklich wird, wenn er seine Möglichkeiten nicht verwerten kann. Sowohl hinsichtlich der physischen wie der psychischen Kräfte des Menschen erweist sich die Richtigkeit dieses Prinzips. Der Mensch hat die Gabe, sprechen und denken zu können. Würden diese

121 Diese Auffassung ist von K. Goldstein, H. S. Sullivan und K. Horney herausgearbeitet worden.

Fähigkeiten blockiert, so wäre der Betreffende schwer geschädigt. Der Mensch hat die Gabe zu lieben, und wenn er von dieser Gabe keinen Gebrauch machen kann, wenn er liebesunfähig ist, so leidet er unter diesem Unglück, obwohl er mit allen Arten der Rationalisation versuchen mag, sein Leiden zu überdecken, oder obwohl er die von der Gesellschaft gebotenen Fluchtmöglichkeiten benutzt.

Der Grund des Phänomens, daß unbenutzte Fähigkeiten den Menschen unglücklich machen, ist in den Bedingungen des menschlichen Daseins zu suchen. Das Leben des Menschen ist durch existentielle Widersprüche gekennzeichnet, wie ich sie in einem früheren Kapitel bereits behandelt habe. Um mit der Welt eins zu sein und sich zugleich mit sich selber eins zu fühlen, um zu den andern in Beziehung zu treten und zugleich seine Integrität als ein einmaliges Ganzes zu bewahren, hat der Mensch keine andere Möglichkeit, als von seinen Fähigkeiten produktiven Gebrauch zu machen. Versagt er darin, so kann er nicht zu innerer Harmonie und Integration kommen. Er wird hin und her gerissen, ist zwiespältig und will vor sich selbst, vor dem Gefühl seiner eigenen Machtlosigkeit, Langeweile und Impotenz fliehen, vor dem zwangsläufigen Ergebnis seines Versagens. Da der Mensch lebt, kann er sich nicht anders entscheiden als leben zu wollen, und der einzige Weg, auf dem ihm dies gelingen kann, ist der, daß er seine Kräfte benutzt und das vorausgabt, was er hat.

Es gibt vielleicht kein Phänomen, das deutlicher als die Neurose zeigt, was aus dem Menschen wird, wenn er darin versagt, produktiv und sich selber integrierend zu leben. Jede Neurose ist die Folge eines Konfliktes zwischen den angeborenen Fähigkeiten und jenen Kräften, die ihre Entwicklung hemmen. Wie die Symptome einer physischen Erkrankung, so sind auch neurotische Symptome ein Ausdruck des Kampfes, den der gesunde Teil der Persönlichkeit gegen die schädigenden Einflüsse aufnimmt.

Der Mangel an Integrierung und Produktivität führt jedoch nicht immer zu Neurosen. Wäre dies der Fall, dann müßten wir die große Mehrzahl aller Menschen als Neurotiker ansehen. Worin bestehen also die besonderen Voraussetzungen, die zum Ausbruch einer Neurose führen? Einige Bedingungen will ich kurz erwähnen: zum Beispiel kann ein Kind strenger gehalten werden als andere, so daß der Konflikt zwischen seiner Verängstigung und seinen fundamentalen menschlichen Wünschen daher schärfer und unerträglicher wird; oder ein Kind kann einen überdurchschnittlichen Sinn für Freiheit und Originalität entwickelt haben, so daß seine Niederlage dadurch unannehmbarer wird.

Statt einer Aufzählung weiterer Bedingungen, die zur Neurose führen können, möchte ich die Fragestellung jedoch lieber umkehren: auf welchen Voraussetzungen beruht die Tatsache, daß so viele Menschen nicht neurotisch werden, obwohl sie nicht produktiv und sich selber integrierend leben? Es scheint hier zweckmäßig, zwischen zwei Begriffen zu differenzieren, nämlich zwischen Defekt und Neurose.[122] Erreicht jemand seine Reife, Spontaneität und ein echtes Ich-Erlebnis nicht, so kann man annehmen, daß er einen schweren Defekt hat. Vorausgesetzt wird dabei allerdings die Annahme, Freiheit und Spontaneität seien die objektiven Ziele, die jeder Mensch erreichen sollte. Wenn ein solches Ziel von der Mehrzahl in einer bestimmten Gesellschaft nicht erreicht wird, so haben wir es mit dem Phänomen eines *gesellschaftlichen Defektes* zu tun. Der Einzelne ist mit vielen anderen davon betroffen; er erkennt ihn nicht als Defekt, und seine Sicherheit wird nicht durch das Erlebnis bedroht, daß er anders als die übrigen oder sozusagen ausgestoßen ist. Was er an Reichtum und echtem Glücksgefühl einbüßen mag, wird durch die von ihm empfundene Sicherheit aufgewogen, weil

---

[122] Die nachfolgende Untersuchung über Neurose und Defekt ist teilweise meiner Abhandlung entnommen «Individual and Social Origins of Neurosis», American Sociological Review, IX, 4 (August 1944).

er zum Rest der Menschheit – so wie *er* sie kennt – paßt. Sein Defekt kann in seinem Kulturraum sogar als Vorzug gelten, so daß er ein gesteigertes Gefühl von Leistung hat. Ein Beispiel sind die Schuld- und Angstgefühle, die Calvins Lehre im Menschen weckte. Man kann sagen, daß ein Mensch, der von dem Gefühl seiner Macht- und Wertlosigkeit und von dem ständigen Zweifel durchdrungen ist, ob er erlöst oder zur ewigen Verdammnis verurteilt wird, der kaum einer echten Freude fähig ist und sich zum Rädchen einer Maschine machte, daß ein solcher Mensch tatsächlich einen schweren Defekt hat. Und doch wurde dieser schwere Defekt eine kulturelle Schablone; man betrachtete ihn als besonders wertvoll, und der Einzelne war damit vor einer Neurose geschützt, die er in einem Kulturraum entwickelt hätte, in dem dieser Defekt ein Gefühl großer Unzulänglichkeit und Isolierung bewirken würde.

Spinoza hat das Problem eines gesellschaftlich bedingten Defektes klar ausgedrückt. Er sagt: «Es gibt viele Menschen, denen ein und derselbe Affekt hartnäckig anhaftet. Denn wir sehen, wie Menschen zuweilen von einem Gegenstand so affiziert werden, daß sie ihn, obgleich er nicht gegenwärtig ist, dennoch vor sich zu haben glauben; geschieht dies einem Menschen in wachem Zustande, so sagen wir, er sei verrückt... Wenn jedoch der Habsüchtige an nichts anderes denkt als an Gewinn oder Geld, der Ehrgeizige nur an Ruhm, so hält man diese nicht für verrückt, sondern nur für unangenehm und verächtlich. In der Tat aber sind Habsucht, Ehrgeiz und so weiter Arten der Verrücktheit, obgleich man sie nicht den ‚Krankheiten' zuzählt.»[123] Diese Worte wurden vor ein paar Jahrhunderten geschrieben; sie haben immer noch ihre Gültigkeit, obwohl der Defekt heute in einem solchen Ausmaß zum Kulturdefekt geworden ist, daß er im allgemeinen nicht mehr als verächtlich, sogar

[123] *Ethik*, IV, Lehrsatz 44, Anm.

nicht einmal als lästig empfunden wird. Wir treffen heute Menschen, die wie ein Automat handeln und fühlen. Sie erleben nie etwas, das als echtes Erlebnis anzusprechen wäre; auch sich selbst erleben sie nur als die Person, die sich nach der Meinung anderer sein sollten; Lächeln hat das Lachen ersetzt, bedeutungsloses Geschwätz eine mitteilsame Unterhaltung, und stumpfe Verzweiflung ist an die Stelle echter Trauer getreten. Über Menschen solcher Art kann zweierlei festgestellt werden: sie leiden an fehlender Spontaneität und Individualität, was beides unheilbar scheint; zugleich kann man sagen, daß sie sich von tausend anderen, die sich in der gleichen Lage befinden, nicht wesentlich unterscheiden. Die *meisten* werden dank der kulturellen Verhältnisse, die den Defekt verdecken, vor dem Ausbruch einer Neurose bewahrt. Bei *einigen* wirkt dieser kulturell gegebene Schutz nicht, so daß der Defekt als mehr oder weniger schwere Neurose auftritt. Daß in diesen Fällen die kulturelle Schablone nicht genügt, um den Ausbruch einer offenkundigen Neurose zu verhindern, hat seine Ursache entweder in einer größeren Intensität der pathologischen Kräfte oder in stärker entwickelten gesunden Kräften, die den Kampf aufnehmen, obgleich die kulturelle Schablone sie nicht daran hindern würde, sich ruhig zu verhalten.

Keine Situation bietet eine bessere Möglichkeit, die Kraft und Zähigkeit der nach Gesundheit strebenden Kräfte zu beobachten, als die psychoanalytische Therapie. Natürlich begegnen dem Psychoanalytiker zunächst jene Kräfte, die der Selbstverwirklichung und dem Glück des Menschen entgegenwirken. Kann er aber die Macht der – besonders in der Kindheit vorhandenen – Einflüsse überblicken, die zur Verkümmerung der Produktivität führten, dann ist er immer wieder davon beeindruckt, daß die meisten seiner Patienten den Kampf schon längst hätten aufgeben müssen, wenn sie nicht von einem Impuls getrieben würden, psychische Gesundheit und Glück erreichen zu wollen. Dieser Impuls ist

241

die notwendige Voraussetzung für eine Heilung der Neurose. Das psychoanalytische Verfahren sucht zwar eine tiefere Einsicht in die dissoziierten Teile der Gefühls- und Gedankenwelt zu vermitteln, doch genügt intellektuelle Einsicht als solche nicht, um eine Änderung zu bewirken. Diese Form von Einsicht ermöglicht einem Menschen, die Sackgassen zu erkennen, in die er sich verirrt hat. Er begreift, weshalb die Versuche, mit denen er sein Problem lösen wollte, zum Scheitern verurteilt waren. Damit wird aber lediglich der Weg für die nach psychischer Gesundheit strebenden Kräfte freigelegt, so daß sie den Kampf aufnehmen und wirksam werden können. Eine nur intellektuelle Einsicht reicht tatsächlich nicht aus; die therapeutisch wirksame Einsicht muß eine erlebte Einsicht sein, bei der sich die Kenntnis des eigenen Ich nicht nur verstandesmäßig, sondern auch gefühlsmäßig bildet. Eine solche als Erlebnis fortschreitende Einsicht hängt von der Stärke des dem Menschen eigenen Strebens nach Gesundheit und Glück ab.

Das Problem der psychischen Gesundheit und Neurose ist mit dem ethischen Problem untrennbar verbunden. Man kann sagen, daß jede Neurose ein moralisches Problem darstellt. Reife und Integration der Gesamtpersönlichkeit nicht zu erreichen, ist im Sinne der humanistischen Ethik ein moralisches Versagen. Auch in spezifischerem Sinne sind viele Neurosen ein Ausdruck moralischer Probleme, und neurotische Symptome sind eine Folge ungelöster moralischer Konflikte. Ein Mensch kann zum Beispiel an Schwindelanfällen leiden, für die keine organische Ursache vorhanden ist. Bei der Schilderung seines Symptoms teilt er dem Psychoanalytiker nebenbei mit, daß er mit gewissen beruflichen Schwierigkeiten zu kämpfen habe. Er ist ein erfolgreicher Lehrer, der Auffassungen vortragen muß, die seinen eigenen Überzeugungen widersprechen. Er glaubt jedoch, daß er das Problem gelöst habe, einerseits erfolgreich zu sein und anderseits seine moralische Integrität bewahrt zu haben.

Die Richtigkeit dieses Glaubens beweist er sich mit einer Vielzahl komplizierter Rationalisierungen. Die Andeutung des Analytikers, sein Symptom könne mit seinem moralischen Problem zusammenhängen, empört ihn. Die Analyse ergibt jedoch, daß er sich täuschte und daß seine Schwindelanfälle die Reaktion seines bessern Ich waren, die Reaktion seiner durchaus moralischen Persönlichkeit auf eine Lebensform, die ihn zwang, seine Integrität zu verletzen und seine Spontaneität zu lähmen.

Sogar wenn ein Mensch nur andern gegenüber destruktiv zu sein scheint, verletzt er das Lebensprinzip in sich selbst ebenso wie in andern. In der Sprache des Religiösen wurde dieses Prinzip so ausgedrückt, daß der Mensch nach dem Bilde Gottes geschaffen sei und jede Verletzung des Menschen eine Sünde gegen Gott bedeute. In weltlicher Sprache würden wir sagen, daß wir alles, was wir einem andern antun – es mag gut oder böse sein – auch uns selbst antun. *« Was du nicht willst, das man dir tue, das tue einem andern auch nicht»*, lautet eines der grundlegenden Prinzipien der Ethik. Aber mit gleicher Berechtigung kann man sagen: *Was du andern antust, das tust du auch dir selber an.* In irgendeinem menschlichen Wesen die Kräfte zu verletzen, die auf das Leben gerichtet sind, schlägt unfehlbar auf uns selbst zurück. Unser eigenes Wachstum, unser Glück und unsere Stärke beruht auf der Respektierung dieser Kräfte, und es ist nicht möglich, sie in andern zu verletzen und zugleich selber unberührt zu bleiben. Die Achtung vor dem Leben, dem fremden wie dem eigenen, gehört zum Lebensprozeß selbst und ist eine Bedingung für die psychische Gesundheit. In gewisser Hinsicht stellt der gegen andere gerichtete Destruktionstrieb ein pathologisches Phänomen dar, vergleichbar selbstmörderischen Impulsen. Wenn es einem Menschen gelingt, diese destruktiven Impulse zu ignorieren oder mit Rationalisierungen zu verdecken, so kann er doch nicht verhindern, daß er – das heißt sein Organismus – darauf reagiert und durch Handlungen in Mitleidenschaft gezogen wird, die gerade dem Prinzip widersprechen, durch das sein Leben und jedes Leben erhalten wird. Der destruktive Mensch ist auch dann unglücklich, wenn er die Ziele seines Zerstörungstriebes erreicht, der seine eigene Existenz untergräbt. Umgekehrt aber kann kein gesunder Mensch umhin, Beweise von Anstand, Liebe und Mut zu bewundern und von ihnen bewegt zu werden; denn auf diesen Kräften fußt sein eigenes Leben.

B. Verdrängung im Gegensatz zur Produktivität

Geht man davon aus, daß der Mensch im Grunde destruktiv und selbstsüchtig ist, so führt dies zu einer Konzeption, wonach ein moralisches Verhalten in der Unterdrückung jener bösen Triebe besteht, denen der Mensch ohne ständige Selbstkontrolle nachgeben würde. Gemäß diesem Prinzip muß der Mensch sein eigener Wachhund sein. Er muß zunächst einmal erkennen, daß er seiner Natur nach böse ist, und daraufhin muß er seine Willenskraft einsetzen, um die ihm angeborenen bösen Tendenzen zu bekämpfen. Das Böse zu unterdrücken oder ihm nachzugeben, wäre also seine Alternative.

Die psychoanalytische Forschung bietet ein reiches Tatsachenmaterial in bezug auf das Wesen der Unterdrückung, ihrer verschiedenen Formen und deren Folgen. Wir können differenzieren zwischen

1. der Unterdrückung der *Ausführung* eines bösen Impulses,
2. der Unterdrückung des *Sich-Bewußtwerdens* dieses Impulses und
3. dem aufbauenden Kampf gegen diesen Impuls.

Bei der ersten Art wird nicht der Impuls selbst unterdrückt, sondern die Handlung, die sich aus ihm ergeben würde. Ein Beispiel hierfür ist ein Mensch mit starken sadistischen Trieben, der befriedigt wäre und daran Gefallen finden würde, wenn er andern Leiden zufügen oder sie beherrschen könnte. Nehmen wir an, seine Furcht vor Mißbilligung oder die von ihm anerkannten Moralbegriffe warnen ihn davor, seinem Impuls nachzugeben; dann unterläßt er eine solche Handlung und führt nicht aus, was er tun möchte. Obwohl man nicht leugnen kann, daß diesem Menschen ein Sieg über sich selbst gelungen ist, hat er sich doch nicht wirklich verändert; sein Charakter ist der gleiche geblieben, und das einzige, was wir an ihm bewundern können, ist seine «Willenskraft». Aber ganz abgesehen von der moralischen Bewertung eines solchen Verhaltens ist es ein unzulängliches Schutzmittel gegen destruktive Tendenzen. Ein außergewöhnliches Maß an «Willenskraft» oder Furcht vor schweren Strafen wären erforderlich, um einen solchen Menschen daran zu hindern, seinen Impulsen entsprechend zu handeln. Da jede Entscheidung das Resultat eines inneren Kampfes gegen starke entgegenstrebende Kräfte wäre, würden die Chancen für einen Triumph des Guten so fragwürdig sein, daß vom Standpunkt des gesellschaftlichen Interesses diese Form der Unterdrückung zu unzuverlässig wäre.

Eine weit wirksamere Maßnahme gegen böse Triebe scheint darin zu bestehen, daß ihr Bewußtwerden verhindert und damit eine bewußte Versuchung ausgeschlossen wird. Diese Art der Unterdrückung bezeichnete Freud als «Verdrängung». Verdrängung heißt, daß es dem Impuls, obgleich er existiert, nicht erlaubt wird, in den Bewußtseinsbereich einzudringen, oder daß er schnell wieder daraus entfernt wird. Der Sadist wäre sich also – um bei dem gleichen Beispiel zu bleiben – seines Zerstörungstriebes oder seiner Herrschsucht nicht bewußt; es gäbe keine Versuchung und keinen Kampf.

Die Verdrängung böser Triebe ist diejenige Art der Unterdrückung, auf die sich die autoritäre Ethik implizite oder explizite als den sichersten Weg zur Tugend verläßt. Aber wenn es auch zutrifft, daß die Verdrängung einen Schutz gegen bestimmte Handlungen darstellt, so ist sie doch weit weniger wirksam, als ihre Verfechter annehmen.

Die Verdrängung entfernt einen Impuls aus dem Bewußtsein, hebt jedoch nicht seine Existenz auf. Freud hat nachgewiesen, daß der verdrängte Impuls weiterhin wirksam bleibt und einen tiefen Einfluß auf den Menschen ausübt, wenn auch der Betreffende sich seiner nicht bewußt ist. Die Wirkung des verdrängten Impulses auf den Menschen braucht nicht einmal geringer zu sein als die des bewußten; der Hauptunterschied besteht nur darin, daß er sich nicht offen, sondern versteckt auswirkt, so daß der Handelnde nicht erkennt, was er tut. Wenn sich zum Beispiel unser Sadist seines Sadismus nicht bewußt ist, so kann er das Gefühl haben, daß er andere nur deswegen beherrscht, weil ihm an dem liegt, was nach seiner Meinung das Beste für sie wäre, oder auch aus seinem starken Pflichtgefühl heraus.

Aber, wie Freud ebenfalls nachwies, wirken sich die verdrängten Triebe nicht nur in Form von derartigen Rationalisierungen aus. Es kann sich eine Reaktionsbildung entwickeln, die das Gegenteil des verdrängten Triebes ist, zum Beispiel Überbesorgtheit oder Überfreundlichkeit. Die Kraft des verdrängten Triebes tritt dann indirekt in Erscheinung, ein Phänomen, das Freud als «die Rückkehr des Verdrängten» bezeichnete. In diesem Falle wird ein Mensch, dessen Überbesorgtheit sich als Reaktionsbildung gegen seinen Sadismus entwickelte, sich dieser «Tugend» mit der gleichen Wirkung bedienen, die sein offenkundiger Sadismus gehabt hätte: andere zu beherrschen und zu beaufsichtigen. Während er selbst sich dabei tugendhaft und erhaben vorkommt, ist jedoch seine Wirkung auf andere oft noch verhängnisvoller, da es schwer ist, sich gegen zuviel «Tugend» zu verteidigen.

Vollkommen verschieden von Verdrängung und Unterdrückung ist eine dritte gegen destruktive Impulse gerichrete Reaktionsart. Bei der Unterdrückung bleibt der Impuls lebendig, verhindert wird nur das Handeln; bei der Verdrängung wird der Impuls selbst aus dem Bewußtsein entfernt, so daß (bis zu einem gewissen Grade) in versteckter Form ihm entsprechend gehandelt wird; bei der dritten Reaktionsart kämpfen die lebensfördernden Kräfte eines Menschen gegen die destruktiven und bösen Impulse. Je stärker ein Mensch sich dieser Impulse bewußt ist, desto stärker kann er darauf reagieren. Nicht nur sein Wille und seine Vernunft beteiligen sich, sondern auch die emotionalen Kräfte in ihm, die von seinem Destruktionstrieb herausgefordert werden. In einem sadistisch veranlagten Menschen zum Beispiel wird ein solcher Kampf gegen den Sadismus eine echte Güte entwickeln, die zu einem Bestandteil seines Charakters wird und ihn von der Aufgabe befreit, sein eigener Wachhund zu sein und seine Willenskraft ständig auf die «Selbstkontrolle» zu richten. Bei dieser Reaktion liegt der Nachdruck nicht auf dem Gefühl von Schlechtigkeit und Reue, sondern auf dem Vorhandensein und dem Einsatz produktiver Kräfte. Als Ergebnis des produktiven Konfliktes zwischen Gut und Böse wird also das Böse selbst zur Quelle der Tugend.

Vom Standpunkt der humanistischen Ethik folgt daraus, daß die ethische Alternative nicht zwischen Unterdrückung des Bösen oder Nachgeben besteht. Beides -- Verdrängung und Nachgeben – sind lediglich zwei Aspekte derselben Bindung an das Böse, und die wirkliche Alternative besteht nicht zwischen ihnen, sondern zwischen Verdrängung und Nachgeben auf der einen und Produktivität auf der andern Seite. Ziel der humanistischen Ethik ist nicht die Verdrängung des Bösen im Menschen (das von der schädigenden Wirkung der autoritären Gesinnung begünstigt wird), sondern der produktive Gebrauch der dem Menschen angeborenen primären Möglichkeiten. Tugend entspricht dem Grad der Produktivität, den ein Mensch erreicht hat. Wenn einer

Gesellschaft daran gelegen ist, die Menschen tugendhaft zu machen, dann muß ihr daran gelegen sein, die Menschen produktiv zu machen, und infolgedessen auch daran, die Voraussetzungen für die Entfaltung der Produktivität zu schaffen. Die erste und wichtigste dieser Voraussetzungen besteht darin, daß jede soziale und politische Aktivität die Entfaltung des einzelnen Menschen zum Ziel haben muß, daß der Mensch als einziger Endzweck betrachtet wird und nicht als Mittel für irgend jemanden oder irgend etwas – außer für ihn selbst.

Die produktive Orientierung ist die Grundlage für Freiheit, Tugend und Glück. Wachsamkeit ist der Preis der Tugend, aber nicht die Wachsamkeit des Aufsehers, der den bösen Gefangenen einsperren muß, vielmehr die Wachsamkeit des vernunftbegabten Wesens, das die Voraussetzungen seiner Produktivität erkennen und schaffen und jene Faktoren beseitigen muß, die es hemmen und so das Böse schaffen. Wenn dieses Böse einmal erwacht ist, kann es nur mit Hilfe äußerer oder innerer Gewalt daran verhindert werden, sich zu manifestieren.

Die autoritäre Ethik impfte den Menschen die Vorstellung ein, es bedürfe einer gewaltigen und unermüdlichen Anstrengung, um gut zu sein; der Mensch müsse sich ständig bekämpfen, und jeder falsche Schritt könne verhängnisvoll werden. Diese Auffassung ergibt sich aus der autoritären Prämisse. Wäre der Mensch ein so böses Wesen und wäre Tugend nur der Sieg über sich selbst, dann würde diese Aufgabe tatsächlich als abschreckend schwierig erscheinen. Ist Tugend aber dasselbe wie Produktivität, dann ist es durchaus kein so mühsames und schwieriges – wenn auch nicht einfaches – Unterfangen, sie zu erreichen. Wie wir zeigten, ist der Wunsch, seine Kräfte produktiv zu gebrauchen, dem Menschen angeboren, und seine Anstrengungen richten sich vor allem darauf, die in ihm und seiner Umwelt vorhandenen Hindernisse aus dem Wege zu räumen, die seiner Neigung im Wege stehen. So wie der steril und destruktiv gewordene Mensch in zunehmendem Maße gelähmt und sozusagen in einem *circulus vitiosus* gefangen wird, so gewinnt ein Mensch, der sich seiner eigenen Kräfte bewußt ist und sie produktiv verwendet, an Stärke, Glauben und Glück. Er ist weniger und weniger in Gefahr, sich selbst entfremdet zu werden. Das Erlebnis von Freude und Glück ist nicht nur, wie wir nachgewiesen haben, das *Ergebnis* eines produktiven Lebens, sondern auch dessen Stimulans. Aus dem Geist der Selbstkasteiung und des Kummers mag die Verdrängung des Bösen erwachsen, aber es gibt nichts, was dem Guten im humanistischen Sinne förderlicher wäre als eben das Erlebnis von Freude und Glück, das jede produktive Tätigkeit begleitet. Jede Steigerung der Freude, die eine Kultur bieten kann, wird mehr zur sittlichen Erziehung ihrer einzelnen Glieder beitragen als alle Strafandrohungen und Tugendpredigten.

C. Charakter und moralische Beurteilung

Das Problem der moralischen Beurteilung wird häufig mit dem Problem der Willensfreiheit im Gegensatz zum Determinismus verknüpft. Für die eine Richtung ist der Mensch vollständig durch Umstände bestimmt, die sich seiner Kontrolle entziehen, und die Idee, der Mensch wäre in seinen Entscheidungen frei, gilt als Illusion. Von dieser Prämisse aus wird gefolgert, daß man den Menschen nicht nach seinen Taten richten dürfe, da er seine Entschlüsse nicht frei treffen könne. Die entgegengesetzte Richtung vertritt die Auffassung, der Mensch verfüge über einen freien Willen, den er ungeachtet aller psychologischen oder äußeren Bedingungen und Umstände ausüben könne; er sei daher für seine Handlungen verantwortlich und könne danach beurteilt werden.

Es könnte nun den Anschein haben, als ob der Psychologe

gezwungen wäre, den Determinismus anzuerkennen. Das Studium der Charakterentwicklung zeigt ihm, daß sich das Kind zuerst in einem Zustand moralischer Unausgeprägtheit befindet und daß sein Charakter durch äußere Einflüsse geformt wird, die in den ersten Jahren seines Lebens am stärksten sind, solange es weder das Wissen noch die Macht besitzt, die Verhältnisse, die seinen Charakter bestimmen, zu ändern. In dem Alter, in dem es versuchen könnte, die Bedingungen zu ändern, unter denen es lebt, ist sein Charakter bereits geformt und es fehlt ihm der Antrieb, diese Bedingungen zu untersuchen und sie nötigenfalls zu ändern. Wenn wir davon ausgehen, daß die moralischen Qualitäten eines Menschen in seinem Charakter wurzeln, müssen wir dann nicht zugeben, daß kein Urteil möglich ist, da er ja nicht die Freiheit hat, seinen Charakter zu formen? Muß uns die Auffassung, daß kein Mensch moralisch beurteilt werden könne, nicht um so unanfechtbarer erscheinen, je mehr Einblick wir in die Bedingungen haben, die auf die Bildung des Charakters einwirken?

Vielleicht läßt sich diese Alternative zwischen psychologischem Verstehen und moralischer Beurteilung durch einen Kompromiß umgehen, auf den die Anhänger der Theorie der Willensfreiheit gelegentlich hinweisen. Unbestritten ist, daß es im Leben mancher Menschen Umstände gibt, welche die Ausübung ihrer Willensfreiheit unmöglich machen und somit auch ein moralisches Urteil ausschließen. Das moderne Strafrecht zum Beispiel hat diese Auffassung übernommen und betrachtet einen Geisteskranken nicht als verantwortlich für seine Taten. Die Vertreter einer modifizierten Theorie der Willensfreiheit gehen noch einen Schritt weiter. Sie wollen gelten lassen, daß ein Mensch, der zwar nicht geisteskrank, doch neurotisch ist und somit unter dem Einfluß unkontrollierbarer Impulse steht, für seine Handlungen ebenfalls nicht verurteilt werden kann. Sie behaupten jedoch, die meisten Menschen besäßen – wenn sie wollen – die Frei-

heit, richtig zu handeln; sie seien daher moralisch verantwortlich.

Eine genaue Untersuchung zeigt jedoch, daß sogar diese
Auffassung unhaltbar ist. Wir neigen zu dem Glauben, daß
wir frei handeln, weil wir uns, wie schon Spinoza andeutete,
zwar unserer Wünsche bewußt sind, nicht aber ihrer Motivationen. Unsere Motive sind das Ergebnis der in unserem
Charakter sich auswirkenden besonderen Kräftemischung.
Jede unserer Entscheidungen wird durch die jeweils vorherrschenden guten oder bösen Kräfte bestimmt. Bei einigen
Menschen dominiert eine bestimmte Kraft so stark, daß jeder, der ihren Charakter und die hervorstechenden Wert-
maßstäbe kennt, vorhersagen kann, wie sie sich entscheiden
werden (obgleich sie selber der Illusion unterworfen sein
können, sich «frei» entschieden zu haben). Bei andern sind
destruktive und konstruktive Kräfte so ausgeglichen, daß
ihre Entscheidungen nicht empirisch voraussagbar sind.
Wenn wir sagen, jemand könnte auch anders gehandelt haben, so beziehen wir uns auf den letztgenannten Fall. Aber
diese Äußerung, er könnte auch anders gehandelt haben, bedeutet lediglich, daß wir seine Handlungen nicht voraus-
sagen konnten. Seine Entscheidung zeigt jedoch, daß die eine
Kräftegruppe stärker war als die andere, und daß also auch
in seinem Fall die Entscheidung durch seinen Charakter bestimmt wurde. Wäre daher sein Charakter anders gewesen,
so würde er anders gehandelt haben, auch dann wieder seiner Charakterstruktur entsprechend. Der Wille ist keine ab-
strakte Kraft, die der Mensch neben seinem Charakter besitzt. Vielmehr ist der Wille nur der Ausdruck seines Charakters. Der produktive Mensch, der seiner Vernunft ver-
traut und sowohl andere wie auch sich selbst lieben kann, hat
den Willen zu tugendhaftem Handeln. Dem unproduktiven
Menschen, der diese Eigenschaften nicht ausgebildet hat und
ein Sklave seiner irrationalen Leidenschaften ist, fehlt dieser
Wille.

Die Auffassung, daß unser Charakter unsere Entscheidungen bestimmt, ist keineswegs fatalistisch. Ist auch der Mensch wie alle andern Geschöpfe Kräften unterworfen, die ihn bestimmen, so ist er doch das einzige vernunftbegabte Geschöpf. Er ist das einzige Wesen, das die Kräfte begreift, denen es unterworfen ist, und das dank seines Verstehens aktiven Anteil an seinem eigenen Geschick nehmen und jene Elemente festigen kann, die zum Guten hinstreben. Er ist das einzige Geschöpf, das ein Gewissen hat. Sein Gewissen ist die Stimme, die ihn zu sich selbst zurückruft. Sie teilt ihm mit, was er tun sollte, um er selbst zu werden, und hilft ihm, sich seiner Lebensziele und der für die Erreichung dieser Ziele unumgänglichen Normen bewußt zu bleiben. Wir sind daher keine hilflosen Opfer unserer Verhältnisse; wir sind tatsächlich imstande, Kräfte in uns und außerhalb unseres Ich zu ändern und zu lenken und, zumindest bis zu einem gewissen Grade, die Bedingungen zu beeinflussen, die auf uns einwirken. Wir können auch jene Bedingungen begünstigen und verbessern, die das Streben nach dem Guten entwickeln und dessen Verwirklichung herbeiführen. Aber während wir zwar Vernunft und Gewissen haben, die uns befähigen, aktiv an unserem Leben mitzuarbeiten, sind Vernunft und Gewissen doch unlösbar mit unserem Charakter verbunden. Beherrschen destruktive Kräfte und irrationale Leidenschaften unseren Charakter, so werden unsere Vernunft und unser Gewissen davon betroffen und können ihre Funktion nicht mehr richtig ausüben. Die letzteren sind tatsächlich unsere kostbarsten Fähigkeiten, und wir haben die Aufgabe, sie zu entwickeln und zu verwenden; aber sie sind nicht frei und undeterminiert und existieren nicht neben unserem empirischen Ich. Es sind Kräfte innerhalb der Struktur unserer Gesamtpersönlichkeit; sie werden – wie jeder Teil einer Struktur – vom Ganzen bestimmt und bestimmen es zugleich ihrerseits mit.

Wenn unser moralisches Urteil über einen Menschen von

der Entscheidung abhinge, ob er auch anders hätte wollen können, dann wäre jedes moralische Urteil ausgeschlossen. Wie können wir zum Beispiel die Stärke der einem Menschen eigenen Vitalität kennen, die ihm ermöglichte, den in seiner Kindheit und auch später auf ihn einwirkenden Umweltkräften Widerstand zu leisten; oder den Mangel an Vitalität, der es mit sich bringt, daß ein anderer Mensch genau denselben Kräften erliegt? Wie können wir wissen, ob im Leben eines Menschen ein zufälliges Ereignis – wie etwa die Begegnung mit einem guten, liebevollen Menschen – seine Charakterentwicklung nicht in einer bestimmten Richtung beeinflußt haben könnte, während das Ausbleiben eines solchen Erlebnisses den Charakter in entgegengesetzter Richtung beeinflußt haben mag? Das können wir tatsächlich nicht wissen. Selbst wenn wir unser moralisches Urteil auf der Prämisse aufbauen würden, daß ein Mensch anders gehandelt haben könnte, sind doch Konstitutions- und Umweltfaktoren, die an der Entwicklung eines Charakters mitwirken, so zahlreich und komplex, daß es praktisch unmöglich ist, abschließend darüber zu urteilen, ob der Betreffende sich anders hätte entwickeln können. Wir können lediglich annehmen, daß die gegebenen Umstände zu der Entwicklung führten, die sich offensichtlich vollzog. Hinge die Möglichkeit, einen Menschen zu beurteilen, von unserem Wissen ab, daß er auch anders gehandelt haben könnte, dann müßten wir uns auf dem Gebiet der Charakterforschung geschlagen geben, soweit es sich um ethische Urteile handelt.

Diese Schlußfolgerung ist jedoch fragwürdig, denn sie beruht auf falschen Prämissen und auf der Unklarheit darüber, was ein «Urteil» ist. Urteilen kann verschiedenes bedeuten: einmal, daß man die geistigen Funktionen ausübt, auf Grund deren man etwas behauptet oder voraussagt; zum andern bedeutet es jedoch, daß man die Funktion eines «Richters» ausübt, der frei zu sprechen und zu verurteilen hat.

Die letztgenannte Art des moralischen Urteilens geht auf

die Vorstellung einer den Menschen transzendierenden und ein Urteil über ihn fällenden Autorität zurück. Diese Autorität hat das Privileg, freizusprechen oder zu verurteilen und zu strafen. Ihr Dictum ist absolut, weil sie über dem Menschen steht und mit einer für ihn unerreichbaren Weisheit und Kraft ausgestattet ist. Sogar in der Rolle des Richters, der in einer demokratischen Gesellschaft gewählt wird und theoretisch nicht über seinen Mitmenschen steht, findet sich noch ein Schimmer der alten Vorstellung vom richtenden Gott. Verfügt er als Person auch über keine übermenschlichen Kräfte, so doch als Amtsperson. (Der einem Richter gegenüber geforderte Respekt ist ein Überrest des Respekts vor einer übermenschlichen Autorität; Mißachtung des Gerichts ist psychologisch nah verwandt mit Majestätsbeleidigung.) Viele aber, die nicht das Amt eines Richters ausüben, maßen sich die Rolle eines Richters an und sind geneigt, moralisch zu verurteilen oder freizusprechen. Häufig mischt sich in ihre Haltung ein gut Teil Sadismus und Zerstörungstrieb. Es gibt wohl kein Phänomen, das soviel destruktive Elemente enthält wie die «moralische Entrüstung», die Neid und Haßgefühlen erlaubt, sich unter der Maske der Tugend auszutoben.[124] Die «entrüstete» Person hat die Genugtuung, einen Menschen zu verachten und als «minderwertig» zu behandeln und das Gefühl ihrer eigenen Überlegenheit und Rechtschaffenheit damit zu verbinden.

Die humanistische Beurteilung moralischer Werte hat denselben logischen Charakter wie eine rationale Beurteilung im allgemeinen. Indem man Werturteile abgibt, beurteilt man lediglich Tatsachen und fühlt sich nicht gottähnlich, überlegen und dazu berechtigt, andere zu verurteilen oder ihnen zu vergeben. Ein Urteil darüber, ob jemand destruktiv, geizig, eifersüchtig oder neidisch ist, unterschei-

---

[124] A. Ranulfs Buch *Moral Indignation and the Middle Class* gibt eine ausgezeichnete Illustrierung dieses Sachverhalts. Der Titel des Buches könnte ebenso gut lauten «Sadismus und Mittelstand».

det sich nicht von der Feststellung eines Arztes über eine gestörte Funktion des Herzens oder der Lunge. Nehmen wir an, wir hätten ein Urteil über einen Mörder zu fällen, von dem wir wissen, daß es sich bei ihm um einen pathologischen Fall handelt. Könnten wir alles über seine Erbanlage und über seine frühere und spätere Umwelt erfahren, so kämen wir höchst wahrscheinlich zu dem Schluß, daß er dem Einfluß von Bedingungen unterworfen war, über die er keine Macht hatte; das trifft auf ihn tatsächlich in weit höherem Maße zu als auf einen kleinen Dieb, sein Verhalten ist verständlicher als das des letztgenannten. Das heißt jedoch nicht, daß wir seine Schlechtigkeit nicht beurteilen sollten. Wir können verstehen, *wie* und *warum* er zu dem wurde, der er ist, aber wir können auch beurteilen, *was* er ist. Wir können sogar annehmen, daß wir wie er geworden wären, falls wir unter den gleichen Umständen gelebt hätten. Derartige Überlegungen bewahren uns davor, uns eine gottähnliche Rolle anzumaßen, doch hindern sie uns nicht an einer moralischen Beurteilung. Das Problem, ob ich einen Charakter verstehen und ihn zugleich beurteilen kann, unterscheidet sich in nichts von dem Verstehen und Beurteilen jedes anderen menschlichen Tuns. Wenn ich den Wert von einem Paar Schuhe oder den eines Gemäldes zu beurteilen habe, so tue ich dies auf Grund gewisser objektiver Maßstäbe, die zu diesen Gegenständen gehören. Angenommen, die Schuhe oder das Gemälde wären schlecht und jemand wiese darauf hin, daß der Schuhmacher oder der Maler sich zwar alle Mühe gegeben habe, doch sei wegen bestimmter Umstände ein besseres Resultat unmöglich gewesen, so werde ich deshalb mein Urteil über das Produkt nicht ändern. Ich kann Sympathie oder Mitleid für den Schuhmacher oder Maler empfinden, vielleicht möchte ich ihm auch helfen, aber ich werde nicht sagen, daß ich sein Werk nicht beurteilen könne, weil ich begreife, *weshalb* es so schlecht ist. Die wichtigste Lebensaufgabe des Menschen besteht darin, seinem eigenen Wesen zum Durchbruch zu verhelfen und das zu werden, was er potentiell ist. Das wichtigste Ergebnis seines Bemühens ist die eigene Persönlichkeit. Man kann objektiv beurteilen, in welchem Grade dem Einzelnen diese Aufgabe gelungen ist, bis zu welchem Grade er seine Möglichkeiten verwirklicht hat. Versagte er in seiner Aufgabe, so kann man dieses Versagen erkennen und es als das bezeichnen, was es ist – als sein moralisches Versagen. Dieses Urteil ändert sich selbst dann nicht, wenn man weiß, daß der Betreffende mit erdrückenden Schwierigkeiten zu kämpfen hatte und daß jeder andere ebenfalls versagt hätte. Wenn man alle Umstände versteht, die ihn zu dem machten, der er ist, kann man Mitleid für ihn empfinden; aber dieses Mitleid verändert nicht die Gültigkeit des Urteils. Einen Menschen verstehen, bedeutet kein Gutheißen, sondern lediglich, daß man nicht anklagt, als wäre man Gott oder ein übergeordneter Richter.

VI. Absolute Ethik im Gegensatz zur relativen Ethik, universale Ethik im Gegensatz zur sozial immanenten Ethik

Wir sehen zuweilen die Menschen von einem Gegenstande so affiziert, daß sie ihn, ob er gleich nicht gegenwärtig ist, dennoch vor sich zu haben meinen. Wenn dies einem Menschen in wachem Zustande begegnet, sagen wir, er sei verrückt oder toll. Gleicherweise hält man auch die für nicht weniger wahnsinnig, welche in Liebesbrunst Tag und Nacht bloß von ihrer Geliebten oder Buhlerin träumen, denn sie machen uns lachen. Wenn aber ein Habsüchtiger an nichts anderes denkt als an Gewinn oder Geld, und ein Ehrgeiziger an Ruhm, so hält man diese nicht für verrückt, sondern nur für unangenehm und verächtlich. In der Tat aber sind Geiz, Ruhmsucht, Wollust usw. Arten der Verrücktheit, obgleich man sie nicht den Krankheiten zuzählt.

Spinoza, *Ethik*

256

Die Auseinandersetzung über absolute Ethik im Gegensatz zur relativen Ethik ist durch den unkritischen Gebrauch der Worte «absolut» und «relativ» unnötig verwirrt worden. In diesem Kapitel soll nun der Versuch unternommen werden, ihre Begriffsinhalte zu differenzieren und ihre verschiedenen Bedeutungen getrennt zu behandeln.

Der Begriff «absolute» Ethik wird zunächst in dem Sinne gebraucht, daß ethische Behauptungen unanzweifelbar und ewig gültig seien und eine Revision weder zulassen noch erfordern. Diese Konzeption einer absoluten Ethik findet man in autoritären Systemen, und aus der Prämisse folgt logischerweise, daß die unanzweifelbar überlegene und allwissende Macht der Autorität das Kriterium ihrer Gültigkeit darstellt. Das Wesentliche dieses Anspruchs auf Überlegenheit ist, daß die Autorität nicht irren kann und ihre Gebote und Verbote ewig wahr sind. Der Gedanke, daß sittliche Normen «absolut» sein müßten, um gültig zu sein, kann in aller Kürze widerlegt werden. Diese Konzeption, die auf der theistischen Voraussetzung der Existenz einer «absoluten» = vollkommenen Macht beruht, mit der verglichen die Menschen notwendig «relativ» = unvollkommen sein müssen, wurde auf allen Gebieten wissenschaftlichen Denkens verdrängt, wo generell anerkannt wird, daß es keine absolute Wahrheit gibt, jedoch objektiv gültige Gesetze und Prinzipien. Wie bereits dargelegt wurde, bedeutet eine wissenschaftlich oder rational gültige Feststellung, daß die Vernunft sämtliche zur Verfügung stehenden Beobachtungsergebnisse berücksichtigt, ohne eines davon zugunsten eines erwünschten Resultats zu übergehen oder zu verfälschen. Die Geschichte der Wissenschaft ist eine Geschichte inadäquater und lückenhafter Behauptungen; jede neue Einsicht läßt die Unzulänglichkeit früherer Behauptungen erkennen und bietet den Boden für eine adäquatere Formulierung. Die Geschichte des Denkens ist die Geschichte einer stetigen Annäherung an die Wahrheit. Wissenschaftliche Erkenntnisse sind nicht absolut, sondern «optimal»; sie enthalten das Optimum der in einer bestimmten geschichtlichen Epoche erreichbaren Wahrheit. Die verschiedenen Kulturen haben verschiedene Aspekte der Wahrheit erfaßt, und je mehr sich die Menschheit kulturell zusammenschließt, desto mehr werden sich diese verschiedenen Aspekte zu einem Gesamtbild ergänzen.

Auch in einem andern Sinn können ethische Normen nicht absolut sein: sie werden nicht nur, wie alle andern wissenschaftlichen Behauptungen, Revisionen unterzogen, sondern es gibt bestimmte Situationen, die ihrer Natur nach unlösbar sind und eine Wahl ausschließen, die als die einzig richtige gelten könnte. Spencer gibt in seiner Untersuchung der relativen Ethik im Gegensatz zur absoluten [125] ein Beispiel eines solchen Konflikts. Er spricht von einem Gutspächter, der bei den allgemeinen Wahlen abstimmen möchte. Er weiß, daß sein Gutsherr Konservativer ist und daß er Gefahr läuft, die Pacht zu verlieren, wenn er seiner eigenen Überzeugung entsprechend liberal wählt. Spencer vertritt nun die Auffassung, daß der Konflikt darin besteht, ob dem Staat oder der Familie geschadet werden soll. Er kommt zu dem Schluß, daß hier wie «in zahllosen andern Fällen niemand entscheiden kann, auf welchem der beiden Wege das kleinere Unrecht getan wird». [126] Die Alternative scheint von Spencer in diesem Falle nicht richtig gestellt zu sein. Es würde sich auch dann um einen moralischen Konflikt handeln, wenn die Familie nicht mitbetroffen würde, sondern lediglich das eigene Glück und die eigene Sicherheit gefährdet wäre. Anderseits steht nicht nur das Interesse des Staates auf dem Spiele, sondern auch die eigene Integrität. In Wirklichkeit steht der Pächter also vor der Wahl zwischen seinem physischen und (in gewisser Hinsicht) seinem

---

[125] Principles of Ethics, Seite 258 ff.
[126] Ebenda, Seite 267.

geistigen Wohlbefinden einerseits und seiner Integrität anderseits. Was immer er entscheidet, ist richtig und falsch zugleich. Er kann keine absolut richtige Wahl treffen, weil das Problem seinem Wesen nach unlösbar ist. Solche Situationen unlösbarer ethischer Konflikte entstehen unvermeidlich im Zusammenhang mit existentiellen Widersprüchen. In diesem Fall haben wir es allerdings mit keinem in der menschlichen Situation enthaltenen existentiellen Widerspruch zu tun, sondern mit einem historisch bedingten Widerspruch, der sich aufheben läßt. Der Gutspächter befindet sich nur deshalb in einem unlösbaren Konflikt, weil die soziale Ordnung ihn in eine Situation stellt, in der keine befriedigende Lösung möglich ist. Ändert sich die gesellschaftliche Konstellation, dann verschwindet der moralische Konflikt. Doch solange diese Bedingungen vorhanden sind, muß jede Entscheidung des Pächters richtig und falsch zugleich sein, obwohl die Entscheidung zugunsten seiner Integrität als moralisch wertvoller angesehen werden kann als eine Entscheidung zugunsten seines Lebens.

Für den letzten und wichtigsten Sinn, in dem die Begriffe «absolute» und «relative» Ethik verwendet werden, wäre es angebrachter, von einem Unterschied zwischen *universaler* und *sozial immanenter Ethik zu sprechen.* Unter «universaler» Ethik verstehe ich solche Normen der Lebensführung, deren Ziel das Wachstum und die Entfaltung des Menschen ist; unter «sozial immanenter» Ethik verstehe ich solche Normen, die für das Funktionieren und Weiterbestehen einer bestimmten Gesellschaftsform und der in dieser Gesellschaft lebenden Menschen notwendig sind.

Ein Beispiel für die Konzeption einer universalen Ethik kann man in solchen Normen finden wie «Liebe deinen Nächsten wie dich selbst» oder «Du sollst nicht töten». Tatsächlich zeigen die ethischen Systeme aller großen Kulturen eine erstaunliche Ähnlichkeit in allem, was für die Entwicklung des Menschen als notwendig erachtet wird, also jener

Normen, die sich aus der Natur des Menschen und den für sein Wachstum nötigen Bedingungen ergeben.

Bei der «sozial immanenten» Ethik beziehe ich mich auf die in den Normen einer Kultur enthaltenen Verbote und Gebote, die lediglich für das Funktionieren und Weiterbestehen dieser besonderen Gesellschaft notwendig sind. Für das Weiterbestehen jeder Gesellschaft ist es unerläßlich, daß ihre einzelnen Glieder sich den Gesetzen unterordnen, die für ihre besondere Produktions- und Lebensweise wesentlich sind. Die Gruppe muß die Charakterstruktur ihrer einzelnen Glieder in der Weise zu formen suchen, daß *sie von sich aus tun wollen, was sie unter den bestehenden Verhältnissen tun müssen.*

So werden zum Beispiel Mut und Initiative wichtige Tugenden in einer kriegerischen Gesellschaftsordnung, und Geduld und Hilfsbereitschaft werden für eine Gesellschaft zu Tugenden, in der die landwirtschaftliche Zusammenarbeit eine Hauptrolle spielt. In der modernen Gesellschaft ist Fleiß zu einer der höchsten Tugenden erhoben worden, weil das moderne Industriesystem den Arbeitswillen als eine seiner wichtigsten Produktionskräfte nötig hat. Diejenigen Qualitäten, die für das Gedeihen einer bestimmten Gesellschaft einen hohen Rang einnehmen, werden ihrem ethischen System einverleibt. Für jede Gesellschaft ist es von lebenswichtigem Interesse, daß ihre Gebote befolgt und ihre «Tugenden» angestrebt werden, da ihr Weiterbestehen davon abhängt.

Außer den Normen, die im Interesse einer Gesellschaft als ganzer liegen, gibt es andere ethische Normen, die von Klasse zu Klasse verschieden sind. Ein deutliches Beispiel ist die Betonung von Bescheidenheit und Gehorsam als Tugenden für die unteren Klassen und von Ehrgeiz und Aggressivität für die oberen Klassen. Je starrer und satzungsmäßig ausgeprägter die Klassenstruktur ist, desto stärker werden verschiedene Normgruppen ausdrücklich auf die verschiedenen Klassen bezogen, beispielsweise Normen für Freie oder für Leibeigene in einer Feudalwelt, oder für Weiße und Neger in den Südstaaten der USA. In modernen demokratischen Gesellschaften, wo die Klassenunterschiede satzungsmäßig keinen Niederschlag gefunden haben, werden die verschiedenen Normgruppen nebeneinander gelehrt, zum Beispiel die Ethik des Neuen Testaments neben den Normen, die zur Führung eines erfolgreichen Geschäftsbetriebes nützlich sind. Entsprechend seiner gesellschaftlichen Stellung und seinem Talent wird der Einzelne sich für die Normgruppe entscheiden, die er brauchen kann, wobei er vielleicht mit einem Lippenbekenntnis der entgegengesetzten Gruppe treu bleibt. Erziehungsunterschiede in Schule und Familie (wie zum Beispiel in den englischen Public Schools und bestimmten Privatschulen in den Vereinigten Staaten) betonen meist die besonderen Wertsetzungen, die zur gesellschaftlichen Stellung der oberen Klasse passen, ohne die anderen direkt zu negieren.

Die Funktion des ethischen Systems, gleichgültig in welcher Gesellschaft, besteht darin, das Leben dieser besonderen Gesellschaft zu erhalten. Eine solche gesellschaftliche immanente Ethik liegt aber auch im Interesse des Einzelnen; da die Gesellschaft eine bestimmte Struktur hat, die der Einzelne nicht ändern kann, ist sein eigenes Interesse mit dem der Gesellschaft verknüpft. Gleichzeitig kann die Gesellschaft jedoch so organisiert sein, daß die für ihr Fortbestehen notwendigen Normen zu den universalen, für die volle Entwicklung ihrer Glieder notwendigen Normen in Widerspruch stehen. Dies trifft besonders in Gesellschaften zu, in denen privilegierte Gruppen die andern beherrschen oder ausbeuten. Die Interessen der Privilegierten widersprechen dem Interesse der Mehrheit, doch insofern, als die Gesellschaft auf der Basis einer solchen Klassenstruktur funktioniert, sind die von den Privilegierten allen andern auferlegten Normen für die Existenz jedes Einzelnen notwendig, solange die Gesellschaftsstruktur nicht von Grund auf verändert wird.

Die in einer solchen Kultur vorherrschenden Ideologien werden dahin tendieren, das Bestehen irgendeines Widerspruchs zu leugnen. Sie werden vor allem behaupten, daß die ethischen Normen dieser Gesellschaft für alle ihre Glieder dieselbe Bedeutung haben; außerdem werden sie betonen, daß jene Normen, welche die bestehende gesellschaftliche Struktur erhalten sollen, universale Normen sind, die sich aus der Notwendigkeit des menschlichen Daseins ergeben. Bei dem Verbot des Diebstahls zum Beispiel versucht man häufig den Eindruck zu erwecken, als entspränge es der gleichen «menschlichen» Notwendigkeit wie das Verbot, jemanden zu töten. So verleiht man Gesetzen, die lediglich im Interesse des Fortbestandes einer bestimmten Gesellschaftsform liegen, die Würde universaler Normen, die zum menschlichen Dasein gehören und daher universell anwendbar sind. Solange eine bestimmte gesellschaftliche Organisation unentbehrlich ist, bleibt dem Einzelnen keine andere Wahl, als deren ethische Normen als bindend anzunehmen. Behält eine Gesellschaft aber eine Struktur bei, die sich gegen die Interessen der Mehrheit auswirkt, obgleich die Basis für eine Änderung gegeben wäre, so wird es für die Förderung jener Tendenzen, welche die gesellschaftliche Ordnung ändern wollen, wichtig sein, daß der gesellschaftlich bedingte Charakter ihrer Normen erkannt wird. Derartige Versuche werden von den Vertretern der alten Ordnung meist als unmoralisch bezeichnet. Man nennt jene, die an ihr eigenes Glück denken, «selbstsüchtig», und jene, die an ihren Privilegien festhalten, «verantwortungsbewußt». Dagegen wird Unterwürfigkeit als Tugend der «Selbstlosigkeit» und «Hingabe» glorifiziert.

Der Konflikt zwischen der gesellschaftlich immanenten und der universalen Ethik wurde zwar im Verlauf der Menschheitsentwicklung schwächer, aber es bleibt doch so lange ein Konflikt zwischen diesen beiden ethischen Formen bestehen, wie es der Menschheit nicht gelingt, eine Gesellschaft aufzubauen, in der die Interessen der «Gesellschaft» mit den Interessen aller ihrer Glieder identisch geworden sind. Solange dies in der menschlichen Entwicklung nicht erreicht wird, befinden sich die historisch bedingten gesellschaftlichen Notwendigkeiten im Widerstreit mit den universalen existentiellen Notwendigkeiten des Einzelnen. Wenn der Einzelne fünfhundert oder tausend Jahre lebte, würde dieser Widerstreit vielleicht gar nicht oder doch wenigstens in weit geringerem Ausmaß bestehen. Der Einzelne könnte dann mit Freuden ernten, was er mit Schmerzen säte; die Leiden einer historischen Epoche, die erst in der nächsten ihre Früchte tragen werden, könnten dann auch für ihn Frucht bringen. Der Mensch lebt aber nur sechzig oder siebzig Jahre und hat vielleicht keinen Teil mehr an der Ernte. Und doch ist er als einmaliges Wesen geboren und trägt alle Möglichkeiten in sich, deren Verwirklichung die Aufgabe der Menschheit ist. Wer sich mit der Wissenschaft vom Menschen beschäftigt, darf keine «harmonischen» Lösungen suchen und über diesen Widerspruch hinweggehen. Er muß ihn klar erkennen. Es ist die Aufgabe des ethischen Denkers, die Stimme des menschlichen Gewissens zu unterstützen und zu stärken; zu erkennen, was für den *Menschen* gut oder schlecht ist, ohne Rücksicht darauf, ob es für die Gesellschaft in einem bestimmten Augenblick ihrer Entwicklung gut oder schlecht ist. Vielleicht ist er damit ein «Rufer in der Wüste», aber nur wenn diese Stimme lebendig und unbeirrbar bleibt, wird die Wildnis zum fruchtbaren Land werden. Der Widerspruch zwischen immanent sozialer und universaler Ethik wird in dem Maße abnehmen und verschwinden, wie die Gesellschaft wirklich human wird: das heißt, wie die Gesellschaft lernt, auf die volle menschliche Entwicklung aller ihrer Glieder zu achten.

FÜNFTES KAPITEL

DAS MORALISCHE PROBLEM DER GEGENWART

> Wenn nicht die Philosophen Könige werden oder die Kö-
> nige und Gewalthaber wahrhaft und gründlich philoso-
> phieren, und also dieses beides zusammentrifft, die Staats-
> gewalt und die Philosophie, und jene Leute, die sich jeder
> von beiden getrennt zuwenden, unerbittlich ausgeschlos-
> sen werden, so gibt es kein Ende des Unheils für die Staa-
> ten, ja ich glaube für das Menschengeschlecht; und diese
> Staatsverfassung wird niemals vorher ins Leben treten und
> das Licht der Sonne schauen.
>
> Platon, *Der Staat*

Gibt es ein besonderes moralisches Problem der Gegenwart?
Ist das moralische Problem nicht zu allen Zeiten und für alle
Menschen dasselbe? Das ist es tatsächlich, und doch hat jede
Kultur ihre besonderen moralischen Probleme, die aus ihrer
besonderen Struktur erwachsen, obwohl diese besonderen
Probleme lediglich verschiedene Seiten der moralischen Probleme des Menschen darstellen. Jede dieser Seiten kann nur
im Zusammenhang mit den grundlegenden und allgemeinen
Problemen des Menschen verstanden werden. In diesem ab-
schließenden Kapitel möchte ich auf einen besonderen
Aspekt des allgemeinen moralischen Problems hinweisen;
einmal, weil ihm vom psychologischen Standpunkt größe
Bedeutung zukommt, und zum andern, weil wir geneigt sind,
ihm auszuweichen, indem wir uns der Illusion hingeben, daß
wir dieses Problem schon gelöst hätten: die *Haltung des
Menschen gegenüber Gewalt und Macht.*

Die Haltung des Menschen der Gewalt gegenüber ergibt
sich vor allem aus seinen Daseinsbedingungen. Als physische Wesen sind wir der Macht unterworfen – der Macht

der Natur und der Macht des Menschen. Physische Gewalt kann uns der Freiheit berauben und uns töten. Ob wir ihr widerstehen oder sie überwinden können, hängt von den zufälligen Faktoren unserer eigenen physischen Kraft und unserer Waffen ab. Unser Geist dagegen ist nicht unmittelbar der Gewalt unterworfen. Die Wahrheit, die wir erkannt haben, die Ideen, an die wir glauben, werden nicht durch Gewalt entkräftet. Macht und Vernunft existieren auf verschiedenen Ebenen, und die Wahrheit wird niemals durch Gewalt widerlegt.

Heißt dies, daß der Mensch auch dann frei ist, wenn er in Ketten geboren wird? Heißt es, wie Paulus und Luther behaupteten, der Geist eines Sklaven könne ebenso frei sein wie der seines Herrn? Wenn das zuträfe, würde das Problem des menschlichen Daseins ungeheuer vereinfacht. Aber diese Behauptung übersieht die Tatsache, daß Wahrheit und Ideen nicht außerhalb des Menschen und nicht unabhängig von ihm existieren, und daß der Geist des Menschen durch seinen Körper, seine geistige Verfassung durch seine körperliche und gesellschaftliche Existenz beeinflußt wird. Der Mensch kann die Wahrheit erkennen und kann lieben; wird er aber – nicht nur körperlich, sondern in seinem ganzen Wesen – durch eine ihm überlegene Gewalt bedroht, wird er also hilflos und verängstigt, dann ist auch sein Geist, dessen Funktion gestört und gelähmt wird, davon betroffen. Die lähmende Wirkung der Macht beruht nicht nur auf der Furcht, die sie erweckt, sondern gleichermaßen auf einem von ihr ausgehenden Versprechen: dem Versprechen, daß die Machthaber auch in der Lage seien, die «Schwachen», die sich unterordnen, zu schützen und für sie zu sorgen; daß sie dem Menschen die Bürde der Ungewißheit und der Verantwortung für sich selbst abnehmen können, indem sie die Ordnung garantieren und dem Einzelnen einen Platz innerhalb dieser Ordnung zuweisen, der ihm ein Gefühl der Sicherheit gibt.

Die Unterwerfung des Menschen unter diese Kombination von Drohung und Versprechen ist sein eigentlicher «Fall». Indem er sich der Macht (= Beherrschung) unterwirft, verliert er *seine* Macht (= Potenz). Er verliert die Kraft, alle seine Fähigkeiten zu gebrauchen, die aus ihm erst wirklich einen Menschen machen. Seine Vernunft arbeitet nicht mehr; er kann intelligent und durchaus fähig sein, mit den Dingen und mit sich selbst umzugehen, aber er nimmt als Wahrheit an, was diejenigen, die über ihn Macht haben, als Wahrheit bezeichnen. Er verliert seine Liebesfähigkeit, da seine Gefühle an die gebunden sind, von denen er abhängig ist. Er verliert sein moralisches Empfinden, da sein Unvermögen, die Machthaber anzuzweifeln und zu kritisieren, sein moralisches Urteil in jeder Hinsicht trübt. Er wird die Beute von Vorurteilen und Aberglauben, da er die Gültigkeit der Voraussetzungen nicht nachprüfen kann, auf die sich ein solcher falscher Glaube stützt. Seine eigene Stimme kann ihn nicht zu sich selbst zurückrufen; er hört sie nicht, da er nur noch auf diejenigen hört, die über ihn Macht haben. Freiheit ist tatsächlich die unerläßliche Voraussetzung für das Glück und für die Tugend; nicht die Freiheit im Sinne einer Möglichkeit, sich willkürlich zu entscheiden, und auch nicht das Freisein von Notwendigkeiten, sondern die Freiheit, die uns erlaubt, das potentiell Vorhandene zu verwirklichen und die wahre Natur des Menschen entsprechend den Lebensgesetzen zu erfüllen. Wenn Freiheit – also die Fähigkeit, die Integrität gegen Machteinflüsse zu behaupten – die grundlegende Vorbedingung für ein moralisches Verhalten ist, hat dann der abendländische Mensch sein moralisches Problem nicht schon gelöst? Ist es nicht nur ein Problem von Menschen, die unter einer autoritären Diktatur ihrer persönlichen und politischen Freiheit beraubt werden? Die in den modernen Demokratien erreichte Freiheit enthält tatsächlich ein Versprechen, das in jeder Diktatur fehlt, trotz ihren Proklamationen, daß sie im Interesse des Menschen handle. Es ist aber erst ein Versprechen, noch keine Erfüllung. Wir verdecken unsere eigenen moralischen Probleme vor uns selbst, wenn wir die Aufmerksamkeit darauf richten, unsere Kultur mit Lebensformen zu vergleichen, die eine Verleugnung der besten Errungenschaften der Menschheit sind. Wir übergehen damit die Tatsache, daß auch wir uns einer Macht beugen, zwar nicht der Macht eines Diktators und einer mit ihm verbündeten politischen Bürokratie, aber der anonymen Macht des Marktes, des Erfolges, der öffentlichen Meinung, des «gesunden Menschenverstandes» (vielmehr des allgemeinen Unverstandes) und der Maschine, deren Knechte wir geworden sind.

Unser moralisches Problem ist die Gleichgültigkeit des Menschen sich selbst gegenüber. Wir haben den Sinn für die Bedeutung und Einzigartigkeit des Individuums verloren und haben uns zu Werkzeugen für Zwecke gemacht, die außerhalb unseres Ich liegen. Wir erleben und behandeln uns als Ware und wurden unseren eigenen Fähigkeiten entfremdet. Wir sind zu Gegenständen geworden, und auch unsere Nächsten sind für uns Gegenstände. Infolgedessen fühlen wir uns machtlos und verachten uns wegen unserer eigenen Impotenz. Da wir unserer eigenen Macht nicht vertrauen, haben wir keinen Glauben an den Menschen, keinen Glauben an uns oder an das, was unsere Kräfte schaffen können. Wir haben kein Gewissen im humanistischen Sinn, denn wir wagen uns nicht auf unsere eigene Urteilsfähigkeit zu verlassen. Wir sind eine Herde: wir glauben, daß der Weg, dem wir folgen, zu einem Ziele führen müsse, weil wir alle andern denselben Wege gehen sehen. Wir tasten im Dunkeln und bleiben nur deshalb mutig, weil wir auch alle andern pfeifen hören.

Dostojewski sagte: «Wenn Gott tot ist, dann ist alles erlaubt.» Tatsächlich ist dies die Ansicht der meisten Leute; sie unterscheiden sich nur darin, daß einige folgern, Gott und die Kirche müßten am Leben bleiben, um die moralische Ordnung zu erhalten, während andere der Auffassung huldigen, alles sei erlaubt, moralisch gültige Grundsätze gebe es nicht, Zweckmäßigkeit sei das einzige regulative Lebensprinzip.

Die humanistische Ethik vertritt den entgegengesetzten Standpunkt: *Wenn der Mensch lebendig ist, dann weiß er, was erlaubt ist.* Lebendig sein heißt produktiv sein und die Kräfte nicht für einen den Menschen transzendierenden Zweck, sondern für sich selbst einsetzen, dem Dasein einen Sinn geben, Mensch sein. Solange jemand glaubt, sein Ideal und sein Daseinszweck liege außerhalb seines Ich, sei es in den Wolken, in der Vergangenheit oder in der Zukunft, lebt er außerhalb seiner selbst und wird dort Erfüllung suchen, wo sie nie gefunden werden kann. Er wird überall Lösungen und Antworten suchen, nur nicht dort, wo sie gefunden werden können – in seinem eigenen Ich.

Die «Realisten» versichern uns, das Problem der Ethik gehöre der Vergangenheit an. Die psychologische oder soziologische Analyse zeige, daß alle Werte sich nur auf eine bestimmte Kultur beziehen. Unsere persönliche und gesellschaftliche Zukunft werde ausschließlich durch unsere materielle Tüchtigkeit gewährleistet. Diese «Realisten» übergehen jedoch einige entscheidende Tatsachen. Sie sehen nicht, daß die Leere und Planlosigkeit des individuellen Lebens, der Mangel an Produktivität und die daraus folgende Vertrauenslosigkeit gegenüber sich selbst und der Menschheit im weiteren Verlauf zu Störungen des Fühlens und Denkens führen muß, die dem Menschen sogar die Erreichung seiner materiellen Ziele unmöglich machen würden.

Untergangsprophezeiungen hört man heute immer häufiger. Sie haben zwar die wichtige Funktion, auf die möglichen Gefahren unserer gegenwärtigen Situation hinzuweisen, aber sie lassen die Verheißung außer acht, die in den Errungenschaften auf den Gebieten der Naturwissenschaften, Psychologie, Medizin und Kunst liegt. Diese Errungenschaften beweisen in aller Deutlichkeit das Vorhandensein starker produktiver Kräfte, die mit dem Bilde eines Kulturverfalls unvereinbar sind. Unsere Epoche ist eine Durchgangsepoche. Das Mittelalter endete nicht im fünfzehnten Jahrhundert, und die Neuzeit begann nicht unmittelbar darauf. Ende und Anfang schließen eine Entwicklung ein, die über vierhundert Jahre dauerte – eine sehr kurze Zeit, wenn wir sie nach historischen Begriffen und nicht an unserer eigenen Lebensspanne messen. Unsere Epoche ist ein Ende und ein Beginn. Sie trägt alle Möglichkeiten in sich.

Wenn ich jetzt die Frage wiederhole, die ich schon am Anfang des Buches stellte, ob wir stolz und zuversichtlich sein dürfen, so lautet die Antwort wiederum bejahend, aber mit der einen, sich aus unserer Untersuchung ergebenden Einschränkung: weder ein gutes noch ein schlechtes Ergebnis stellt sich automatisch oder in vorbestimmter Weise ein. Die Entscheidung liegt beim Menschen selbst. Sie hängt davon ab, ob er die Fähigkeit hat, sich selbst, sein Leben und sein Glück ernst zu nehmen; ob er gewillt ist, sich mit seinem eigenen moralischen Problem und dem seiner Gesellschaft auseinanderzusetzen. Sie hängt von seinem Mut ab, er selbst und um seiner selbst willen zu sein.